TRAUNER

t.

@PaulRuebig ■ @AchimKaspar

EMERGENCY PREPAREDNESS

Nachhaltige #Lebensmittel #WASSER #Energie Zukunft

DEUTSCHE AUSGABE

IMPRESSUM

© 2023
by KR Dr. Paul Rübig fMEP, Wels

Alle Bildrechte liegen, soweit nicht anders angegeben, beim Herausgeber.

Coverbild:
„Welle" von Ulli Perner,
Kunst zwischen den Seen,
Abmessungen: 100 x 80 cm,
www.ulli-perner.at

Verlag und Vertrieb:
TRAUNER Verlag + Buchservice GmbH
Köglstraße 14, 4020 Linz
Österreich/Austria

Produktion:
Druckerei Salzkammergut-Media Ges.m.b.H.
Druckereistraße 4, 4810 Gmunden

PRINTED IN
AUSTRIA

ISBN 978-3-99151-077-2
www.trauner.at

@PaulRuebig ■ @AchimKaspar

EMERGENCY PREPAREDNESS

Nachhaltige #Lebensmittel #WASSER #Energie Zukunft

DEUTSCHE AUSGABE

DANKSAGUNGEN

Wir danken **DI Bruno Lindorfer**, ehemaliger Chief Research Officer von Siemens VAI Metals Technologies und CEO der oberösterreichischen Innovation and Technology GmbH für seine Expertise und die kontinuierliche Unterstützung bei der Erstellung der vier EWSA-Stellungnahmen, ohne die dieses Buch nicht entstanden wäre.

Unser Dank gilt auch **Sabine Seidel MA**, für ihren herausragenden Beitrag zur Entstehung dieses Buches. Sabines Projekt- und Autorenkoordination, Projektmanagement und unermüdliche Bemühungen waren maßgebend für die Verwirklichung dieses Projekts. Ihr Engagement, ihre Expertise und ihre Liebe zum Detail trugen zum Erfolg dieser gemeinsamen Arbeit bei. Sabines Fähigkeit, komplexe Logistik zu managen und unterschiedliche Akteure zu koordinieren, war dabei wirklich unerlässlich. Ihr Beitrag hat einen bleibenden Eindruck hinterlassen und wir fühlen uns geehrt, dass wir die Gelegenheit hatten, Sie an Bord dieses Projekts zu haben.

Unsere aufrichtige Anerkennung gilt auch **Dr. Horst Heitz**, geschäftsführender Direktor des KMU Europa der EVP, für seine aktive Beteiligung am Entwicklungsprozess dieser Zusammenstellung. Sein umfangreiches professionelles Netzwerk, seine Expertise auf diesem Gebiet und unzählige wichtige Anregungen während des gesamten Redaktionsprozesses waren für das Projekt von unschätzbarem Wert.

DIE HERAUSGEBER

▌ KR Ing. Mag. Paul Rübig, MdEP

ist geboren in Wels (Oberösterreich), Unternehmer und gelernter Agraringenieur an der HTL Steyr, Betriebswirtschaft an der JKU Linz, Dekan des WIFI OÖ (duale Ausbildung), Abgeordneter zum Landtag, Abgeordneter zum Nationalrat, Mitglied des Europäischen Parlaments von 1996 bis 2019. Er ist verheiratet und hat zwei Kinder.

Im Europäischen Parlament war Paul Rübig ordentliches Mitglied des Ausschusses für Industrie, Forschung und Energie sowie des Haushaltsausschusses. Darüber hinaus war er stellvertretendes Mitglied des Entwicklungsausschusses und des Ausschusses für internationalen Handel sowie Ko-Vorsitzender der Lenkungsgruppe der Parlamentarischen Konferenz zur WTO. Er war Vorsitzender von STOA (Scientific Technology Options Assessment) – Gremium für die Zukunft von Wissenschaft und Technik – einem offiziellen Gremium des Europäischen Parlaments mit Unterstützung von externen Experten wie Universitäten, Wissenschaftlern oder Forschungsinstituten. Dreimaliger Gewinner des „MEP of the Year"-Preises 2008, 2013 und 2015, organisiert vom Parlamentsmagazin DodsGroup.

Paul Rübig ist sehr aktiv im Bereich der Kleinunternehmerförderung. Er ist Vorsitzender von SME Global, einer Arbeitsgruppe der Internationalen Demokratischen Union (IDU), deren Ziel es ist, kleine und mittlere Unternehmen (KMU) zu unterstützen und ihr Geschäftsumfeld zu verbessern.

Im Jahr 2019 wurde Paul Rübig in den Beirat der Rübig Holding GmbH berufen und er genießt Investitionen im Zusammenhang mit SDG6.

2022 wurde Paul Rübig als externer Berater in den Verwaltungsrat von Water Europe berufen und ist Mitglied der IWA.

Mitglied des Verwaltungsrats des Europäischen Innovations- und Technologieinstituts, Budapest.

Für 2026 wird die Einrichtung einer neuen KIC in den Bereichen Wasser, Meeres- und maritime Sektoren und Ökosysteme vorgeschlagen, die 2025 veröffentlicht werden soll.

Mitglied des Europäischen Wirtschafts- und Sozialausschusses, Brüssel.

Als Mitglied der Konferenz über die Zukunft Europas unterstützte er einen EU-Wettbewerbsfähigkeitstest.

▌ Dr. Achim Kaspar

ist Vorstandsmitglied der VERBUND AG – Österreichs führendem Elektrizitätsunternehmen und einer der größten Erzeuger von Strom aus Wasserkraft in Europa.

Er übernahm im Januar 2019 die Rolle des COO und ist für die Digitalisierung sowie das VERBUND-Erzeugungsportfolio zuständig, das über 130 Wasserkraftwerke umfasst.

Vor seinem Wechsel zu VERBUND hatte er verschiedene Führungspositionen in der Versorgungs- und Dienstleisterbranche sowie in der österreichischen Telekommunikationsbranche inne.

Von 2008 bis 2018 war Achim Kaspar General Manager bei Cisco Österreich/Slowenien/Kroatien.

VORWORTE

EUROPÄISCHER WIRTSCHAFTS- UND SOZIALAUSSCHUSS STELLUNGNAHME

ZIELE DER VEREINTEN NATIONEN FÜR NACHHALTIGE ENTWICKLUNG 2, 6, 7, 14

❚ **SDG7** BEZAHLBARE UND SAUBERE ENERGIE

❚ **SDG14** LEBEN UNTER WASSER

TECHNIK, INGENIEURWESEN UND BILDUNG

#NOTFALLVORSORGE #ERA #INNOVATION #FORSCHUNG #5MISSIONEN

Die Welt verändert sich jeden Tag, und wir müssen gute Optionen für unsere Zukunft finden. Die **Bewertung von Optionen** mit der richtigen **Zukunftsstrategie** kann helfen, die richtigen Entscheidungen zu treffen. **Folgenabschätzungen** können uns zeigen, wie wir es besser machen und **Risikobewertungen** nutzen können, um die besten Lösungen zu finden. Die Ziele der nachhaltigen Entwicklung erfordern viel Innovation, damit Investitionen sich auszahlen und die Menschen profitieren. Wir brauchen Nahrungs- und Futtermittel, Wasser und sanitäre Einrichtungen, Abwasserentsorgung, erneuerbare und effiziente Energieerzeugung und eine saubere und blaue Wirtschaft der Ozeane.

Der Europäische Forschungsraum, die Forschungs- und Innovationsstrategie und die fünf Missionen können dazu beitragen, mit höherer Bildung, Qualifikation und beruflicher Bildung das Bewusstsein für **Notfallvorsorge** und neue Technologien zu schärfen. Die Wertschöpfungskette und **Lebenszyklusstudien** sollten eine globale Nachhaltigkeitsentwicklung mit einem KMU – und **Wettbewerbsfähigkeitstest** fördern. Von der Universität bis zum Kindergarten müssen wir das vorhandene Wissen in Kombination mit neuen Lern- und Lehrtechnologien nutzen.

KMU und Familienunternehmen können eine große Rolle bei der Entwicklung individueller, personalisierter Lösungen mit Dienstleistungen und Produkten spielen, die von informierten Verbrauchern ausgewählt werden könnten. Deshalb haben wir beschlossen, gemeinsam mit Wissenschaftlern, Forschern und innovativen Unternehmern ein wissensbasiertes Buch zu erstellen, das Aufschluss darüber gibt, was der Steuerzahler finanzieren sollte und wie die Bürger davon profitieren können. Alle Institutionen und Organisationen sind dafür verantwortlich, die richtigen Antworten zu liefern.

Tun Sie es einfach. Lassen Sie uns einen neuen Prozess mit Hilfe von Finanzsteuerung, Datenbanken und maschinellem Lernen beginnen, um eine vertrauenswürdige Zukunft vorherzusagen.

Paul Rübig
(Herausgeber)

OHNE WASSER GIBT ES KEIN LEBEN

Eine einfache chemische Verbindung ist der Hauptbestandteil unseres Lebens. H_2O ist in allen Aggregatzuständen allgegenwärtig, sowohl fest als auch flüssig und gasförmig. Man kann es sehen, anfassen, fühlen – und Wasser kann auch fantastisch schmecken.

Der Nutzen der Ressource Wasser ist vielfältig. Wir können Wasser verwenden oder verbrauchen, aber wir können es auch verschmutzen oder verunreinigen. Heute kann die einzig gültige Position eine umsichtige und nachhaltige Nutzung des Wassers und ein großer Respekt vor unseren Wasserressourcen sein. Jeder kann und muss dazu beitragen. Erstens kann jeder seinen eigenen Verbrauch optimieren, und zweitens kann er versuchen, Bewusstsein zu schärfen und Meinungen für verschiedene Nutzungen, Aufgaben und Probleme in seinem Umfeld oder spezifischen Bereich zu formen. Indem es eine Fülle von Informationen über die verschiedenen Anwendungen und die Vernetzung von Wasser präsentiert, will dieses Buch die Leser befähigen, aktiv zu werden und einen positiven Einfluss auf die Ressource Wasser zu nehmen.

Sie erhalten nützliche Einblicke und spannende Informationen über den aktuellen Status quo und die nächsten möglichen und/oder notwendigen Schritte für eine nachhaltige Entwicklung. Jedes Kapitel ist eine wertvolle Quelle und alle Autoren liefern einen wichtigen Beitrag für die notwendige politische Bewusstseinsbildung und Aufklärung. Nachdem Sie dieses Buch gelesen haben, werden Sie mehr über wasserbezogene Themen wie Biodiversität, Herausforderungen und Lösungen für Wassersicherheit und Wassermanagement wissen. Sie werden auch über die Nutzung der Wasserkraft Bescheid wissen, die der Kern unserer nachhaltigen Technologien ist.

Die weltweite Stromerzeugung im Jahr 2020 betrug ca. 26.800 TWh, aber nur etwa 28 % davon wurde aus regenerativen Ressourcen erzeugt. Im Einzelnen entfiel der größte Teil – 58 % – der weltweiten Stromerzeugung aus erneuerbaren Energiequellen auf Wasserkraft mit einer Leistung von 4.347 TWh. Wasserkraftwerke bieten innerhalb der Familie der erneuerbaren Energien die größten Vorteile, Qualitäten und das breiteste Leistungsspektrum: z. B. Nachhaltigkeit, Versorgungssicherheit, Flexibilität und Systemstabilität. Die Stromerzeugung aus Wasserkraft ist auch ein sehr wichtiger Faktor zur Erreichung der nachhaltigen Entwicklungsziele SDG7 (saubere Energie), SDG12 (verantwortungsvolle Produktion) und SDG13 (Klimaschutz), da fossile Brennstoffe kompensiert werden.

H_2O ist direkt und indirekt das Lebenselixier aller Pflanzen, Tiere und Menschen. Es ist ein integraler Bestandteil allen Lebens und der Motor für unser Klima. Wasser ist unsere wichtigste und wertvollste Ressource. Sorgen wir also für eine nachhaltige Entwicklung. Wir müssen heute die richtigen Wege für die nächste Generation wählen. Das bedeutet, dass wir geeignete Schritte unternehmen müssen, um die Erde und alle ihre Lebensformen am Leben zu erhalten.

Achim Kaspar
(Herausgeber)

AUS DER SICHT DES EWSA

Als Vorsitzende des Europäischen Wirtschafts- und Sozialausschusses (EWSA) möchte ich Paul Rübig gratulieren. Sein sehr aktuelles Buch beweist einmal mehr seine Weitsicht in wirtschaftlichen und gesellschaftlichen Herausforderungen auf regionaler, nationaler und europäischer Ebene.

Der Zugang zu Wasser war für uns in weiten Teilen Europas eine Selbstverständlichkeit. In den letzten Jahren, in denen die Folgen des Klimawandels immer deutlicher zutage treten, ist Wasser angesichts seiner Auswirkungen nicht nur auf den Planeten, sondern auch auf unsere Volkswirtschaften und Gesellschaften zunehmend zu einem politischen Diskussionsthema geworden. Wasser ist zu einer immer knapper werdenden Ressource geworden. Dem Zugang zu Wasser, der Wasserqualität, der Wassernutzung und dem Wasserverbrauch muss die entsprechende politische Aufmerksamkeit gewidmet werden.

Mehr als eine Milliarde Menschen weltweit haben immer noch keinen Zugang zu Trinkwasser. 80 % des Abwassers werden unbehandelt in die Umwelt geleitet, und mehr als 90 % der Naturkatastrophen sind wasserbedingt. In Europa sterben täglich sieben Menschen an Durchfallerkrankungen aufgrund von unsicherem oder unzureichendem Trinkwasser, sanitären Einrichtungen und Hygiene. Die Lücke zwischen dem weltweiten Wasserangebot und der weltweiten Wassernachfrage wird sich bis 2030 voraussichtlich auf 40 % belaufen, wenn die derzeitigen Praktiken beibehalten werden.

Der ganze Sommer 2022 war geprägt von Naturkatastrophen, als Dürren, Waldbrände und Überschwemmungen in ganz Europa gemeldet wurden. Wir leben derzeit in schwierigen Zeiten: Klimawandel, Krieg in Europa und die Covid-Pandemie. Die Verfügbarkeit und nachhaltige Bewirtschaftung von Wasser haben Auswirkungen auf die globale Gesundheit, die Migration, den sozialen Frieden und den gesellschaftlichen sowie den wirtschaftlichen Fortschritt und die Wirtschaft.

Die Erhaltung der Wasserressourcen erfordert eine wirkliche Änderung unserer Lebensweise, der sektorübergreifenden Nutzung von Wasser durch Landwirtschaft und Unternehmen sowie der Art und Weise, wie wir unsere Politik gestalten. Der EWSA hat sich mit verschiedenen Wasserfragen befasst und dabei stets die Interessen der organisierten Zivilgesellschaft in den Vordergrund gestellt. Im kommenden Jahr findet die Wasserkonferenz der Vereinten Nationen 2023 statt. Ziel 6 der Ziele für nachhaltige Entwicklung ist die Gewährleistung der Verfügbarkeit und der nachhaltigen Bewirtschaftung von Wasser. Wenn Europa eine Vorreiterrolle beim Klimawandel einnehmen will, müssen wir dieses Ziel erreichen!

Ich wünsche Ihnen eine aufschlussreiche und interessante Lektüre.

Christa Schweng
(EWSA-Vorsitzende)

KURZE POLITISCHE BEMERKUNG ZUR GLOBALEN BEDEUTUNG DES WASSERMANAGEMENTS

Wasser ist die wertvollste und wichtigste natürliche Ressource. Wenn es kein Wasser gäbe, gäbe es kein Leben auf der Erde. Wie jede Ressource kann Wasser knapp werden, insbesondere wenn der Wasserbedarf das Angebot übersteigt oder die schlechte Qualität seine Nutzung einschränkt. Dies betrifft insbesondere das wertvolle Süßwasser, da auf der Erde nur 0,3 Prozent für den Menschen nutzbar sind.

Innovatives und nachhaltiges Wassermanagement ist heute wichtiger denn je. Umweltschutz sowie Klimaschutz und Migrationspolitik sind globale Themen. Wassermanagement wird somit zu einem globalen Instrument. Sicheres und leicht verfügbares Wasser ist wichtig für die allgemeine Gesundheit, ob es nun zum Trinken, für den Hausgebrauch, für die Nahrungsmittelproduktion oder für Freizeitzwecke verwendet wird. Die Industrie benötigt große Mengen an Wasser, um ein Produkt herzustellen, zu verarbeiten, zu waschen, zu verdünnen, zu kühlen oder zu transportieren. All diese Themen bergen auch ein hohes Konfliktpotenzial und stehen in direktem oder zumindest indirektem Zusammenhang mit der Migrations- und Sicherheitspolitik. Ob in Jordanien, bei der Zukunft des Nilwassers, an Euphrat und Tigris, in den Anden, im Himalaya zwischen China und Indien, in Afrika oder im Hinblick auf den Klimawandel – die Liste ließe sich beliebig fortsetzen. In diesem Zusammenhang überrascht es nicht, dass fast in jeder internationalen Strategie oder Vereinbarung immer ein Kapitel über Wasser enthalten ist.

Dieser kurze Text zeigt, wie komplex, vielfältig und grundlegend das Thema Wasser für uns Menschen ist. Aber was bedeutet das konkret für Wasserwirtschaft und -politik?

Lassen Sie uns zunächst einen Blick auf Europa werfen, das im Bereich Wasser ebenfalls vor Herausforderungen steht. Rund 80 % des europäischen Süßwassers (Trinkwasser und sonstige) stammt aus Flüssen und Grundwasser, wodurch diese Quellen auch von Übernutzung, Verschmutzung und Klimawandel gefährdet sein können. In einigen Regionen Europas besteht seit langem Bedarf an Investitionen in Wassermanagement und Wassertechnologie. Ein neuer Extremfall ist die Ukraine. Aufgrund des russischen Angriffs auf dieses Land und des Terrors gegen seine zivile Infrastruktur sind jetzt allein für den Wiederaufbau dort zusätzliche Investitionen in Milliardenhöhe erforderlich. Trotz aller Tragödie bietet dies auch eine Gelegenheit, das ukrainische Wassermanagement zu modernisieren, insbesondere für Industriewasser und Landwirtschaft.

Wenden wir uns nun Afrika zu. Die EU möchte von der klassischen Entwicklungspolitik zu strategischen Partnerschaften mit entsprechenden Großinvestitionen übergehen. Die Finanzierung einer flächendeckenden Infrastruktur soll zu staatlicher Stabilität und wirtschaftlichem Wohlstand führen – und damit auch Fluchtursachen vermeiden. Investitionen in das Wassermanagement des Kontinents sind für Europa von grundlegendem Interesse. Der afrikanische Kontinent ist ökologisch sehr vielfältig. Der Klimawandel wird den Druck auf die Wasserressourcen weiter erhöhen, sich auf die biologische Vielfalt und die menschliche Gesundheit auswirken, die Ernährungssicherheit verschlechtern und die Wüstenbildung verstärken. Die Anpassung an den Klimawandel ist daher eine dringende Notwendigkeit für die Entwicklung Afrikas. Aber auch im globalen Kampf gegen Pandemien und resistente Keime werden afrikanische Regionen mit schwacher Infrastruktur unweigerlich in den Fokus der Weltgemeinschaft und damit auch der Wasserwirtschaft geraten.

Eine weitere Region, die für Europa von großem Interesse ist, ist der Nahe Osten und Nordafrika (MENA). Diese Region ist das trockenste Gebiet der Erde und ist bereits von Wüstenbildung, Übernutzung des Grundwassers und Eindringen von Meerwasser in Grundwasserleiter betroffen. Darüber hinaus werden sich die Folgen des Klimawandels auf die Wasserversorgung in der MENA-Region verstärken, und das erwartete Bevölkerungs- und Wirtschaftswachstum bis 2035 wird voraussichtlich zu einem Anstieg des Wasserbedarfs um 47 % führen. In der MENA-Region entfallen mehr als 80 % des Süßwasserverbrauchs auf die Landwirtschaft. Wasserkonflikte könnten daher dort die Stabilität massiv bedrohen und damit auch direkte Folgen für Europa haben.

Um die globale Übersicht zu vervollständigen, werfen wir einen kurzen Blick auf Südamerika und Asien. Die Aufsichtsbehörde schätzt, dass Brasilien allein mindestens 4 Milliarden US-Dollar pro Jahr in sein Wassermanagement investieren müsste. Im benachbarten Argentinien sieht es nicht besser aus – von Uruguay, Bolivien und Mexiko ganz zu schweigen. China und Indien haben zudem immens viel aufzuholen und benötigen enorme Investitionen – sei es in die Trinkwasserversorgung, das Abwassermanagement oder die Bewässerung. In den meisten anderen asiatischen Ländern (mit wenigen Ausnahmen) ist die Situation nicht anders.

Diese globalen Herausforderungen erfordern Forschung, Innovation und Unternehmertum auf höchstem Niveau. Dies bietet aber auch enorme Zukunftschancen für kleine und mittlere Unternehmen aus diesem Sektor, insbesondere aus Europa. Unsere KMU verfügen über ein enormes Potenzial und beweisen ihr Know-how in einer Vielzahl von Projekten weltweit. Zugleich ist es Aufgabe der europäischen Politik, weiterhin die besten Rahmenbedingungen in der EU für diese Unternehmer zu erhalten und zu schaffen – nicht nur für den europäischen Binnenmarkt, sondern auch im Hinblick darauf, im internationalen Wettbewerb bestehen zu können. Zu ihrem Erfolg gehört auch, dass sich diese Unternehmer in internationalen und regionalen Netzwerken engagieren, um Teil der zunehmend institutionalisierten globalen Wassergemeinschaft und ihrer Projektlandschaft zu werden. Der Austausch von Wissen, Erfahrungen und Kontakten sollte die Grundlage dieser Zusammenarbeit bilden und ist daher eine sehr wichtige Voraussetzung für den Erfolg der KMU in den verschiedenen Regionen der Welt.

Der Ansatz der Vernetzung, wie im Fall der Gruppe SME Connect SDG6, hat für mich Modellcharakter. An dieser Stelle möchte ich mich daher ausdrücklich bei Dr. Paul Rübig für seine Initiative und sein Engagement zum Aufbau dieser KMU-Gruppe bedanken. Ich wünsche weiterhin viel Erfolg und werde dieses Projekt weiter unterstützen.

Ivan Štefanec
(Vorsitzender KMU Europa)

„WASSER IST LEBEN"

„Wasser ist Leben" ist ein Satz, den wir alle schon unzählige Male gehört haben. Wenn vom Wert des Wassers gesprochen wird, nickt jeder zustimmend. Aber wie können wir den Wert, den wir dem Wasser für unser Leben beimessen, von den Maßnahmen trennen, die wir zu seinem Schutz ergreifen? Verfügbarkeit, Qualität und Zugänglichkeit von Wasser werden immer noch zu oft als selbstverständlich hingenommen, obwohl Wasser nur eine begrenzte Ressource ist.

Überschwemmungen, Dürren, Wasserverschmutzung und Wasserknappheit sind in den Nachrichten als alltägliche Herausforderungen für unseren Planeten präsent. Dennoch diese Probleme sind viel größer als nur diese Schlagzeilen. Wir brauchen Lösungen, um den wachsenden Herausforderungen zu begegnen. Wir brauchen Investitionen und technologische und nicht technologische Innovationen. Aber, und das ist das Wichtigste, wir brauchen all dies in Kombination. Dieses Buch wird zu einer Zeit veröffentlicht, in der wir einen Schritt über die Diskussionen, die Fragen und das Warum hinausgehen und uns mit den Antworten auf unsere Herausforderungen befassen müssen. Die Seiten, die Sie durchgehen werden, tun genau das, indem sie eine detaillierte Zusammenstellung der Lösungen und bewährten Verfahren von Experten auf dem Gebiet Wassermanagement anbieten.

Ganz gleich, ob es um unser Wohlergehen, die Wirtschaft, die Umwelt oder die Ernährungssicherheit geht, Wasser ist das Fundament, auf dem alles aufbaut. „Folgt dem Wasser" war eines der Leitprinzipien bei der Suche nach außerirdischem Leben – Wie können wir es also auf unserem eigenen blauen Planeten ignorieren?

Durk Krol

(Geschäftsführer von Water Europe)

NOTFALLMANAGEMENT

Beim Europäischen Parlamentarischen Forschungsdienst (EPRS), dem Think Tank des Europäischen Parlaments, hatte ich das Vergnügen, vorausschauende Pionierarbeit zu leisten. Bei EPRS konnten wir dies mit und dank der begeisterten Unterstützung der politischen Seite des Europäischen Parlaments tun, insbesondere von Dr. Paul Rübig, dem Vorsitzenden des STOA-Gremiums des Europäischen Parlaments (Science and Technology Options Assessment). Er wurde ein überzeugender Botschafter der Zukunftsforschung.

In der sich schnell verändernden Welt von heute sehen wir mehr und mehr, dass die Wissenschaft ihre Grenzen hat. Nicht alle technologischen Entwicklungen, so vielversprechend sie auch sein mögen, werden von allen uneingeschränkt begrüßt. Nicht alle davon sind gut für die Gesellschaft insgesamt; nicht alle sind gut für einzelne Menschen. Daher sollte eine verantwortungsvolle Politikgestaltung nicht nur von der Wissenschaft gelenkt werden. Sie muss die möglichen Auswirkungen neuer Entwicklungen auf die Gesellschaft berücksichtigen. Vorausschauende Methoden erlauben es uns, wissenschaftliche Beweise mit dem gesellschaftlichen Kontext in Einklang zu bringen. Und ich freue mich, dass vorausschauende Methoden für die Politikanalyse in den europäischen Institutionen zunehmend Beachtung finden. Mit zunehmendem Bewusstsein für die Hoffnungen und Ängste der Bürger haben wir uns von einer evidenzbasierten Politik zu einer vorausschauenden Politik gewandelt, die – meiner Ansicht nach – die Politik menschlicher macht.

Dr. Rübig wendet diese vorausschauenden Methoden auf seine tägliche Arbeit im Europäischen Wirtschafts- und Sozialausschuss und auf seine Aktivitäten zur Notfallvorsorge an, während er sich gleichzeitig mit den Zielen der Vereinten Nationen für nachhaltige Entwicklung befasst. Er konzentriert sich auf Notfälle – wie Wasserknappheit, Stromausfälle und Cyberbedrohungen – und nutzt dabei einen vorausschauenden Ansatz, während er die möglichen Auswirkungen der Ereignisse auf eine Vielzahl von Akteuren berücksichtigt und die Schwachstellen der verschiedenen Akteure in der Gesellschaft aufzeigt. Er entwickelt Vorschläge für den Umgang mit allen Phasen des Notfallmanagements – Vorbeugung, Vorsorge, Reaktion, Minderung und Erholung – mit unterschiedlichen Zeithorizonten, um Krisen zu bewältigen.

Die Wasserresilienz, das Hauptthema von Dr. Rübig, ist das wichtigste Thema des Notfallmanagements, das auch im Bericht „Future Shocks 2023" des Europäischen Parlaments als großes globales Risiko hervorgehoben wurde.

Dieses Buch wird für politische Entscheidungsträger, die sich mit dem Notfallmanagement befassen, eine wertvolle Lektüre sein.

Lieve Van Woensel
(ehemalige Beraterin für Zukunftsfragen, Europäischer Parlamentarischer Forschungsdienst)

STELLUNGNAHME DES EUROPÄISCHEN WIRTSCHAFTS- UND SOZIALAUSSCHUSSES

INT/989

STELLUNGNAHME DES EUROPÄISCHEN WIRTSCHAFTS- UND SOZIALAUSSCHUSSES

NOTFALLVORSORGE

Paul Rübig

Mitglieder: Pietro Vittorio Barbieri (IT-Gr. III) (Rule 86(2) – Rodert), Giulia Barbucci (IT-Gr. II) (Rule 86(2) – Mone),
Dimitris Dimitriadis (EL-Gr. I), Panagiotis Gkofas (EL-Gr. III), Thomas Kattnig (AT-Gr. II) (Rule 86(2) – Reisecker),
Thierry Libaert (FR-Gr. III), Aurel Laurenţiu Plosceanu (RO-Gr. I) (Rule 86(2) – Muresan), Christophe Quarez (FR-Gr. II)
(Rule 86(2) – Meynent), Wautier Robyns de Schneiderauer (BE-Gr. I), Ferre Wyckmans (BE-Gr. II), Advisor: Bruno Lindorfer

1.   Schlussfolgerungen und Empfehlungen

1.1   Der Europäische Wirtschafts- und Sozialausschuss (EWSA) fordert die Europäische Kommission und die Mitgliedstaaten auf, dringend einen Plan auszuarbeiten, um die Autonomie/Souveränität des EU-Binnenmarkts in Bezug auf die Energieerzeugungsanlagen, die Lebensmittel- und Wasserproduktion sowie die Gewinnung der erforderlichen Rohstoffe erheblich zu stärken und für Autonomie/Souveränität bei den benötigten Technologien zu sorgen. Die EU muss diese Autonomie/Souveränität in den Bereichen Forschung und Entwicklung, Materialverarbeitung, Design, Herstellung, Installation, Inbetriebnahme und Wartung der Anlagen im EU-Binnenmarkt erlangen, um Energiearmut und Arbeitslosigkeit unter ihren Bürgern und den Verbrauchern zu vermeiden. Die wirksamste Notfallvorsorge beruht auf Resilienz – sowohl in technischer als auch sozialer Hinsicht. Die Resilienz der Energiesysteme gegenüber natürlichen, politischen oder sonstigen Bedrohungen sollte bei allen energiepolitischen Maßnahmen kontinuierlich verbessert werden.

1.2   Der EWSA empfiehlt der EU, dringend kurzfristige Maßnahmen für den Bau von Energieerzeugungsanlagen im EU-Binnenmarkt festzulegen, um das Ziel der Autonomie/Souveränität der Union zu erreichen.

1.3   Der EWSA ist der Ansicht, dass weitreichende und lang anhaltende Energieengpässe in Europa durch folgende Maßnahmen verhindert werden können:
- – technologische Offenheit (in Bezug auf Energieerzeugung und -nutzung);
- – Stärkung und Entwicklung des europäischen Energiebinnenmarkts;
- – Verbesserung der Zusammenarbeit und Koordinierung mit gleichgesinnten Partnern sowie engere Zusammenarbeit mit Nachbar- und Drittländern;
- – Verfolgung einer ehrgeizigen Handelspolitik und Diversifizierung der Versorgung;
- – Beseitigung von Qualifikationslücken auf dem Arbeitsmarkt;
- – Verbesserung der Kommunikation und Sensibilisierung;
- – Beschleunigung von Innovation und Digitalisierung;
- – Erleichterung des Zugangs zu Finanzmitteln;
- – Sicherstellung ausreichender Investitionen (u. a. zur Erleichterung des ökologischen Wandels);
- – Festlegung realistischer politischer Strategien. Im Bereich Energie und Klima muss z. B. das Paket „Fit für 55" neu bewertet werden, um ein Gleichgewicht zwischen der Verwirklichung der Ziele für 2030 und 2050 und der Suche nach einem wirtschaftlich und sozial gangbaren Weg für diesen Übergangsprozess zu finden. Die Gewinne aus dem Emissionshandel sollten zur Finanzierung einer Preisobergrenze für Gas auf der Grundlage des US-amerikanischen Henry Hub-Indexes und für Investitionen in neue Energieerzeugungsanlagen in der EU verwendet werden.

1.4   Um eine Überarbeitung der Zeitpläne für den Grünen Deal zu vermeiden und im Sinne einer realistischen Energiepolitik sollten die Verfahren zur Beurteilung der Optionen, Folgen und Risiken des Grünen Deals und der Energiepolitik der EU den Auswirkungen der Maßnahmen nicht nur auf das Klima, sondern auch auf die Kaufkraft der europäischen

Verbraucher und die Wettbewerbsfähigkeit der EU-Wirtschaft Rechnung tragen, um so Arbeitsplätze in der Union zu erhalten.

1.5 Der EWSA ist der Auffassung, dass bei der Reaktion auf die Krise angesichts ihrer Schwere keine Maßnahme ausgeschlossen werden sollte.

1.6 Im Rahmen der zu ergreifenden Maßnahmen sollte nach Ansicht des EWSA ein Teil der Reaktion in der Umsetzung des SET-Plans (Europäischer Strategieplan für die Energietechnologie) und des REPowerEU-Plans bestehen. Dabei geht es insbesondere um

- die Verbesserung der Energieeffizienz und Förderung der Kreislaufwirtschaft;
- die Umsetzung des REPowerEU-Plans zur Beendigung der Abhängigkeit der EU von fossilen Brennstoffen aus Russland;
- die Gewährleistung einer stärkeren Befüllung der Gasspeicher und deren koordinierter Nachfüllung; Überwachung und Optimierung des Strommarkts; Lenkung der Investitionen in Energiesysteme und Verbesserung der Vernetzung mit der unmittelbaren Nachbarschaft über (ACER)[1], (GEREK), ENTSO-G, ENTSO-E und den Wissens- und Innovationsgemeinschaften (KIC) des Europäischen Innovations- und Technologieinstituts (EIT) in den Bereichen InnoEnergy, Rohstoffe und Fertigung unter Berücksichtigung der Entwicklungen bezüglich der europäischen Grundstruktur für Wasserstoff und der H_2- und der CO_2-Speicherung;
- die Errichtung von 1 000 Energieproduktionsanlagen in der EU mit einem 14-tägigen Genehmigungsverfahren und unverzüglichem Start der Investitionen mit hälftiger finanzieller Unterstützung durch die EU aus den Einnahmen aus dem Emissionshandel.

1.7 Der EWSA empfiehlt, die Verbraucher zu ermutigen und dabei zu unterstützen, in ihre eigene Energieerzeugung und -effizienz zu investieren. Dafür sind Informationskampagnen und Steueranreize erforderlich.

1.8 Der EWSA ist zudem der Ansicht, dass die EU neue Verkehrsinfrastrukturen für den Transport von Energie und Energieressourcen (Pipeline von Nordafrika nach Spanien) und für erneuerbare Energiequellen wie Wasserstoff, Biomethan und Ammoniak (Campfire) aufbauen sollte.

1.9 Als Reaktion auf die Krise empfiehlt der EWSA folgende kurzfristige Maßnahmen:
- Sicherung weiterer Quellen, insbesondere Öl, Kohle, Gas, Uran, Wasser, Nahrungs- und Futtermittel;
- Entwicklung von Plänen und Konzepten zur Energieeinsparung und -rationierung in allen 27 EU-Mitgliedstaaten:
  • Für die Rationierung sollten klare Prioritäten gelten, z. B. die Aushandlung von Plänen zur Rationierung von Energie für energieintensive Branchen sowie von neuen WTO Handelsabkommen mit neuen vorrangigen Zielen für Nahrungs- und Futtermittel, Wasser und Sanitärversorgung;

---

1   EU-Agentur für die Zusammenarbeit der Energieregulierungsbehörden.

- Priorisierung der Strom- und Gasspeicherung und -versorgung für Krankenhäuser, die Gesundheits- und Notdienste und die Versorgung älterer und schutzbedürftiger Bürgerinnen und Bürger;
— Festlegung von Vorschriften zur Sicherung ausreichender Öl- und Gasreserven;
— Förderung von Energieeinsparungen durch neue Energiequellen;
— Intensivierung von Forschung und Entwicklung der EU im Energiebereich, insbesondere in Bezug auf alternative Energien, Fusionsenergie, Energiespeicherung, Wasserstoff- und Ammoniaktechnologien, Energieeffizienz energieintensiver Industrieprozesse sowie Verbrauchergeräte;
— Beschleunigung öffentlicher Genehmigungsverfahren für neue Projekte, die kurz- und mittelfristig zusätzliche Energie liefern, z. B. Wasserstoff-Entladeterminals in Häfen der EU, Leitungen und Hafenanlagen für die Regasifizierung von verflüssigtem Erdgas (LNG);
— Aufforderung an alle Unternehmen in der EU, die in Notfällen erforderliche Produkte und Dienstleistungen erzeugen oder bereitstellen, ihre Notstromversorgung sicherzustellen, ihre Notfallpläne zu aktualisieren, regelmäßige Notfallschulungen zu organisieren usw. (dies betrifft z. B. Telekommunikations- und Rundfunkunternehmen, Notdienste, öffentliche IT Server und Stromanbieter).

1.10 Über die kurzfristigen Maßnahmen hinaus empfiehlt der EWSA auch eine Reihe mittel- und langfristiger Maßnahmen:

1.10.1 Der EWSA fordert die Kommission auf, Pläne auszuarbeiten und die folgenden unionsweit koordinierten Maßnahmen und Aktionen durchzuführen:
— Methanspaltung durch Elektrolyse/Pyrolyse und Methanumwandlung mit Wasserdampf zur Erzeugung von Wasserstoff und festem Kohlenstoff;
— Nutzung der vielfältigen und langfristigen Methanreserven als Rohstoff für Wasserstoff (Energieträger) und Kohlenstoff und umfassende Untersuchung ihrer Vorteile als Bodenverbesserer in der Landwirtschaft, um die Erträge zu steigern und die Ernährungssicherheit zu verbessern;
— massive Beschleunigung der Beschaffung kritischer Energieinfrastrukturen, d. h. Vereinfachung und Straffung der EU-Vorschriften, die die Beschaffung kritischer Energieinfrastrukturen verlangsamen:
— die neue EU-Wasserrahmenrichtlinie – die Sicherung einer schnellen Energieversorgung muss Vorrang erhalten;
— die neue EU-Verordnung zu den Lieferketten muss vereinfacht werden. Der Schwerpunkt sollte auf einer nachhaltigen Versorgung der EU mit kritischen Rohstoffen und Gütern liegen, was Gegenstand bilateraler Handelsabkommen sein sollte;
— Stärkung der Produktionsketten und Verkehrssysteme, um mögliche künftige Lieferengpässe bei kritischen Rohstoffen für EU-Unternehmen (Industrie und Handel) auszugleichen;
— Verringerung der Abhängigkeit von Einfuhren von kritischen Rohstoffen und Fertigerzeugnissen;
— Fokussierung auf die technologische Souveränität/Autonomie der EU;
— Entwicklung einer grenzüberschreitenden Netzinfrastruktur (380 kV oder mehr);

- Sicherung der Herstellung von Transformatoren für Stromspannungsänderungen (hoch/niedrig, Gleichstrom/Wechselstrom);
- Wiederaufnahme der Tausenden von Energieerzeugungsprojekten (Wasserkraft, Geothermie, Hydrospeicher usw.), die seit Jahren aufgrund ihrer (durch billiges Gas aus Russland) relativ geringen Rentabilität oder aufgrund administrativer Hürden auf Eis liegen;
- Erprobung neuer Erschließungstechnologien. In mehreren Gebieten der EU gibt es Lagerstätten mit erheblichen Erdgasbeständen, die mithilfe neuer, kürzlich von europäischen Hochschulen entwickelter Technologien gefördert werden können. Angesichts ihrer Ziele in Bezug auf ihre Energiesouveränität und -autonomie sollte die EU diese neuen Technologien sorgfältig prüfen und die Regionen dazu anhalten, sie zu erproben;
- die lokale Produktion von Gas, Öl und synthetischen Kraftstoffen wo möglich und erforderlich als kurzfristige Maßnahme zu überprüfen bzw. die bestehende Produktion als kurzfristige Maßnahme hochzufahren.

1.10.2 Verbesserung der Ausbildung von Elektrikern und Landwirten und ihrer Kompetenzen sowie Schaffung von Arbeitsplätzen im Bereich Wasserwirtschaft.

1.10.3 Der EWSA ist der Ansicht, dass die in Europa derzeit stagnierende Zahl der MINT Studierenden (MINT = **M**athematik, **I**nformatik, **N**aturwissenschaften und **T**echnik) erhöht werden sollte. In asiatischen Ländern hat die Zahl der Studierenden in den Fächern Physik, IKT und Ingenieurwesen hingegen deutlich zugenommen. Er empfiehlt, Initiativen und Anreize zu schaffen, um in Europa für weitere Arbeitsplätze für Ingenieure, Techniker und High-Tech-Fachleute zu sorgen, damit die Ziele der technologischen Souveränität/Autonomie der EU erreicht werden.

1.10.4 Zu guter Letzt hält es der EWSA für wichtig, die Kaufkraft der Unionsbürger und der Verbraucher in der EU aufrechtzuerhalten, indem die Technologie-Souveränität/-Autonomie der Union in den Mittelpunkt gestellt wird. Damit wird ihre Abhängigkeit von (Technologie- und Energie-)Importen verringert, und es werden Arbeitsplätze im High Tech Bereich in Europa geschaffen.

1.11 In Zusammenfassung der Schlussfolgerungen und Empfehlungen stellt sich die Frage, ob sich aus Sicht der Verbraucher die Rangfolge der Prioritäten von „1. Umwelt, 2. Preis und 3. Versorgungssicherheit" zu „1. Versorgungssicherheit, 2. Preis und 3. Umwelt" gewandelt hat.

2.   Allgemeine Bemerkungen

2.1   Definition des Begriffs „Notfallmanagement": „Notfallmanagement" bedeutet die Organisation und Verwaltung der Mittel und Zuständigkeiten für den Umgang mit allen humanitären Aspekten von Notfällen, d. h.:
- Prävention,
- Vorsorge,
- Reaktion,
- Minderung,
- Wiederaufbau.

2.2   Niemand weiß, wie lange der brutale Krieg in der Ukraine andauern wird, wie viel Infrastruktur zerstört werden wird oder wie viele Millionen Ukrainerinnen und Ukrainer in die EU Mitgliedstaaten fliehen werden – wodurch der Binnenmarkt um Millionen neuer Verbraucherinnen und Verbraucher erweitert werden dürfte.

2.3   Der Krieg in der Ukraine wird sicherlich dramatische Folgen für die EU haben, da diese in hohem Maße auf fossile Brennstoffe und Rohstoffe aus Russland und der Ukraine angewiesen ist. Es sollte dringend in eigene Bergbau- und Produktionsanlagen für Energieträger investiert werden, um Autonomie/Souveränität zu erreichen – eines der Hauptziele der EU.

2.4   Im Jahr 2021 bezogen einige europäische Länder 100 % ihrer Erdgasimporte bzw. rund 70 % ihrer Ölimporte aus Russland. Im September 2022 haben einige EU-Mitgliedstaaten (z. B. Polen, Bulgarien und alle drei baltischen Staaten) die Einfuhr von Gas aus Russland eingestellt; und vielen EU-Ländern ist es gelungen, ihre Einfuhren von russischem Erdgas durch Erhöhung der Gasimporte aus anderen Ländern – vor allem in Form von Flüssigerdgas über LNG-Terminals – erheblich zu verringern. In der Folge sind die Gaspreise in die Höhe geschnellt und steigen in der EU derzeit noch weiter. Seit Juli 2022 sind die durchschnittlichen Gaspreise in der EU etwa achtmal so hoch wie in den USA, was sich negativ auf die Wettbewerbsfähigkeit der Union auswirkt.

2.5   Damit steigt auch die Gefahr massiver Arbeitsplatzverluste in der EU. Laut EUROFER sind in der EU-Stahlindustrie 330 000 hochqualifizierte Arbeitskräfte direkt und bis zu 2,2 Millionen weiterer Arbeitskräfte indirekt beschäftigt. Auch in der Aluminium-, Zement-, Papier, Glas- und Chemieindustrie gibt es Hunderttausende direkt oder indirekt Beschäftigte. Innerhalb des Binnenmarkts könnten in den Energieerzeugungsanlagen Hunderttausende neuer gut bezahlter Arbeitsplätze geschaffen und damit die Kaufkraft der Verbraucher in der EU gestärkt werden.

2.6   Was die Ernährungssicherheit angeht, so werden die europäischen Länder systematische Anstrengungen unternehmen, um die Abhängigkeit von Weizenlieferungen aus der Ukraine und Russland zu verringern. Es gilt, Düngemittelsubventionen zu überprüfen, Flächen für die Lebens- und Futtermittelproduktion umzuwidmen und Agrar- und Lebensmittelabfälle zur Erzeugung von Biogas zu verwenden.

3.   Katastrophenvorsorge[2]

3.1   Die EU hat bei der Vorbereitung auf Notfälle viel getan, doch hat der Krieg in der Ukraine gezeigt, dass sie ihre Anstrengungen in folgenden Bereichen fortsetzen und sogar verstärken muss:

- Stromabschaltungen (Stromausfälle) aufgrund von technischen Ausfällen, Cyberangriffen usw., die sich auf folgende Bereiche auswirken könnten:
  - Kommunikationssysteme,
  - Sanitärtechnik, Wasserversorgung und Abwasserbehandlung,
  - Geschäftskontinuität in der Industrie;
- Strom- und Gasrationierungspläne für Verbraucher und Industrie in der EU. Dieses Risiko hat sich seit dem Krieg in der Ukraine drastisch erhöht;
- Zeitweise Nichtverfügbarkeit von Rohstoffen aufgrund von Störungen in der Produktionskette oder im Verkehrswesen (ein Beispiel: der Rückstau von 400 großen Frachtschiffen im Hafen von Shanghai im April 2022 infolge des dortigen COVID 19 Lockdowns);
- Cyberbedrohungen oder -attacken: Wie kann die EU die Resilienz der Unternehmen stärken und die Geschäftskontinuität gewährleisten, um die Versorgung der EU-Verbraucher zu garantieren?
- Weitere Angriffe: Unternehmen müssen so ausgerüstet sein, dass sie Angriffen standhalten und diese schnell überwinden können.

3.2   Notfälle und Katastrophen unterstreichen die Bedeutung der 17 UN-Nachhaltigkeitsziele[3] Zu „Katastrophen" zählen Naturkatastrophen[4], durch Industrie- oder Technologieunfälle verursachte Katastrophen (vom Menschen hergestellte Maschinen, ABC-Katastrophen), Krieg, politische und zivile Katastrophen[5], Epidemien und Hungersnöte sowie Auswirkungen der Nahrungsmittel- und Futtermittelproduktion.

4.   Wichtige Organisationen im Rahmen der Europäischen Kommission:

4.1   Der EU mangelt es nicht an kompetenten und spezialisierten Gremien, die helfen können, die Debatte und die Vorbereitungsmaßnahmen bezüglich der „Notfallvorsorge" zu lenken. Dazu gehören insbesondere:

- GD ECHO (Europäischer Katastrophenschutz und humanitäre Hilfe)[6]
- Zentrum für die Koordination von Notfallmaßnahmen (ERCC)[7]
- EU-Wissensnetz für Katastrophenschutz[8]
- Katastrophenschutzverfahren der Union (UCPM)[9]

---

2   https://ec.europa.eu/echo/what/humanitarian-aid/disaster-preparedness_de.

3   https://unric.org/de/17ziele/.

4   https://www.conserve-energy-future.com/10-worst-natural-disasters.php.

5   https://www.samhsa.gov/find-help/disaster-distress-helpline/disaster-types/incidents-mass-violence.

6   https://ec.europa.eu/echo/index_de.

7   https://erccportal.jrc.ec.europa.eu/.

8   https://civil-protection-knowledge-network.europa.eu/.

9   https://ec.europa.eu/echo/what/civil-protection/eu-civil-protection-mechanism_de.

5.   Mögliche kritische Notfälle in den EU-Mitgliedstaaten, insbesondere im Bereich der Energieerzeugungsanlagen

5.1   Zusammenbruch der Energieversorgungskette für fossile Brennstoffe (Kohle, Öl, Erdgas) – Im Jahr 2021 machten fossile Brennstoffe etwa 80 % des gesamten Primärenergieverbrauchs in der EU aus und wurden zum Großteil importiert.

5.2   Stromausfälle und anschließende Kommunikationsunterbrechungen aufgrund von technischen Störungen sowie Cyberkrieg oder Terrorangriffen. Die Stromerzeugung aus erneuerbaren Energieträgern ist unzuverlässig: Der Wind weht nicht immer und die Sonne scheint nicht immer genau dann, wenn die EU einen großen Energiebedarf hat. Deshalb muss der Ausbau von Windkraft- und Photovoltaikanlagen in der EU mit der Errichtung großer Energiespeicheranlagen einhergehen.

5.3   Fähigkeit zur Sicherung der Versorgung mit kritischen Rohstoffen (Kupfer, Lithium, Kobalt, Seltenerdmetalle usw.) durch neue EU-Binnenmarktstrategien für Bergbau, Wiederverwertung usw.

5.4   Fähigkeit zur Sicherung eines wettbewerbsorientierten Binnenmarkts für die Lieferung von Halbfertigprodukten (z. B. herrscht in der EU-Automobilbranche seit Ausbruch des Kriegs in der Ukraine ein akuter Mangel an in der Ukraine produzierten Kabelbäumen)

5.5   Der zur Erreichung der Dekarbonisierungsziele für die Stromerzeugung erforderliche Materialbedarf übersteigt die jährliche Kupferproduktion um den Faktor 14 (25 Mio. t gegenüber 350 Mio. t Bedarf), die jährliche Gesamtproduktion von Aluminium um den Faktor 7,2 und die weltweite Jahresproduktion von Spezialstahl, der für Windkraftanlagen benötigt wird, um den Faktor 3,9. Solarpaneele werden hauptsächlich in China gefertigt.

5.6   Lieferungen großer Mengen an fossilen Brennstoffen sind so lange dringend erforderlich, bis in der EU genügend Anlangen zur Erzeugung erneuerbarer Energien gebaut wurden

6.   Reaktion

6.1   Angesichts des Ausmaßes des Energieverbrauchs in der EU wird der ökologische Wandel in der EU etwa zwei Jahrzehnte benötigen. Auf seiner Tagung in Versailles empfahl der Rat, diesen Wandel zu beschleunigen, was sich als sehr schwierig erweisen dürfte.

6.2   Bei dem größten Engpass, der einen schnelleren Übergang verhindert, geht es nicht nur um Geld, sondern um die erforderlichen Materialien für die rund 700 000 EU-weit benötigten großen 5-MW-Windkraftanlagen sowie für die Millionen von Photovoltaikanlagen, Fusionsenergieanlagen, Wasserkraftwerke und Energiespeicher. Darüber hinaus müssen geothermische Anlagen sowie Wasserstoff-, Ammoniak- und CO_2-Speicher gebaut werden. Zur Verteilung der massiv gesteigerten Mengen an dezentral erzeugtem Strom müssen die Hoch- und Mittelspannungsleitungen in sehr großem Maße ausgebaut werden.

6.3 Jede dieser 700 000 großen 5 MW-Windkraftanlagen (die in der Regel 12,5 GWh elektrische Energie pro Jahr erzeugen) hat eine Höhe von ca. 200 Metern, ein Fundament aus ca. 2 000 Tonnen Stahlbeton und erfordert ca. 600 Tonnen Spezialstahl, 20 Tonnen Kupfer und eine Versorgung mit sehr knappen Seltenen Erden, die hauptsächlich aus China oder Russland eingeführt werden müssen. Multipliziert man diesen Materialbedarf mit den ca. 700 000 in der EU benötigten Windkraftanlagen, zeigt sich, dass riesige Mengen an Beton, Stahl, Kupfer und anderen Materialien benötigt werden, deren Herstellung enorme zusätzliche CO_2-Emissionen verursachen würde. Bei Seltenerdmetallen (für die elektrischen Generatoren und Batterien), Neodym, Dysprosium usw. ist der Engpass noch gravierender, wobei dieses Problem bis 2050 nur sehr schwer zu lösen sein dürfte.

7. Minderung

7.1 Wenn Windkraftanlagen in Deutschland weiterhin mit dem gleichen Tempo wie 2021 entstehen, würde die Errichtung der für den Grünen Deal erforderlichen 70 000 Windkraftanlagen 160 Jahre dauern.

7.2 Zusammenfassend ist zu sagen, dass nach Ansicht vieler Ingenieure die Erreichung der Ziele des Grünen Deals bis 2050 sehr schwierig ist: Zur Verwirklichung des europäischen Grünen Deals benötigt die EU Werkstoffe (Seltenerdmetalle, Kupfer, Stahl usw.) sowie Elektrotechniker und Ingenieure – und in beiden Bereichen herrscht Mangel.

8. Prävention

8.1 Viele energieintensive Industriezweige – u. a. Stahl, Chemie und Zement – sollen bis 2050 auf regenerativen umweltfreundlichen Wasserstoff oder Ammoniak umgestellt werden, der mit erneuerbarer elektrischer Energie erzeugt wird. Viele Menschen sind sich nicht der Tatsache bewusst, dass für die Umstellung all dieser energieintensiven Industriezweige etwa zehnmal mehr Strom aus erneuerbaren Energieträgern benötigt wird als für die Umstellung auf E-Mobilität und die Dekarbonisierung der Stahlindustrie.

8.2 Auf die Eisen- und Stahlproduktion entfällt ein Viertel aller weltweiten industriellen CO_2 Emissionen. 2020 wurden weltweit rund 1 870 Millionen Tonnen Stahl produziert, davon etwa 57 % in China und 7 % in der EU. Von den weltweit produzierten 1 870 Millionen Tonnen Stahl werden rund 1 300 Millionen Tonnen (65 %) mittels des integrierten Hochofenverfahrens hergestellt, bei dem Eisenerz mit Koks reduziert wird, wodurch sehr hohe CO_2-Emissionen (etwa 1,4 Tonnen CO_2 pro Tonne Stahl) verursacht werden.

8.3 In den 27 EU-Mitgliedstaaten werden jährlich etwa 150 Millionen Tonnen Stahl produziert, davon etwa 90 Millionen Tonnen im Hochofenverfahren. Für die Umstellung der Produktion dieser 90 Millionen Tonnen (im Hochofen mit Koks reduzierten) Roheisen auf umweltfreundlichen, mit regenerativ erzeugtem Wasserstoff hergestellten Stahl würden (bis 2050) pro Jahr ca. 360 TWh Elektrizität aus erneuerbaren Energieträgern benötigt. 360 TWh pro Jahr sind eine riesige Menge an erneuerbarer Energie! Das ist mehr regenerativer Strom als für die Elektrifizierung aller Personenkraftwagen in der gesamten EU benötigt wird. Zur

Erzeugung von regenerativem Strom für die Stahlindustrie in der EU werden nicht weniger als 30 000 große Windkraftanlagen benötigt.

8.4 In der EU betrug die Stromerzeugung im Jahr 2019 etwa 2 904 TWh, davon lediglich rund 35 % aus erneuerbaren Energien. Dabei stammten ca. 38 % (1 112 TWh) aus fossilen Brennstoffen und ca. 26 % aus Kernenergie (765 TWh) – hingegen nur 13 % aus Windkraft, 12 % aus Wasserkraft, 4 % aus Solarkraftwerken, 4 % aus Bioenergie und 2 % aus geothermischen Quellen. Der Großteil der EU-Stromerzeugung aus erneuerbaren Energien im Jahr 2019 (1 005 TWh) stammte aus Windkraft (367 TWh, 42 % aller erneuerbaren Energien). Weitere 39 % entfielen auf Wasserkraftwerke (345 TWh), 12 % auf Solarkraftwerke (125 TWh) und die restlichen 6 % auf Bioenergie (55 TWh).

8.5 Der Ausbau von Pumpspeicherkraftwerken ist notwendig, um das Netz im Falle eines drohenden Stromausfalls zu stabilisieren.

8.6 Wasserkraft sollte auf der energie- und klimapolitischen Agenda unbedingt eine wichtigere Rolle spielen. Nachhaltig entwickelte Wasserkraftwerke müssen als regenerative Energiequellen anerkannt werden. Die Regierungen sollten große und kleine Wasserkraftwerke in ihre langfristigen Ausbaustrategien, Energiepläne und Anreizsysteme für erneuerbare Energien aufnehmen und sie dabei mit variablen erneuerbaren Energien gleichstellen.

INT/924

STELLUNGNAHME DES EUROPÄISCHEN WIRTSCHAFTS- UND SOZIALAUSSCHUSSES

EIN NEUER EFR FÜR FORSCHUNG UND INNOVATION

Paul Rübig

1. Schlussfolgerungen und Empfehlungen

1.1 Der Europäische Wirtschafts- und Sozialausschuss (EWSA) begrüßt die neue Vision für den Europäischen Forschungsraum (EFR) und die Erneuerung seiner Agenda. Der neue EFR ist nicht nur ein „Weiter so", sondern tatsächlich ein echter „New Deal" für Forschung, Technologie und Innovation (FTI) in der EU.

1.2 Der EWSA begrüßt nachdrücklich, dass der Schwerpunkt der Mitteilung auf der raschen Umsetzung von FuI-Ergebnissen in nachhaltige Wirtschaftstätigkeiten liegt. Die Sicherstellung eines gerechten Übergangsprozesses ist eine der wichtigsten Voraussetzungen dafür, dass die Wirtschaft und die Beschäftigung in der EU durch FuI gefördert werden.

1.3 Der EWSA spricht sich nachdrücklich für eine neue Governance im Forschungsbereich aus, um administrative und regulatorische Innovationshemmnisse zu beseitigen.

1.4 Der EWSA begrüßt, dass die Mitteilung zum neuen EFR insgesamt im Einklang mit den Nachhaltigkeitszielen der Vereinten Nationen steht und diese unterstützt. Während die Umstellung auf eine widerstandsfähigere europäische Wirtschaft gefördert wird, ist ein inklusiver Wiederaufbau, bei dem niemand in Europa zurückgelassen wird, für die Entwicklung zu einer nachhaltigen europäischen Wirtschaft von entscheidender Bedeutung.[1]

1.5 Der EWSA möchte darauf hinweisen, dass es auf eine intelligente Kombination von FuE Instrumenten auf allen Ebenen (regional, national, global, EU-Ebene) ankommt. FuE und Innovation sollten gefördert werden, indem auch die großen EU-Strukturfonds sowie direkte und indirekte Maßnahmen (z. B. steuerliche Anreize) für FuE genutzt werden.

1.6 Der EWSA ist der Ansicht, dass die folgenden Schlüsselsektoren und -technologien für eine florierende EU-Wirtschaft unerlässlich sind:
- digitale Geschäftsmodelle,
- Technologien für die Herstellung von Waren und Lebensmitteln,
- klinische Forschung, Pharmaindustrie und Biotechnologiebranche,
- Weltraumtechnologie,
- sauberes Wasser und Sanitärversorgung.

1.7 Der EWSA stellt fest, dass die sozial- und geisteswissenschaftliche Forschung für die komplexe Erneuerung der EFR-Agenda sehr wichtig ist.

1.8 Der EWSA möchte hervorheben, dass die EU-Forschung in Bezug auf Patente hinterherhinkt. Der Anteil Asiens an den weltweiten Patentanmeldungen ist gestiegen. Im Jahr 2019 reichte Asien 65 % der weltweiten Patentanmeldungen ein. Der Anteil Europas an weltweiten Patentanmeldungen ist zurückgegangen und liegt jetzt bei nur 11,3 %.

---

1 Vorschläge des EWSA für den Wiederaufbau und die wirtschaftliche Erholung nach der COVID-19-Krise: „Die EU muss sich von dem Grundsatz leiten lassen, dass sie eine Schicksalsgemeinschaft bildet." ABl. C 311 vom 18.9.2020, S. 1 (Ziffer 5.3.1).

1.9 Aus zahlreichen Studien geht hervor, dass die EU bei der unternehmerischen Kultur hinter den USA und Asien zurückliegt. Unternehmergeist muss im Bildungswesen – auch an den Hochschulen – vermittelt werden. Unternehmergeist ist nämlich während des gesamten Prozesses gefragt, von der Innovation in der Grundlagenforschung und der angewandten Forschung bis hin zur Vermarktung einer neuen Technologie.

1.10 Der EIC und das EIT mit seinen KIC sind wichtige Partner und Instrumente bei dieser Beschleunigung der FuI-Umsetzung und bei der Neuausrichtung des Schwerpunkts der FuI der EU auf bahnbrechende Innovationen, mit denen auf konkrete Bedürfnisse von Bürgern und Unternehmen eingegangen wird, insbesondere in Bezug auf die großen gesellschaftlichen Herausforderungen. Der „EIC-Accelerator" bietet beträchtliche EU-Mittel für innovative europäische Start up-Unternehmen mit hohem Wachstumspotenzial, während das EIT definitionsgemäß Forschungsexzellenz für technologiefördernde Innovationen in seinen KIC verfolgt; sowohl der EIC als auch das EIT sind daher wichtige Partner bei der Beschleunigung der FuI Umsetzung.

1.11 Der EWSA betont, dass der Grundsatz der wissenschaftlichen und ethischen Integrität berücksichtigt werden muss, um einer Gefährdung der menschlichen Gesundheit, finanziellen Verlusten und Wissenschaftsversagen vorzubeugen.

1.12 Insbesondere liegt Europa hinter den USA und Asien zurück, was das Tempo der Umsetzung von FuE-Ergebnissen in innovative Produkte und Dienstleistungen betrifft. Der EWSA fordert die Kommission deshalb auf, ihre FTI-Strategie zugleich sowohl auf Exzellenz als auch auf Tempo auszurichten.

1.13 Der EWSA schlägt vor, dass die Europäische Kommission sich im Rahmen ihrer neuen FuI Strategie um eine ausgewogene Bandbreite in folgenden Bereichen bemühen sollte:
- FuE/FuI bezüglich Hochtechnologieindustrie und Dienstleistungsbranchen;
- Market-Pull-Innovationen (nachfrageorientierte Innovation) sowie technologiefördernde Innovationen.

2. **Allgemeine Bemerkungen**

2.1 Der EWSA begrüßt, dass eine neue Vision für den Europäischen Forschungsraum (EFR) und die Erneuerung seiner Agenda zu den wichtigsten Aspekten dieser Mitteilung zählen. Die Mitteilung ist somit der Beweis, dass der neue EFR nicht nur ein „Weiter so", sondern tatsächlich ein echter „New Deal" für Forschung, Technologie und Innovation in der EU ist. Ein zentraler Aspekt des „New Deal" ist das Ziel, die Wirkung von Innovation auf Wirtschaft und Gesellschaft massiv zu erhöhen. Mit diesem „New Deal" will die EU-27 der derzeitigen Tendenz entschlossen ein Ende bereiten, dass sie in der Grundlagenforschung sowie in der angewandten Forschung, bei Patentanmeldungen sowie High Tech Produkten und Dienstleistungen gegenüber China und Südkorea an Boden zu verliert. Der „New Deal" zielt darauf ab, die europäischen Bürgerinnen und Bürger noch besser in allen Bereichen von FuE, Innovation und Unternehmergeist zu schulen und so die Innovationskraft der europäischen Gesellschaft umfassend freizusetzen.

2.2 Der EWSA begrüßt den Ansatz der Europäischen Kommission, die Wirkung von Innovationen auf Wirtschaft und Gesellschaft zu verstärken. Er betont, dass die organisierte Zivilgesellschaft als Katalysator für soziale Innovation dient. Die Teilhabe der Zivilgesellschaft ist heute wichtiger denn je, und echte soziale Innovation kann es nur geben, wenn die Zivilgesellschaft beteiligt wird.[2]

2.3 Asiatische Länder – insbesondere China und Korea – haben ihre Leistungen in diesem Bereich in den letzten zwanzig Jahren erheblich gesteigert. China hat nicht nur seinen Anteil der Ausgaben für FuE von 0,55 % (1995) auf 2,2 % (2018) erhöht, sondern auch die EU beim Gesamthaushalt für FuE mit 496 Milliarden US-Dollar im Jahr 2017 übertroffen, da sich die Ausgaben der EU nur auf 430 Milliarden US-Dollar beliefen. Laut dem EU-Anzeiger 2020 für FuE-Investitionen der Industrie haben EU-Unternehmen ihre Ausgaben für FuE 2019 im Vergleich zu 2018 um 5,6 %, US-amerikanische Unternehmen um 10,8 %, und chinesische Unternehmen um 21,0 % erhöht.

2.4 Die Berichte des OECD-Anzeigers für Wissenschaft, Technologie und Industrie zeigen unter anderem, dass die EU besonders bei digitalen Dienstleistungen und in Bereichen hinterherhinkt, die als bahnbrechende technologiefördernde Innovationen bezeichnet werden. Der EWSA setzt sich für einen europäischen Weg der Digitalisierung ein, bei dem die Chancen für die Wirtschaft unter Wahrung der gesellschaftlichen Werte und der Grundrechte genutzt werden. Ein auf den Menschen ausgerichteter Ansatz bei allen Initiativen der Kommission ist im Hinblick auf die Entwicklung eines europäischen Fortschrittskonzepts sehr zu begrüßen.[3]

2.5 Die Förderung der Entwicklung bahnbrechender Innovationen[4] bei gleichzeitiger Wahrung eines gerechten Übergangs ist eine der größten Herausforderungen in naher Zukunft.

2.6 Der EWSA unterstützt uneingeschränkt eine klare Fokussierung auf die „Twin Transition", d. h. den digitalen Wandel und den Grünen Deal.

2.7 Der EWSA begrüßt, dass die rasche Umsetzung von FuI-Ergebnissen in nachhaltige Wirtschaftstätigkeiten sichergestellt werden soll. Die Wahrung eines gerechten Übergangs – entsprechend der Mitteilung hin zu einem grüneren/klimafreundlichen Europa und zu einer fairen digitalen Zukunft unter Achtung der Rechte und Standpunkte der Arbeitnehmer – ist eines der wichtigsten Elemente, um sicherzustellen, dass FuI die Wirtschaft und Beschäftigung in der EU fördert.

---

2 Vorschläge des EWSA für den Wiederaufbau und die wirtschaftliche Erholung nach der COVID-19-Krise: „Die EU muss sich von dem Grundsatz leiten lassen, dass sie eine Schicksalsgemeinschaft bildet."ABl. C 311 vom 18.9.2020, S. 1 (Ziffer 6.8).

3 ABl. C 364 vom 28.10.2020, S. 101.

4 Clayton M. Christensen, *The Innovator's Dilemma – When New Technologies Cause Great Firms to Fail,* 2016.

2.8 Der EWSA begrüßt, dass die Mitteilung zum neuen EFR insgesamt im Einklang mit den Nachhaltigkeitszielen steht und diese unterstützt. Während die Umstellung auf eine widerstandsfähigere europäische Wirtschaft gefördert wird, ist ein inklusiver Wiederaufbau, bei dem niemand in Europa zurückgelassen wird, für den Übergang zu einer nachhaltigen europäischen Wirtschaft von entscheidender Bedeutung.[5]

2.9 Der EWSA möchte darauf hinweisen, dass es auf eine intelligente Kombination von FuE Instrumenten auf allen Ebenen (regional, national, EU-Ebene) ankommt. FuE und Innovation sollten gefördert werden, indem auch die großen EU-Strukturfonds sowie direkte und indirekte Maßnahmen (z. B. steuerliche Anreize) für FuE genutzt werden.

3.   Der Europäische Forschungsraum in neuem Kontext

3.1 Wie in den allgemeinen Bemerkungen dargelegt, ist der EWSA eindeutig der Auffassung, dass die EU im globalen Wettbewerb bezüglich Forschung, Technologie und Innovation auch weiterhin insbesondere gegenüber China, Korea und den USA an Boden verlieren wird, wenn sie bei ihrer Strategie des „Weiter so" bleibt.

3.2 Der EWSA betont, dass der Grundsatz der wissenschaftlichen und ethischen Integrität berücksichtigt werden muss, um einer Gefährdung der menschlichen Gesundheit, finanziellen Verlusten und Wissenschaftsversagen vorzubeugen.

3.3 Der EWSA fordert die Europäische Kommission auf, einen „New Deal" für Forschung, Technologie und Innovation für die EU zu entwerfen.

3.4 Modernste, effizient verwaltete FuI-Infrastrukturen sind ein wesentlicher Aspekt dieser Beschleunigung der FuI-Umsetzung.

3.5 Die laufende Verwaltung dieser FuI-Infrastrukturen könnte nach Auffassung des EWSA professioneller gestaltet werden. Der Nutzungsgrad einiger dieser teuren FuI-Infrastrukturen fällt relativ gering aus; er liegt teilweise bei weniger als 25 % der jährlichen Arbeitszeit.

3.6 Der EWSA begrüßt die Initiative „Open Science" der Kommission (EOSC).

3.7 Der EWSA teilt die Auffassung, dass es sich bei den in der Mitteilung genannten Technologien um sehr wichtige, strategische Schlüsseltechnologien für die EU handelt, und schlägt vor, folgende Schlüsseltechnologien und -sektoren hinzuzufügen:
- digitale Geschäftsmodelle,
- Technologien für die Herstellung von Waren und Lebensmitteln,
- klinische Forschung, Pharmaindustrie und Biotechnologiebranche,
- Weltraumtechnologie,
- sauberes Wasser und Sanitärversorgung.

---

5   Vorschläge des EWSA für den Wiederaufbau und die wirtschaftliche Erholung nach der COVID-19-Krise: „Die EU muss sich von dem Grundsatz leiten lassen, dass sie eine Schicksalsgemeinschaft bildet."ABl. C 311 vom 18.9.2020, S. 1 (Ziffer 5.3.1).

3.8   Auf digitalen Geschäftsmodellen fußende Unternehmen gehören derzeit zu den weltweit am schnellsten wachsenden Unternehmen, ein Trend, der sich auch in den kommenden Jahren fortsetzen wird. Hierfür reicht ein Blick auf den elektronischen Handel (z. B. Amazon), die Industrie 4.0, das Onlinebanking, elektronische Spiele, die digitalen sozialen Netzwerke (z. B. Facebook), die e-Sicherheit usw.

3.9   Der EWSA stellt fest, dass die sozial- und geisteswissenschaftliche Forschung für die komplexe Erneuerung der EFR-Agenda sehr wichtig ist.

3.10   Der EWSA stellt fest, dass die EU-Forschung in Bezug auf Patente hinterherhinkt. Der Anteil Asiens an den weltweiten Patentanmeldungen ist gestiegen. Im Jahr 2019 reichte Asien 65 % der weltweiten Patentanmeldungen ein. Der Anteil Europas an weltweiten Patentanmeldungen ist zurückgegangen und liegt jetzt bei 11,3 %.

3.11   Zu den weiteren wichtigen FuI-Themen gehören u. a. die Warenproduktion (worin nach wie vor die Stärke der EU liegt), IT, Software und KI sowie die Medium-Tech-Industrie.

3.12   Die meisten Arbeitsplätze in der EU sind nach wie vor im Medium-Tech-Bereich angesiedelt (worin ebenfalls seit jeher die Stärke der EU liegt). Hightech ist natürlich wichtig, aber auch im Medium-Tech-Bereich gibt es ein großes Wachstums- und Beschäftigungspotenzial.

3.13   Die Coronavirus-Krise ist eine große Herausforderung für die Menschheit, und es sollten alle denkbaren Maßnahmen ergriffen werden, um Impfstoffe und Behandlungsmethoden für COVID-19 zu entwickeln. Diese Krise hat mehrere Probleme – nicht zuletzt im Zusammenhang mit unserem Umgang mit der Umwelt und Tieren – offengelegt, die angegangen werden müssen, um ähnliche Pandemien in Zukunft zu verhindern. Europäische FuI muss eine wichtige Rolle bei der Ermittlung, Erforschung und Lösung dieser Probleme spielen. Andererseits sollte die Krise nicht der alleinige Leitfaden für die langfristige FuI-Strategie der EU sein.

3.14   Aus zahlreichen Studien geht hervor, dass die EU bei der unternehmerischen Kultur hinter den USA und Asien zurückliegt. Unternehmergeist muss im Bildungswesen – auch an den Hochschulen – vermittelt werden. Unternehmergeist ist nämlich während des gesamten Prozesses gefragt, von der Innovation in der Grundlagenforschung und der angewandten Forschung bis hin zur Vermarktung einer neuen Technologie. Die unternehmerische Kultur muss eine Schlüsselkompetenz in allen Forschungs-, Technologie- und Innovationsvorhaben der EU und damit natürlich auch im neuen EFR bilden.

4.   Die Vision: ein stärkerer Europäischer Forschungsraum für die Zukunft

4.1   Die Mitteilung enthält einige Absätze zu neuen gemeinsamen Technologie-Fahrplänen, einer neuen Industriestrategie und nach Auffassung der Kommission wichtigen Zukunftstechnologien. Der EWSA weist erneut darauf hin, dass all diese Themen in engem Zusammenhang mit den Nachhaltigkeitszielen gesehen werden müssen. Mit anderen Worten: FuE muss insbesondere im Rahmen des neuen EFR und der gemeinsamen Technologie Fahrpläne gefördert werden, in denen jeder der 17 Bereiche der Ziele für nachhaltige Entwicklung unterstützt werden kann. Der EWSA ist der Überzeugung, dass ein konstruktiver sozialer und zivilgesellschaftlicher Dialog auf allen Ebenen zu einer erfolgreichen Umsetzung der Strategie beitragen wird.

4.2   Der EWSA begrüßt die Stärkung der Zusammenarbeit bezüglich Forschung, Technologie und Innovation innerhalb der EU. Jeder EU-Mitgliedstaat ist für sich genommen schlicht zu klein, um mit den großen Forschungsnationen wie den USA oder China zu konkurrieren. Den einzelnen Mitgliedstaaten fehlt es an Skaleneffekten, die insbesondere für breitangelegte bahnbrechende Innovationen von großer Bedeutung sind. Europa kann auf bedeutsame Errungenschaften in der Wissenschaft und Technologie zurückblicken, und die Forschungs- und Entwicklungsanstrengungen sind fester Bestandteil der europäischen Wirtschaft. Aus Europa stammen einige der bekanntesten Forscher in diversen wissenschaftlichen Disziplinen, insbesondere Physik, Mathematik, Chemie und Ingenieurwesen. Die wissenschaftliche Forschung in Europa wird von der Industrie, den europäischen Universitäten und wissenschaftlichen Einrichtungen unterstützt. Die Ergebnisse der europäischen wissenschaftlichen Forschung zählen durchweg zu den besten der Welt. Einerseits ist die Kooperation ein Schlüsselelement effizienter Innovation zur Entwicklung neuer Produkte und Dienstleistungen, andererseits ist der Wettbewerb die wesentliche Triebkraft für Innovation der weltweiten Wirtschaft. Der EWSA empfiehlt daher ein ausgewogenes Gefüge von Zusammenarbeit und Wettbewerb zwischen den Mitgliedstaaten innerhalb des neuen „New Deal" für FTI der EU.

4.3   Der EIC und das EIT mit seinen KIC sind wichtige Partner und Instrumente bei dieser Beschleunigung der FuI-Umsetzung und bei der Neuausrichtung des Schwerpunkts der FuI der EU auf bahnbrechende Innovationen, mit denen auf konkrete Bedürfnisse von Bürgern und Unternehmen eingegangen wird, insbesondere in Bezug auf die großen gesellschaftlichen Herausforderungen.

5.   Umsetzung von FuI-Ergebnissen in der Wirtschaft

5.1   In der Mitteilung wird festgestellt, dass die EU „bei der FuE-Intensität der Unternehmen, insbesondere in den Hochtechnologiesektoren, sowie bei der Expansion innovativer KMU hinter ihren wichtigsten globalen Konkurrenten hinterher[hinkt], was mit negativen Auswirkungen auf Produktivität und Wettbewerbsfähigkeit einhergeht. [...] Die Freisetzung von Investitionen in Innovationen in Unternehmen, Dienstleistungen und im öffentlichen Sektor ist entscheidend, um eine Trendwende herbeizuführen und die industrielle und technologische Souveränität Europas wieder zu stärken. Die EU muss ihre exzellenten

Forschungs- und Innovationsergebnisse in vollem Umfang nutzen, um den grünen und digitalen Übergang der EU-Wirtschaft zu unterstützen." Der EWSA teilt diese Auffassung, möchte jedoch betonen, dass insbesondere der digitale Wandel ein verantwortungsvolles FTI-Konzept erfordert. Der EWSA bekräftigt seine uneingeschränkte Unterstützung für die Strategie der EU, eine vertrauenswürdige künstliche Intelligenz (KI) anzustreben, bei der der Mensch im Mittelpunkt steht, und verweist darauf, dass er bereits in seiner ersten Stellungnahme zur KI im Jahr 2017[6] für einen Ansatz bezüglich einer KI plädiert hat, bei dem die Kontrolle beim Menschen liegt.

5.2 Insbesondere liegt Europa hinter den USA und Asien zurück, was das Tempo der Umsetzung von FuE-Ergebnissen in innovative Produkte und Dienstleistungen betrifft. Der EWSA fordert die Kommission deshalb auf, ihre FTI-Strategie zugleich sowohl auf Exzellenz als auch auf Tempo auszurichten.

5.3 Der EWSA ist sich dessen bewusst, dass in der Mitteilung anerkannt wird, dass die Umsetzung von FuI in nachhaltige Produkte und die Innovationskette Aufmerksamkeit erfordern. Allerdings konzentrieren sich die meisten vorgeschlagenen Aktionen und Maßnahmen nach wie vor auf die Inputseite der Innovationskette (Hochschulbildung, Forschungslaufbahnen für talentierte Menschen, mehr Geld für öffentliche Forschung und Grundlagenforschung usw.).

5.4 Der EWSA fordert die Kommission auf, ein ausgewogenes Verhältnis zwischen der Input- und der Output-Seite der Innovationskette anzustreben.

5.5 Der EWSA fordert die Kommission auf, nachfrageorientierte Innovationen weiter zu fördern, indem sie beispielsweise
- Lead-User-Konzepte fördert,
- in systematische Studien über soziale Innovation investiert, um früh einschätzen zu können, ob bestimmte neue Produkte und Dienstleistungen erwünscht sind und gesellschaftlich akzeptiert werden.

6. Dienstleistungsbranche

6.1 Industrielle Produktionsprozesse können stark automatisiert sein, was einen sehr hohen Ausstoß bei geringen Arbeitskosten und damit global wettbewerbsfähige Produktionskosten ermöglicht, und dies trotz der hohen Stundenlöhne in Europa. Im Dienstleistungssektor ist die Lage komplizierter. Geschäftsmodelle für digitale Dienste können ebenfalls stark auf Automatisierung beruhen. Individuelle Dienstleistungen wie Haareschneiden oder Massagen können jedoch nicht automatisiert werden. Aus all diesen Gründen wäre die EU gut beraten, sich im Rahmen ihrer neuen FuI-Strategie um ein ausgewogenes Verhältnis von Hochtechnologieindustrie und Dienstleistungsbranchen zu bemühen.

---

6   ABl. C 288 vom 31.8.2017, S. 1.

7. Vertiefung des Rahmens für Forschungslaufbahnen

7.1 Der EWSA begrüßt die in der Mitteilung vorgeschlagenen Maßnahmen zur Steigerung der technologischen und wissenschaftlichen Exzellenz und der Mobilität junger Forscher, fordert die Kommission jedoch auf, auch die Maßnahmen zur Förderung des Unternehmertums junger Forscher und Innovatoren zu intensivieren. Hierzu gehören bessere Karriereaussichten für Forscher sowie höhere Gehälter, insbesondere für Forscher, die am Anfang ihrer Laufbahn stehen. Darüber hinaus erscheint es sinnvoll, Hochschulen mit Wirtschaftsteilnehmern zusammenzubringen, um die Umsetzung von Innovationen in marktfähige Produkte sicherzustellen. Der EWSA schlägt vor, ein einheitliches Register für Forscher und Innovatoren in der EU mit grundlegenden beruflichen Forschungsdaten einzurichten, um europäische Forscher und Innovatoren enger miteinander zu vernetzen.

7.2 Schlüsselkompetenzen und Innovationskultur, neue Lern- und Lehrtechnologien, personalisierte Schulung.

7.2.1 Der EWSA weist erneut darauf hin, dass nicht nur Schlüsseltechnologien von großer Bedeutung sind, sondern dass für eine florierende EU auch Schlüsselkompetenzen der Beschäftigten und eine Innovationskultur in allen Unternehmen in der EU sehr wichtig sind.

7.2.2 Das folgende Element ist für die neue EFR-Agenda, die neue FuI-Agenda und den neuen Pakt für Forschung und Innovation in Europa besonders wichtig: Förderung einer innovativen Kultur und von Unternehmergeist in den Unternehmen der EU, sowohl für die Unternehmensleitung als auch für alle Beschäftigten, beispielsweise durch das Angebot geeigneter Schulungen für die Beschäftigten usw.

8. Beteiligung der Bürgerinnen und Bürger

8.1 Der EWSA stimmt der Aussage in der Mitteilung zu, dass die „Beteiligung von Bürgerinnen und Bürgern, lokalen Gemeinschaften und der Zivilgesellschaft [...] im Mittelpunkt des neuen EFR stehen [wird], um eine größere gesellschaftliche Wirkung und ein größeres Vertrauen in die Wissenschaft zu erreichen". Der EWSA unterstützt den Ansatz der Europäischen Kommission, der auf dem Gedanken beruht, dass Forschungseinrichtungen und die Industrie die Bürger in Technologieentscheidungen einbeziehen sollten.

8.2 Die Sozialpartner und Organisationen der Zivilgesellschaft – etwa Verbraucherorganisationen und NGO – sollten als aktive Partner in europäische FuI-Prozesse und -Projekte einbezogen werden, insbesondere wenn die Forschung Auswirkungen auf die Menschen oder das Anliegen hat, das sie vertreten. Die frühzeitige Einbeziehung dieser Partner wird das Engagement, das Verständnis, die Eigenverantwortung und die Akzeptanz der Innovation fördern und die notwendigen Prozesse des gerechten Übergangs – insbesondere für bahnbrechende Innovationen – unterstützen. Außerdem wird sie den Forschern helfen, die Auswirkungen ihrer Innovationen auf die Gesellschaft insgesamt zu verstehen und potenziell negative Auswirkungen in einem frühen Stadium des Prozesses zu berücksichtigen. Aus diesem Grund fordert der EWSA auch einen multidisziplinären Ansatz in bestimmten

Forschungsbereichen, wenn es zu Auswirkungen auf mehrere Forschungsgebiete kommt. Zu diesen Bereichen zählt wiederum die KI, für die der EWSA bereits die Einbeziehung der Geistes-, Rechts- und Wirtschaftswissenschaften, der Ethik, der Psychologie usw. in die FuI von KI über die rein technische Dimension hinaus gefordert hat.[7]

8.3 Die Wirtschaft der EU hängt in hohem Maße vom Export ihrer Waren und Dienstleistungen ab.

8.4 Technologieentscheidungen sollten sich deshalb auf die Präferenzen der EU-Bürger sowie der übrigen 7,8 Milliarden Menschen in der Welt für Waren und Dienstleistungen stützen. Der EWSA fordert die Kommission auf, FuI besonders im Hinblick auf die Verwirklichung der Nachhaltigkeitsziele der Vereinten Nationen zu fördern.

8.5 Wie in den allgemeinen Bemerkungen ausgeführt, müssen die Politik, die Medien und die Gesellschaft besser für die Bedeutung von FTI sensibilisiert werden.

8.6 Deshalb ist es auch wichtig, im Rahmen der Mitteilung und der neuen EU-Strategie für Forschung, Technologie und Innovation intelligente Mittel und Strategien zur Vermittlung der Bedeutung dieses Bereichs und der entsprechenden Ergebnisse zu entwickeln.

9. Governance des neuen EFR

9.1 Der EWSA teilt die Auffassung, dass ein transparentes Überwachungssystem (EFR-Anzeiger) unerlässlich sein wird, um die Leistung der EU im globalen Wettbewerb bezüglich Forschung, Technologie und Innovation zu überwachen. Der EWSA spricht sich für eine neue Governance im Forschungsbereich aus, um administrative und regulatorische Innovationshemmnisse zu beseitigen.

---

7   ABl. C 288 vom 31.8.2017, S. 1.

INT/967

STELLUNGNAHME DES EUROPÄISCHEN WIRTSCHAFTS- UND SOZIALAUSSCHUSSES
EUROPÄISCHE MISSIONEN

Paul Rubig, Małgorzata Anna Bogusz (Co-Autor)

1. Schlussfolgerungen und Empfehlungen

1.1 Der Europäische Wirtschafts- und Sozialausschuss (EWSA) kann nachvollziehen, dass die in der Mitteilung vorgestellten fünf Missionen für die EU vorrangig sind, erachtet aber auch die nachstehend aufgeführten fünf Herausforderungen und Ziele als sehr wichtig für Europa.

Entwicklung und Umsetzung von Missionen und Maßnahmen, um
1. im globalen Wettbewerb in den Bereichen Forschung, Technologie und Innovation (RTI) mit den USA und Asien Schritt zu halten;
2. die Herausforderungen der alternden Gesellschaft in der EU zu bewältigen;
3. Strategien zur erfolgreichen Integration der hohen Zahl von Migranten, die in die EU kommen, festzulegen;
4. die Krisenvorsorge zu verbessern;
5. den Bedürfnissen der von der COVID-19-Pandemie betroffenen Patienten mit nicht-übertragbaren Krankheiten und insbesondere mit Herz-Kreislauf-Erkrankungen gerecht zu werden.

1.2 In der Mitteilung werden fünf wesentliche EU-Missionen aufgelistet und beschrieben:
1. Anpassung an den Klimawandel
2. Krebs
3. Wiederbelebung unserer Ozeane und Gewässer bis 2030, einschließlich Sanitärversorgung
4. 100 klimaneutrale und intelligente Städte sowie intelligente Dörfer bis 2030
5. Ein „Boden-Deal" für Europa.

1.3 Der EWSA befürwortet nachdrücklich das Vorhaben, 150 Regionen in ganz Europa in ihren Bemühungen um Klimaresilienz zu unterstützen. Hierfür sind jedoch enorme FuE-Mittel erforderlich. Der EWSA empfiehlt deshalb nachdrücklich, die für FuE vorgesehenen regionalen EU-Haushaltsmittel von derzeit 5 % auf mindestens 10 % zu erhöhen.

1.4 Der EWSA begrüßt, dass die EU einen Schwerpunkt auf den Kampf gegen Krebs als einem der gravierendsten Gesundheitsprobleme legt, und fordert die EU-Organe auf, vergleichbare Schritte für Herz-Kreislauf-Erkrankungen, die die Todesursache Nummer 1 in Europa und weltweit sind, zu unternehmen.

2. Allgemeine Bemerkungen

2.1 Die EU-Missionen werden dadurch ihre Wirkung entfalten, dass sie im Rahmen des Programms „Horizont Europa" eine neue Rolle für Forschung und Innovation vorsehen, die mit einem koordinierten, ganzheitlichen Ansatz sowie einem neuen Verhältnis zu den Bürgerinnen und Bürgern kombiniert wird. Sie werden öffentliche und private Akteure wie die EU Mitgliedstaaten, regionale und lokale Behörden, Forschungsinstitute, Unternehmer sowie öffentliche und private Investoren in vollem Umfang mobilisieren und einbinden, um eine echte und dauerhafte Wirkung zu erzielen.

2.2   Der EWSA betont, dass die Wettbewerbsfähigkeit der europäischen Industrie für die Erfüllung der EU-Missionen sehr wichtig ist. Er begrüßt deshalb den Verweis auf die erneuerte Agenda für industrielle Wettbewerbsfähigkeit. Zugleich unterstreicht der EWSA, dass die Auswirkungen auf die EU-Bürgerinnen und Bürger berücksichtigt werden müssen, und fordert die Kommission auf, ihre Tätigkeiten eng mit der Sozialpolitik und der europäischen Säule sozialer Rechte zu verknüpfen und dabei insbesondere den spezifischen Bedürfnissen älterer und schutzbedürftiger EU-Bürgerinnen und -Bürger Rechnung zu tragen.

2.3   Der EWSA betont, dass die europäischen Missionen durch eine neue und größere Rolle für Forschung und Innovation zwar primär Wirkung für die EU erzielen sollen, jedoch die wirtschaftliche Dimension (globaler Wettbewerb, hochwertige Arbeitsplätze usw.) sowie die soziale Dimension im Rahmen der Missionen ebenfalls gebührend berücksichtigt werden müssen. Hinsichtlich der sozialen Dimension betont der EWSA, dass neben der Bedeutung der sozialen Rechte sowie der Wahrung der sozialen Sicherheit und fairer Arbeitsbedingungen für alle Arbeitnehmer den spezifischen Bedürfnissen schutzbedürftiger Gruppen in der EU (ältere Menschen, Kranke usw.) besondere Aufmerksamkeit gelten muss.

2.4   Der EWSA begrüßt nachdrücklich, dass FuI eindeutig als Kernthema des Dokuments über die EU-Missionen angesehen wird. Er ist überzeugt, dass künftige komplexe Herausforderungen der EU in erster Linie durch FuI bewältigt werden können.

2.5   Der EWSA hat im März 2021 die Stellungnahme „Ein neuer EFR für Forschung und Innovation"[1], im Februar 2022 eine Stellungnahme zu dem „Pakt für Forschung und Innovation in Europa"[2] sowie eine Stellungnahme zu dem „Aktionsplan für geistiges Eigentum zur Förderung von Erholung und Resilienz der EU"[3] verabschiedet. Die vorliegende Stellungnahme sollte in engem Zusammenhang mit diesen drei jüngsten Stellungnahmen des EWSA gesehen werden.

2.6   Der EWSA teilt uneingeschränkt die Auffassung, dass „[den] Status quo beizubehalten [...] keine Option" ist. Europa benötigt „eine neue Art von Forschungs- und Innovationspolitik": Wenn die EU ihre alte FuI-Politik unverändert fortsetzt, dann wird sie die enormen Herausforderungen, vor denen sie steht, insbesondere die harte Konkurrenz aus Asien, nicht bewältigen können. Der EWSA hat dies in seiner Stellungnahme „Ein neuer EFR für Forschung und Innovation" sehr deutlich herausgestellt.

2.7   Zu Unternehmen heißt es in der Mitteilung, dass die EU-Missionen durch die Mobilisierung und Einbeziehung öffentlicher und privater Interessenträger (EU-Mitgliedstaaten, regionale und lokale Behörden, Forschungseinrichtungen, Unternehmer und öffentliche und private Investoren, EU-Bürgerinnen und Bürger sowie Zivilgesellschaft) eine echte und dauerhafte Wirkung entfalten und dabei Industrie und Unternehmen, insbesondere KMU, berücksichtigen.

---

1   ABl. C 220 vom 9.6.2021, S. 79.

2   Stellungnahme des EWSA (verabschiedet am 23.2.2022).

3   ABl. C 286 vom 16.7.2021, S. 59.

2.8   Die Wettbewerbsfähigkeit der EU-Industrie in Bezug auf Technologien zur Dekarbonisierung der Stromerzeugung und weiterer CO_2-intensiver Industriezweige ist ein entscheidender Faktor für die Erfüllung der EU-Mission 1 „Anpassung an den Klimawandel". Sollte die EU hier scheitern, dann wird sie Millionen Arbeitsplätze in diesen Industriezweigen verlieren.

2.9   Darüber hinaus teilt der EWSA uneingeschränkt die Auffassung, dass die EU-Missionen voll und ganz im Einklang mit den Zielen der Vereinten Nationen für nachhaltige Entwicklung stehen müssen.

2.10   Der EWSA kann nachvollziehen, dass die fünf Missionen für die EU vorrangig sind, erachtet jedoch auch die in Kapitel 4 aufgeführten zusätzlichen fünf Herausforderungen und Missionen als sehr wichtig für Europa.

2.11   Der EWSA empfiehlt der Europäischen Kommission, auch denjenigen Missionen und Maßnahmen Vorrang einzuräumen, mit denen neue, hochwertige Arbeitsplätze, Unternehmen, Einkommen, Wohlstand sowie eine hohe Lebensqualität für die Bürgerinnen und Bürger der EU geschaffen werden, wie etwa die Erhaltung der Wettbewerbsfähigkeit der europäischen Technologieprodukte gegenüber dem immer härteren globalen Wettbewerb (insbesondere mit China, Südkorea usw.).

2.12   Ein erheblicher Teil der Arbeitsplätze und des Wohlstands Europas beruht auf dem Export europäischer technologischer Produkte (Autos, Maschinen, Materialien usw.). Darüber hinaus tragen KKMU, innovative Start ups, Scale ups und Hochschulbildung maßgeblich zur Schaffung neuer Arbeitsplätze in Europa bei.

3.   Besondere Bemerkungen

3.1   Mission 1 – **Anpassung an den Klimawandel**

3.1.1   Der Klimawandel ist eine der größten Herausforderungen für die Menschheit im 21. Jahrhundert. Die politischen Entscheidungsträger müssen die bevorstehenden Veränderungen antizipieren, um die am stärksten gefährdeten Sektoren und Gruppen zu schützen, und dabei auch die Beschäftigung berücksichtigen.

3.1.2   Fast alle Maßnahmen des Grünen Deals werden einen Anstieg der Preise etwa für Strom, Brennstoff und Heizung für die Haushalte in der EU bewirken. Dies wirkt sich besonders stark auf die Hunderte Millionen Menschen mit niedrigem oder mittlerem Einkommen und generell auf schutzbedürftige, oftmals einkommensschwache EU-Bürgerinnen und Bürger in den EU Mitgliedstaaten aus. Folglich haben alle Maßnahmen des Grünen Deals erhebliche soziale Auswirkungen und müssen mit Vorsicht umgesetzt werden. Es gilt hierbei, den Wohlstand zu steigern und nicht etwa diejenigen Menschen zu vernachlässigen, die bei der Bewältigung des Wandels Unterstützung benötigen.

3.1.3 Beispiele für neue Technologien, die sicherlich eine sehr wichtige Rolle bei der Verringerung der CO_2-Emissionen spielen werden:
- Dekarbonisierung der Stromerzeugung
- Dekarbonisierung der CO_2-emittierenden Industrien, z. B. der Stahlindustrie, der Zementindustrie
- CO_2-Abscheidung und -Speicherung (CCS), z. B. Abwasserbehandlungsanlagen
- sehr großflächige Stromspeicherung zu geringen spezifischen Kosten
- E-Mobilität
- intelligente Netze und Hochspannungsnetze
- intelligente Städte usw.

3.1.4 Diese Technologien lassen sich leicht auflisten, aber angesichts der für alle 27 EU Mitgliedstaaten und weltweit erforderlichen Größenordnung stellt ihre Umsetzung zweifellos eine große Herausforderung dar.

3.1.5 Ein zentrales Problem des globalen Wettbewerbs hinsichtlich neuer Technologien wird die Verfügbarkeit einer großen Zahl an Forschern und Ingenieuren darstellen. Dies ist auf jeden Fall eine große Herausforderung für Europa. Asiatische Länder haben die Zahl der Studierenden in Physik, IKT und Ingenieurwesen in den letzten 20 Jahren massiv erhöht, während die entsprechenden Zahlen in Europa mehr oder weniger stagnieren. Es reicht nicht, wenn die EU durch die europäischen Missionen eine Zunahme dieser Studierenden fördert, sondern sie sollte sich auch dafür einsetzen, dass aus dem derzeitigen *Braindrain* ein *Braingain* für die EU wird.

3.1.6 Der EWSA empfiehlt der Kommission nachdrücklich, Maßnahmen zu beschließen, um die Grundkompetenzen deutlich zu verbessern und die Zahl der Studierenden in Physik, IKT und Ingenieurwesen sowie in Medizin und Pharmakologie in Europa in den nächsten 20 Jahren zu erhöhen. Ohne diese Fachkräfte wird Europa bei sämtlichen zur Bekämpfung des Klimawandels benötigten Technologien weiter zurückfallen.

3.2 Mission 2 – **Krebs**

3.2.1 Die Zahl der Krebserkrankungen in der EU-27 nimmt stetig zu. Die EU-27 muss zusammenarbeiten, um Diagnose, Therapie, Zugang zu personalisierter Medizin, Behandlung und Prävention zu verbessern, wie bereits in der Stellungnahme EWSA zum „Europäischen Plan zur Krebsbekämpfung"[4] vom Juni 2021 betont wurde. Der EWSA begrüßt deshalb, dass die Forschung zur Krebsvorsorge und -behandlung als eine der fünf EU Missionen genannt wird.

---

4 ABl. C 341 vom 24.8.2021, S. 76.

3.2.2   Der EWSA betont ausdrücklich, dass eine der größten Herausforderungen darin bestehen wird, die Unterschiede beim Zugang zur Krebsbehandlung zwischen den einzelnen Ländern zu verringern. Der EWSA empfiehlt, einen besonderen Schwerpunkt auf schutzbedürftige Gruppen innerhalb der EU zu legen.

3.2.3   Wie bereits in der Stellungnahme des EWSA zum „Europäischen Plan zur Krebsbekämpfung" dargelegt, sind der Zugang zu den innovativsten Therapien und die Einführung von Impfkampagnen, mit denen die Zahl der durch Virusinfektionen verursachten Krebserkrankungen verringert werden kann, außerordentlich wichtig.

3.2.4   Der EWSA betont, dass ein aktiverer Ansatz zur Prävention berufsbedingter Krebserkrankungen notwendig ist. Wie bereits in seiner Stellungnahme zum „Europäischen Plan zur Krebsbekämpfung" betont wurde, fordert der EWSA, die Exposition gegenüber Karzinogenen, Mutagenen und endokrinen Disruptoren am Arbeitsplatz und die Ursachen für berufsbedingte Krebserkrankungen weiter zu erforschen.

3.2.5   Der EWSA betont, dass die Sozialpartner, die Patientenorganisationen und die zivilgesellschaftlichen Organisationen unverzichtbar für die Verbreitung bewährter Verfahren sowie für die Bereitstellung einschlägiger Informationen über die Ursachen von Krebs und spezifische Probleme, z. B. in Zusammenhang mit Genderfragen und schutzbedürftigen Gruppen, sind.

3.3   Mission 3 – **Wiederbelebung unserer Ozeane und Gewässer bis 2030**

3.3.1   Sauberes Wasser ist für die EU-Bürgerinnen und Bürger, die Landwirtschaft und die Fischwirtschaft von großer Bedeutung. Auch bei dieser Mission sind der Schlüssel Forschung und Technologien für sauberes Wasser, darunter die Gewinnung von Ressourcen aus Abwasser, Sanitärversorgung und Abwasserbehandlung.

3.3.2   Darüber hinaus ist der Zugang zu sauberem Wasser für viele Menschen nach wie vor ein Problem. Der EWSA fordert die Kommission auf, die Menschenrechte auf Wasser und Sanitärversorgung rechtlich umzusetzen.

3.4   Mission 4 – **100 klimaneutrale und intelligente Städte bis 2030**

3.4.1   Über 65 % der Weltbevölkerung leben in Großstädten, und dieser Anteil nimmt weiter zu. Großstädte verursachen immer größere Herausforderungen in Bezug auf Infrastrukturen (Wasserversorgung und Abwasserentsorgung, Verkehr, Energieversorgung usw.) und Lebensqualität. Diese können zum großen Teil nur mit Forschung und Hightech Lösungen bewältigt werden. Künftig werden wesentlich mehr hochqualifizierte Ingenieure benötigt, um intelligente High Tech-Städte und Dörfer zu planen.

3.4.2 Der Anteil älterer Menschen in Städten nimmt rasch zu (alternde Gesellschaft). Ältere und schutzbedürftige Menschen haben andere Bedürfnisse als junge Menschen: Sie brauchen eine umfassendere medizinische Versorgung, Sozialfürsorge usw. Aufgrund des demografischen Wandels in der Gesellschaft wird es in naher Zukunft nicht mehr genug junge Menschen geben, die diese Dienstleistungen erbringen, so dass einige Leistungen für ältere Menschen durch intelligente Lösungen (z. B. von Robotern) übernommen werden müssen.

3.4.3 Viele Notsituationen der letzten Jahre haben gezeigt, dass moderne Gesellschaften relativ anfällig sind, weshalb der Ausbau der Krisenvorsorge durch FuE sehr wichtig ist:
- die Katastrophen in den Kernkraftwerken Fukushima, Tschernobyl, Three Mile Island usw.,
- Strom- und Kommunikationsausfälle,
- Engpässe und starke Preiserhöhungen für alle Energiequellen, einschließlich Erdgas,
- Gewitter und massive Überschwemmungen, bei denen viele Hunderte Menschen ums Leben kamen,
- Pandemien wie COVID-19, Zika und künftige Pandemien,
- Cyberangriffe (durch die massiv zunehmende Digitalisierung aller Bereiche des öffentlichen Lebens, des Privatlebens und der Wirtschaft nimmt die Bedrohung durch Cyberangriffe rasch zu).

3.4.4 Ost- und Südeuropa entgingen am 8. Januar 2021 nur ganz knapp einem gravierenden Blackout. Die eigentliche Ursache für die zunehmende Anfälligkeit der europäischen Energieversorgung ist der wachsende Anteil unvorhersehbarer und nicht planbarer erneuerbarer Energiequellen wie Windkraftanlagen und Sonnenenergie. Europa ist auf Stromausfälle nicht besonders gut vorbereitet: Bei einem Stromausfall bricht die Energieversorgung der Haushalte und der Industrie unverzüglich, die Kommunikation innerhalb von Minuten oder Stunden und die Trinkwasserversorgung innerhalb kurzer Zeit zusammen usw. Die Wiederherstellung der Versorgung ist keine leichte Aufgabe.

3.5 Mission 5 – **Ein „Boden-Deal" für Europa**

3.5.1 Neben sauberem Wasser, wie bereits erwähnt, sind auch gesunde Böden für den Anbau der Grundstoffe für Lebensmittel eine der wichtigsten Voraussetzungen für Leben – für Mensch und Tier. Die Weltbevölkerung wächst: Bis zum Ende des Jahrhunderts müssen wir rund 10 Milliarden Menschen nachhaltig ernähren. Konventionelle Lebensmittel und Landwirtschaft sind eine der wichtigen Quellen der Treibhausgase CO_2 und Methan. Somit ist viel FuE erforderlich, um eine klimaneutrale Landwirtschaft für die nachhaltige Erzeugung von Lebensmitteln für die 10 Milliarden Menschen auf der Erde zu erforschen und entwickeln. Derzeit werden etwa 10 % des EU-Haushalts für Landwirtschaft und Landbau für FuE ausgegeben; der EWSA empfiehlt, diesen Anteil auf mindestens 20 % zu erhöhen, um die FuE für neue, nachhaltige landwirtschaftliche Technologien, darunter insbesondere Robotik in der Landwirtschaft und der Lebensmittelproduktion auszubauen.

4.   Fünf zusätzliche Missionen

4.1   Der EWSA erachtet die fünf in der Mitteilung aufgeführten Missionen zwar als dringende Prioritäten für die EU, hält jedoch auch die nachstehend beschriebenen fünf Herausforderungen und Aufgaben für äußerst wichtig für Europa:

4.2   Zusätzliche EU-Mission 1 – **Mit den USA und Asien im globalen Wettbewerb im Bereich RTI mithalten**

4.2.1   Damit die EU in den Bereichen Forschung, Technologie, Innovation (RTI) und Patente nicht hinter Asien, vor allem nicht hinter China und Südkorea, zurückfällt, müssen Missionen und Maßnahmen entwickelt und umgesetzt werden. Es ist eine Tatsache, dass die EU in Bezug auf RTI seit ca. dem Jahr 2000 immer mehr hinter China und Südkorea zurückfällt.[5]

4.2.2   Wenn die EU im Bereich RTI weiterhin hinter die USA und Asien zurückfällt, wird Europa langfristig (über 20 bis 50 Jahre) Millionen Arbeitsplätze und erheblichen Wohlstand einbüßen. Das Defizit der EU-27 ist tatsächlich kritisch, insbesondere bei neuen Schlüsseltechnologien (KET) sowie künftigen und sich abzeichnenden Technologien (FET) wie künstliche Intelligenz, maschinelles Lernen, Deep Learning, Robotik, Gentechnik, Kommunikationstechnologien (z. B. 5G), Herstellung von Computerchips, Herstellung von Schlüsselkomponenten für die E Mobilität (z. B. Batterien, Brennstoffzellen und Wasserstoff) usw. Neue Materialien sind seit jeher ein Motor für Innovationen: So bieten beispielsweise Innovationen bei der Herstellung und Nutzung von Graphen und seine breite Verwendung in der Industrie Potenzial für Forschung und Innovation in Europa.

4.3   Zusätzliche EU-Mission 2 – **Bewältigung der Herausforderungen der alternden Gesellschaft in der EU**

4.3.1   Die Gesellschaft in der EU altert rasch, wodurch neue Herausforderungen für alle EU Mitgliedstaaten entstehen.

4.3.2   Ältere und schutzbedürftige Menschen haben andere Bedürfnisse als junge Menschen: Sie brauchen mehr und neuartige Arzneimittel (gegen Demenz, Alzheimer usw.), mehr medizinische Versorgung, mehr soziale Betreuung, mehr speziell für ältere und schutzbedürftige Menschen konzipierte Bildungsmaßnahmen usw.

4.3.3   Forschung und Innovation (Medizin, Arzneimittel, Sozial- und Ingenieurwissenschaften, spezifische Bildungsmaßnahmen usw.) werden zweifellos eine wichtige Rolle bei der Bewältigung der alternden Gesellschaft der EU spielen.

---

5   Einzelheiten sind z. B. in den Berichten des OECD-Anzeigers für Wissenschaft, Technologie und Industrie 2015 und 2017 zu finden.

4.3.4 Die Gesellschaft als Ganzes braucht eine ehrgeizige europäische Pflegestrategie.

4.4 Zusätzliche EU-Mission 3 – **Strategien zur erfolgreichen Integration der hohen Zahl von Migranten, die in die EU kommen**

4.4.1 Die EU muss Missionen und Maßnahmen zur Integration der hohen Zahl von Migranten in den EU-Mitgliedstaaten entwickeln. Als rasch alternde Gesellschaft benötigt die EU mehr junge, gut ausgebildete Menschen. Daher sind innovative Konzepte für die Aus- und Weiterbildung von Migranten erforderlich. Die sozioökonomische Forschung kann zu einem besseren Verständnis darüber beitragen, wie diese Millionen Menschen erfolgreich integriert werden können.

4.5 Zusätzliche EU-Mission 4 – **Krisenvorsorge**

4.5.1 Zur Krisenvorsorge gehört auch die Entwicklung und Umsetzung von Missionen und Maßnahmen zur Sicherung einer stabilen Energieversorgung und zur Vermeidung von Stromausfällen bei gleichzeitiger Dekarbonisierung des Energiesystems der EU. Siehe hierzu Ziffer 3.4.4, in der die Frage der Krisenvorsorge behandelt wird, insbesondere in Bezug auf Strom- und Kommunikationsausfälle. Auch hier sind Forschung und Innovation (vor allem in den Ingenieurwissenschaften) der Schlüssel zur Bewältigung der Herausforderungen.

4.5.2 Weitere Herausforderungen, die zu Krisen führen können, sind Überschwemmungen, Dürren, Pandemien, aber auch wirtschaftliche Notlagen wie der Ausfall globaler Lieferketten (z. B. die Blockade des Suezkanals im Jahr 2021 usw.).

4.6 Zusätzliche EU-Mission 5 – **Den Bedürfnissen der von der COVID-19-Pandemie betroffenen Patienten mit nichtübertragbaren Krankheiten und insbesondere mit Herz Kreislauf Erkrankungen gerecht werden, die die Todesursache Nummer 1 in Europa und weltweit sind.**

4.6.1 Nach der Pandemie müssen nichtübertragbare Krankheiten stärker in den Blickpunkt rücken. In der EU leben 60 Millionen Menschen mit Herz-Kreislauf-Erkrankungen, die die Todesursache Nummer 1 in Europa sind. In den Jahren vor COVID-19 waren Herz-Kreislauf-Erkrankungen die häufigste Ursache vermeidbarer Todesfälle in der EU. Während der Pandemie wurden diese Krankheiten bei vielen Patienten zu spät diagnostiziert oder konnten gar nicht diagnostiziert werden.

4.6.2 Wir sollten uns näher mit dem Aspekt der Gesundheitsgerechtigkeit in der EU befassen und folglich den Abbau von Ungleichheiten im Gesundheitsbereich, darunter Aspekte der Gendermedizin, fördern. Trotz des Schwerpunkts dieser Initiative auf der Förderung und Prävention sollten damit auch bessere Kenntnisse und Daten, Screening und Früherkennung, Diagnose- und Behandlungsmanagment sowie die Lebensqualität der Patienten unterstützt werden. Ein weiteres Ziel sollte darin bestehen, die EU-Länder bei der Übernahme bewährter Verfahren, der Entwicklung von Leitlinien und der Einführung innovativer Ansätze usw. zu unterstützen. Folglich sollte die EU eine weitere europäische Mission be-

schließen: analog zu den Maßnahmen der Mission Krebs die Schaffung von Gesundheits-
systemen, die hinsichtlich Herz-Kreislauf-Erkrankungen resilienter gegenüber Pandemien
sind; dabei sollten also auch die beiden nichtübertragbaren Krankheiten bekämpft werden,
welche die europäische Bevölkerung am stärksten belasten. Darüber hinaus sollten wir uns
auch mit anderen und insbesondere mit solchen Krankheiten auseinandersetzen, die sich
erheblich auf das europäische BIP auswirken, z. B. Muskel-Skelett-Erkrankungen.

INT/962

STELLUNGNAHME DES EUROPÄISCHEN WIRTSCHAFTS- UND SOZIALAUSSCHUSSES

EIN PAKT FÜR FORSCHUNG UND INNOVATION IN EUROPA

Paul Rübig, Panagiotis Gkofas (Co-Autor)

1. Schlussfolgerungen und Empfehlungen

1.1 Der Europäische Wirtschafts- und Sozialausschuss (EWSA) begrüßt, dass im „Pakt für Forschung und Innovation in Europa" gemeinsame Werte und Grundsätze für Forschung und Innovation (FuI) festgelegt werden. Zudem werden auf globaler, allgemeiner Ebene diejenigen Bereiche benannt, in denen die Mitgliedstaaten gemeinsam vorrangige Maßnahmen entwickeln werden. Der Pakt unterstützt somit den neuen Europäischen Forschungsraum (EFR), wobei zu berücksichtigen ist, dass FuI weitgehend in die Zuständigkeit der Mitgliedstaaten fallen.

1.2 Die Empfehlung des Rates behandelt in mehreren Abschnitten folgende Hauptpunkte:
1. Werte und Grundsätze,
2. Prioritätsbereiche für gemeinsame Maßnahmen,
3. Priorisierung von Investitionen in Forschung und Entwicklung (FuE),
4. politische Koordinierung, Überwachung und Berichterstattung.

1.3 Europa muss in Zukunft dafür sorgen, dass die Ergebnisse europäischer FuE in Wertschöpfung, Geschäftsmöglichkeiten und gute Arbeitsplätze münden. Ein sehr wichtiges Instrument, um die Ergebnisse europäischer FuE in Europa in Geschäftsmöglichkeiten, Gewinne und Arbeitsplätze umzumünzen, sind die Rechte des geistigen Eigentums (Intellectual Property Rights, IPR). Die große Bedeutung von IPR und Patenten sollte in den Abschnitt über Wertschöpfung aufgenommen werden, und im Rahmen des Pakts für den neuen EFR sollte eine klare IPR-Strategie für Europa entwickelt werden. Diese aktive und passive Patentpolitik und strategie der EU sollte durch eine aktive und passive Lizenzstrategie sowie ein transparentes Monitoringsystem flankiert werden, mit dem das globale Verhältnis von Patenten und Lizenzen überwacht wird.

1.4 Der EWSA begrüßt die im Pakt enthaltenen klaren Forderungen nach einer Vertiefung des EFR, d. h. nach einem Übergang von der Koordinierung der nationalen Strategien zu ihrer besseren Verflechtung, sowie nach einer Beschleunigung des grünen und des digitalen Wandels. In der EU der 27 werden FuI bis heute immer noch vorwiegend parallel und getrennt voneinander durchgeführt. Diese getrennten Bereiche müssen nun umfassend durch „Verbindungsleitungen" miteinander verknüpft werden, die nach Ansicht des EWSA eines der wichtigsten Ziele des Pakts sein müssen.

1.5 Der EWSA ist der Auffassung, dass die EU angesichts der massiven Investitionen, die in Asien (China, Südkorea usw.) in Forschung, Technologie und Innovation (RTI) fließen, und der Tatsache, dass die EU hier zurückliegt, worauf in COM(2020) 628 final deutlich hingewiesen wird, ihre Anstrengungen im Bereich FuI erheblich beschleunigen muss, insbesondere angesichts der Geschwindigkeit, mit der die Ergebnisse von FuE in innovative Produkte und Dienstleistungen umgesetzt werden.

1.6 Der EWSA weist darauf hin, dass FuI in der EU beschleunigt werden müssen und der digitale Wandel schnell vollzogen werden muss. Aus einem kürzlich veröffentlichten Bericht der Europäischen Kommission, dem „EU-Anzeiger für FuE-Investitionen der Industrie

2021", geht hervor, dass die FuE-Investitionen von 2020 bis 2021 in China um 18,1 % und in den USA um 9,1 % erhöht wurden, während die EU-27 ihre FuE-Investitionen um 2,2 % verringert hat. Diese Veränderungen müssen fair und gerecht ablaufen, sodass kein Teil der Gesellschaft zurückgelassen wird. Das gilt insbesondere für schutzbedürftige Bürger, Einwohner abgelegener Regionen der EU und die Sozialpartner.

1.7 Die EU braucht, wie es mit Blick auf den neuen EFR und im Pakt hervorgehoben wird, tatsächlich eine neue Vision, nämlich einen Neuen Deal für den EFR der EU. Mit einer Fortsetzung der alten RTI-Strategie allein wird die EU im Bereich FuI nur noch weiter hinter die USA und Asien (China, Korea usw.) zurückfallen.

1.8 Bislang war nur ein geringer Anteil der EU-Bevölkerung (die „üblichen Verdächtigten" aus dem Bereich FuI) in die FuI-Strategien der EU eingebunden. In der zeitgenössischen sozio-ökonomischen Forschung wird jedoch klar darauf hingewiesen, wie wichtig die Verbindung zwischen Wissenschaft, Technologie und Gesellschaft für starke Akteure im FuI Bereich ist. Um einen konkreten Beitrag zur Verwirklichung des Ziels einer stärkeren EU in der Welt zu leisten, fordert der EWSA, zivilgesellschaftliche Organisationen sowie Sozial- und Wirtschaftspartner (insbesondere Organisationen, die KKMU vertreten) auf europäischer und nationaler Ebene angemessen in die von der Europäischen Kommission durchgeführte Überwachung der bereits im Jahr 2022 vom neuen EFR-Forum getroffenen Maßnahmen und damit zusammenhängender Initiativen (bspw. die neuen europäischen Bürgerforen im Rahmen der Konferenz zur Zukunft Europas) einzubeziehen. Das sogenannte Wissensdreieck (Hochschulbildung, Grundlagen- und angewandte Forschung, Vermarktung neuer Technologien durch die Industrie), auf das erfreulicherweise auch im FuI-Pakt der Kommission Bezug genommen wird, ist ein wichtiges Konzept zur Förderung von FuI. Im Rahmen des Konzepts zur Einbindung der europäischen Zivilgesellschaft muss sichergestellt werden, dass auch die Arbeitskräfte in den Unternehmen und schutzbedürftige Bürgerinnen und Bürger der EU eingebunden werden.

1.9 Im Rahmen des neuen FuI-Pakts muss die EU den Boden für eine stärkere unternehmerische Kultur bereiten, in der Risikobereitschaft sowie innovative Unternehmen, sowohl KKMU als auch Start-ups, gefördert werden. Der im Englischen gängige Spruch „no risk, no fun" („ohne Risiko kein Spaß") lautet mit Bezug auf die Innovation „no risk, no new business, no new quality jobs" („ohne Risiko keine neuen Unternehmen und keine neuen guten Arbeitsplätze").

1.10 Es gibt zahlreiche Kommissionsdokumente und -programme zu FuI. Der EWSA würde es deshalb begrüßen, wenn die Kommission die Verknüpfungen zwischen all diesen Dokumenten zum Thema FuI genauer erläutern würde, darunter auch zwischen dem Pakt für FuI, dem neuen EFR, den Europäischen Missionen, dem Aufbau- und Resilienzplan der EU sowie Horizont Europa im Allgemeinen.

1.11 Nicht zuletzt möchte der EWSA darauf hinweisen, dass der EU-Pakt für FuI sowie der neue EFR im Einklang mit den 17 Zielen der Vereinten Nationen für nachhaltige Entwicklung konzipiert und umgesetzt werden sollten, nach denen vorgesehen ist, dass bis 2030 ein menschenwürdiges Leben für alle auf einem gesunden Planeten gewährleistet wird.

2.   Allgemeine Bemerkungen

2.1   Das Kerndokument der Kommission, auf das sich der Pakt stützt und bezieht, ist COM(2020) 628 final „Ein neuer EFR für Forschung und Innovation".

2.2   Im März 2021 veröffentlichte der EWSA seine Stellungnahme[1] „Ein neuer EFR für Forschung und Innovation"[2]. Viele der darin enthaltenen Schlussfolgerungen, Empfehlungen und allgemeinen Bemerkungen gelten auch für den Pakt, und einige werden in diesem Dokument wieder aufgegriffen.

2.3   Die Zusammenführung dieser FuI-Elemente in einem Rechtsakt wird die politische Verpflichtung der Mitgliedstaaten bekräftigen, ihre FuI-Politik auf die Herausforderungen auszurichten, vor denen Europa heute steht:
a. der doppelte Wandel (digitaler Wandel und Grüner Deal)
b. die Erholung nach der Pandemie
c. der immer schärfere globale Wettbewerb in RTI, insbesondere mit Asien (China, Korea usw.).
Bei der Bewältigung dieser Herausforderungen muss fair und gerecht vorgegangen und niemand darf zurückgelassen werden, insbesondere keine schutzbedürftigen Unionsbürgerinnen und -bürger.

2.4   Weltweite RTI-Ranglisten und Studien zeigen, dass die EU der 27 im globalen Wettbewerb gegenüber den USA und Asien, insbesondere China und Korea, ins Hintertreffen geraten ist, besonders im Hinblick auf neue Schlüsseltechnologien (Key Emerging Technologies, KET) (Künstliche Intelligenz, maschinelles Lernen, Robotik, digitale Geschäftsmodelle usw.) Die Herausforderungen a) und b) werden in der Mitteilung der Kommission COM(2021) 407 behandelt. Die Herausforderung c) „globaler Wettbewerb im Bereich RTI, insbesondere mit Asien (China, Korea usw.)" wurde vom EWSA bewusst hinzugefügt, da er der Ansicht ist, dass die EU Millionen qualifizierter Arbeitsplätze an Asien verlieren würde und damit der Wohlstand und die Lebensqualität der Bevölkerung sinken würden, wenn sie diese Herausforderung nicht erfolgreich bewältigt. RTI sind die wesentliche Grundlage für die Entstehung hochwertiger Arbeitsplätze. Wenn sich die technologische Führungsrolle in vielen Wirtschaftszweigen nach Asien verlagert, werden sich auch hochwertige Arbeitsplätze nach Asien verlagern.

2.5   Auch der Europäische Forschungsrat hat bereits eine Stellungnahme zum Pakt und zum neuen EFR abgegeben und sehr deutlich betont, dass die EU im Bereich RTI hinter Asien, insbesondere China, zurückfällt: *„The pact for R&I may be the EU´s last chance to finally meet the goals of the original ERA to cement Europe's position as a leader in research and innovation"*[3] [Der Pakt für FuI könnte die letzte Chance der EU sein, doch noch die Ziele des ursprünglichen EFR zu erreichen, um Europas Führungsposition in Forschung und Innovation zu festigen].

---

1   Stellungnahme des EWSA zum Thema „Ein neuer EFR für Forschung und Innovation", ABl. C 220 vom 9.6.2021, S. 79.

2   COM(2020) 628 final.

3   Quelle: https://erc.europa.eu/news/pact-research-innovation-foundations-european-research-area-still-valid-and-unavoidable.

2.6   China hat die EU nicht nur mit Blick auf FuE und die Zahl der erteilten Patente überholt, sondern verteidigt seit etwa fünf Jahren sehr aggressiv auch seine weltweite Führungsposition bei der Festlegung technologischer Industrienormen. Viele Jahrzehnte lang wurden Industrienormen ausschließlich in den USA und Europa festgelegt. Global ist die Festlegung technologischer Industrienormen für RTI sehr wichtig, da der Staat, der diese Standards festlegt, einen Wettbewerbsvorteil hat. Der EWSA empfiehlt der Kommission daher nachdrücklich, im Pakt klare Maßnahmen vorzusehen, um die starke Position Europas bei der Festlegung weltweiter technologischer Industrienormen zu verteidigen.

2.7   Der EWSA ist der Auffassung, dass die EU angesichts der massiven Investitionen, die in Asien (China, Südkorea usw.) in RTI fließen, ihre Anstrengungen im Bereich FuI erheblich beschleunigen muss, insbesondere angesichts der Geschwindigkeit, mit der die Ergebnisse von FuE in innovative Produkte und Dienstleistungen umgesetzt werden. Aus einem kürzlich veröffentlichten Bericht der Europäischen Kommission, dem „EU-Anzeiger für FuE Investitionen der Industrie 2021", geht hervor, dass die FuE-Investitionen von 2020 bis 2021 in China um 18,1 % und in den USA um 9,1 % erhöht wurden, während die EU-27 ihre FuE-Investitionen um 2,2 % verringert hat. Die Maßnahmen der EU zur Beschleunigung von FuI müssen sich an multinationale Konzerne mit Sitz in der EU sowie an KKMU richten, da auch letztere durch die Konkurrenz aus China bedroht sind und das Beschäftigungswachstum in Europa größtenteils auf KKMU und Start-ups und nicht auf große Unternehmen zurückzuführen ist.

2.8   Der EWSA begrüßt die im Pakt enthaltenen klaren Forderungen nach einer Vertiefung des EFR, d. h. den Übergang von der Koordinierung der nationalen Strategien zu ihrer besseren Verflechtung, sowie nach einer Beschleunigung des grünen und des digitalen Wandels. In der EU der 27 werden FuI nach wie vor vorwiegend parallel und getrennt voneinander durchgeführt. Diese getrennten Bereiche müssen nun umfassend durch „Verbindungsleitungen" miteinander verknüpft werden, die nach Ansicht des EWSA eines der wichtigsten Ziele des Pakts sein müssen. Kommunikation und Zusammenarbeit zählen zu den wichtigsten Triebkräften für FuI.

2.9   Die EU braucht, wie es mit Blick auf den neuen EFR und im Pakt hervorgehoben wird, tatsächlich eine neue Vision, nämlich einen Neuen Deal für den EFR der EU. Mit einer Fortsetzung der alten RTI-Strategie allein wird die EU im Bereich FuI nur noch weiter hinter den USA und Asien (China, Korea usw.) zurückfallen.

2.10   Viele Studien kommen zu dem Schluss, dass der Wissenstransfer im Bereich FuI in erster Linie über Fachkräfte, d. h. über eine intensive Jobrotation zwischen FuI-Organisationen sowie zwischen EU-Mitgliedstaaten funktioniert. Der EWSA empfiehlt, den Wissenstransfer über Fachkräfte in der EU-27 – über Stellenrotation und Mobilitätsprogramme für Wissenschaftler – massiv auszuweiten. Der Wissenstransfer in FuI kann auch mit umfangreichen Dokumenten nicht bewältigt werden: Die Erkenntnisse aus der fünfjährigen FuE-Tätigkeit eines Forschers können nicht in einem 500-seitigen FuE-Bericht zusammengefasst werden.

2.11   In dem Pakt wird auf die Technologie-Fahrpläne für den EFR Bezug genommen. Nach derzeitigem Kenntnisstand des EWSA liegt ein Technologie-Fahrplan für den EFR für den Zeitraum 2015–2020 vor, dem EWSA ist jedoch kein EFR-Technologie-Fahrplan über das Jahr 2020 hinaus bekannt. Da neue Technologien lange Entwicklungszeiten haben, müssen Technologiestrategien langfristig geplant werden. Technologiefahrpläne benötigen eine Vorlaufzeit von mindestens zehn Jahren. Der EWSA fordert die Kommission deshalb auf, nach der Veröffentlichung des neuen EFR mittelfristige (2020–2030) und langfristige (2020–2050) Technologiefahrpläne auszuarbeiten.

2.12   Der EWSA begrüßt den Verweis auf die große Bedeutung des sogenannten Wissensdreiecks (Hochschulbildung, Grundlagen- und angewandte Forschung, Vermarktung neuer Technologien durch die Industrie).[4]

2.13   Der EWSA ist der Auffassung, dass Forschung und (höhere) Bildung zwar wichtige Triebkräfte für die Schaffung von Wissen, aber nicht für Innovation sind. Innovation bedeutet per Definition die Umsetzung von Ergebnissen aus FuE in innovativen Produkten und Geschäftsideen. Es ist nicht die Aufgabe von Hochschulen oder Forschungsinstituten, innovative Produkte und Geschäftsideen zu entwickeln. Unternehmen, insbesondere Start-ups und Unternehmer, werden im Text übersehen. Ihre wichtige Rolle im Innovationsprozess muss Berücksichtigung finden. In diesem Zusammenhang spielen der Europäische Innovationsrat (EIC), die Wissens- und Innovationsgemeinschaften des Europäischen Innovations- und Technologieinstituts (EIT KIC) und andere Innovationsprogramme eine wichtige Rolle.

2.14   Der berühmten Ansoff-Matrix zufolge mündet letztlich nur ein geringer Anteil der FuE-Projekte (weniger als ca. 25 %) in Produkten, die auf dem Markt erfolgreich sind. Ein wichtiger Schwerpunkt des FuI-Pakts und der Strategie der EU muss daher auf der Wirksamkeit und Effizienz von FuI liegen. Könnte mit intelligenten Mitteln zur Sicherstellung der Wirksamkeit und Effizienz von FuI die Erfolgsquote von 25 % auf z. B. 28 % erhöht werden, wäre dies ein enormer Erfolg für Europa. Die Wirksamkeit und Effizienz der FuI unter Aufrechterhaltung des Exzellenzanspruchs der EU im Bereich Forschung könnten auch zu einer dringend notwendigen erheblichen Beschleunigung der europäischen FuI führen.

2.15   In Bezug auf die Werte und Grundsätze teilt der EWSA zwar die Ansicht, dass die in diesem Kapitel aufgeführten Werte wichtig sind. Er ist gleichwohl der Auffassung, dass im globalen FuI-Wettbewerb ein weiteres Zurückfallen der EU hinter die USA und Asien nur durch weitere Grundsätze zu verhindern ist. In dem neuen EFR ist vorgesehen, dass die EU die Umsetzung der Ergebnisse aus FuE in innovative Produkten und Dienstleistungen für die Weltmärkte beschleunigen muss. Für diese dringend gebotene Beschleunigung ist neben anderen Werten und Kompetenzen unternehmerisches Denken erforderlich. Viele globale Studien deuten darauf hin, dass die EU beim Unternehmertum (z. B. in Bezug auf innovative digitale Geschäftsmodelle) erheblich hinter den USA und Asien hinterherhinkt.

---

4   Wie es auch unter Punkt 2 Buchstabe h des Vorschlags für eine Empfehlung des Rates (COM(2021) 407 final) hervorgehoben wird. Dort heißt es: „Forschung und Innovation sowie (höhere) Bildung sind wesentliche Triebkräfte für Innovation und die Schaffung, Verbreitung und Nutzung von Wissen."

2.16   In Bezug auf die Wertschöpfung teilt der EWSA voll und ganz die Auffassung, dass es außerordentlich wichtig ist, dass „Wissen" (d. h. Ergebnisse aus FuE) seinen Niederschlag
in innovativen, nachhaltigen Produkten und Dienstleistungen findet. In dem Pakt wird
auf die wichtige Rolle der Grundlagenforschung beim Hervorbringen von bahnbrechenden
Entdeckungen und Wissen verwiesen. Für die Wertschöpfung für Europa sind jedoch mehr
als bahnbrechende Entdeckungen erforderlich: Es gibt bedauerlicherweise zahlreiche Beispiele für bahnbrechende FuE-Entdeckungen europäischer Forscherinnen und Forscher,
die dann von Unternehmern und innovativen Unternehmen in den USA und Asien als
Geschäftsidee aufgegriffen und zu Geld gemacht wurden. Die Arbeitsplätze gingen von
Europa in die USA und nach Asien. Europa darf so etwas nicht wieder geschehen lassen.

2.17   Europa muss in Zukunft dafür sorgen, dass die Ergebnisse europäischer FuE in Wertschöpfung, Geschäftsmöglichkeiten und gute Arbeitsplätze münden. Ein sehr wichtiges
Instrument, um die Ergebnisse europäischer FuE in Europa in Geschäftsmöglichkeiten,
Gewinne und Arbeitsplätze umzumünzen, sind Patente. Die große Bedeutung der Rechte
des geistigen Eigentums (Intellectual Property Rights, IPR) sollte in den Abschnitt über
Wertschöpfung aufgenommen werden, und im Rahmen des Pakts für den neuen EFR sollte
eine klare IPR-Strategie für Europa entwickelt werden. Diese aktive und passive Patentpolitik und strategie der EU sollte durch eine aktive und passive Lizenzstrategie sowie
ein transparentes Monitoringsystem flankiert werden, mit dem das globale Verhältnis von
Patenten und Lizenzen überwacht wird.

2.18   In Artikel 2 des Vorschlags für eine Empfehlung des Rates[5] werden die Prioritätsbereiche
der FuI der EU aufgeführt. Folgende Prioritätsbereiche für FuI-Themen werden auch in
COM(2020) 628 final genannt:
- Künstliche Intelligenz
- Mikroelektronik
- Quantencomputer
- 5G
- erneuerbare Energien
- Wasserstofftechnologien
- Emissionsfreie und intelligente Mobilität

2.19   Der EWSA weist darauf hin, dass ungeachtet der unbestritten grundlegenden Bedeutung
dieser sieben prioritären Bereiche[6] noch die folgenden Schlüsseltechnologien und -sekto-
ren hinzugefügt werden sollten:
- Weltraumtechnologie
- Sauberes Wasser und Sanitärversorgung
- Neue Hochtechnologiematerialien mit viel künftigem Potenzial für die EU, zum Bei-
  spiel Graphen
- Technologien für die Herstellung von Waren und Lebensmitteln

---

5   COM(2021) 407 final.

6   Vgl. COM(2020) 628 final.

- Klinische Forschung, Pharmaindustrie und Biotechnologie
- Digitale Geschäftsmodelle im Allgemeinen
- Technologien (Hardware und Software) für die Notfallvorsorge (Stromausfälle, Unterbrechung der digitalen Kommunikation etwa durch Cyberkriminalität usw.)

2.20 Leider ist in der EU-27 eine erhebliche Abwanderung hochqualifizierter Forscher in die USA und zunehmend auch nach Asien zu beobachten. Diese Abwanderung muss gestoppt und umgekehrt werden. Unter anderem sind die folgenden Grundsätze für exzellente, weltweit führende und schnelle Leistungen im FTI-Bereich äußerst wichtig:

- Anerkennung und angemessene Vergütung für hochqualifizierte Forscherinnen und Forscher in der EU-27, insbesondere für Forscherinnen (mit Blick auf das sehr unausgewogene Geschlechterverhältnis im Bereich FTI in der EU-27).
- Effiziente Kommunikation, gemeinschaftliches Handeln und Zusammenarbeit sind die drei zentralen Faktoren für Innovation.
- Mehr europäische und nationale Fördermittel für Forschungszentren und Hochschulen auf der Grundlage von Ausschreibungsverfahren, damit sichergestellt ist, dass die Mittel für Forschung an die „Besten der Besten" gehen (keine Förderung nach dem Gießkannenprinzip, bei dem die Fördermittel auf alle Forschungszentren verteilt werden).

2.21 Eines der wichtigsten Ziele des neuen EFR der EU ist die Wertschöpfung. Der EWSA hält daher den Absatz „Valorisierung von Wissen" für äußerst wichtig. Dort wird die Bedeutung der Zusammenarbeit und der Vernetzung zwischen sämtlichen Akteuren in Forschung und Innovation hervorgehoben. Wenngleich notwendig, ist dies für die „Valorisierung von Wissen" nicht hinreichend.

2.22 Für die Wertschöpfung in Europa gleichermaßen wichtige Themen sind:

- die Gewährleistung einer raschen Umsetzung von FuE in innovative Produkte und Dienstleistungen und letztlich in Wertschöpfung, Geschäftsmöglichkeiten und gute Arbeitsplätze. Dazu bedarf es in Europa u. a. mehr Unternehmergeist sowie einer positiven Einstellung zum Risiko, denn die rasche Vermarktung innovativer Produkte birgt immer auch Risiken.
  Der im Englischen gängige Spruch „no risk, no fun" („ohne Risiko kein Spaß") lautet mit Bezug auf die Innovation „no risk, no business, no new jobs" („ohne Risiko keine Unternehmen und keine neuen Arbeitsplätze");
- ein klarer Technologiefahrplan, insbesondere in Bezug auf Schlüsseltechnologien (Key Enabling Technologies – KET) sowie künftige und sich abzeichnende Technologien (Future and Emerging Technologies – FET);
- eine klare IPR-Strategie für den neuen EFR.

2.23 Die „Vertiefung eines wirklich funktionierenden Binnenmarkts für Wissen" ist zweifellos von enormer Bedeutung, da das 21. Jahrhundert das Jahrhundert des Wissens ist. Darüber hinaus ist es jedoch auch sehr wichtig, der Produktion aller Arten von Hardware in Europa neue Impulse zu verleihen. Vor 20 Jahren war die EU der Ansicht, dass die Produktion von Waren nach Asien ausgelagert werden könnte, solange die produktionsrelevante FuE in Europa verbleibt. Dies stellte sich als Fehler heraus. FuE folgt früher oder später immer der

Produktion. Die EU muss deshalb große Anstrengungen unternehmen, wenigstens einen Teil der Produktion und der damit verbundenen Arbeitsplätze von Asien wieder zurück nach Europa zu holen. Dies wäre auch ein großer Schritt zur Bekämpfung der Arbeitslosigkeit, die in einigen südlichen Ländern der EU ein enormes Problem darstellt.

2.24 Eine weitere Lehre, die Europa aus der Corona-Pandemie ziehen kann, ist, dass sich die Herstellung fast aller grundlegenden Medikamente und Impfstoffe im Laufe der letzten 20 bis 30 Jahre von Europa nach Asien verlagert hat. Europa hat in Bezug auf zahlreiche wichtige Produkte und Arzneimitteln seine Souveränität verloren. Mikrochips sind ein weiteres Beispiel, bei dem die europäische Industrie und insbesondere die Automobilindustrie derzeit unter massivem Druck stehen. Weitere Beispiele für Bereiche, in denen Europa leider fast vollständig von Asien abhängig ist, sind Batterien für Elektrofahrzeuge und Wasserstofftechnologien. (Während die europäischen Automobilhersteller nach wie vor mit Prototypen von wasserstoffbetriebenen Autos experimentieren, produzieren Toyota, Honda und Hyundai diese bereits in Serie und verkaufen sie ganz normal.) Zudem liegt Asien bei optischen Technologien, 5G-Kommunikationstechnologie, Künstlicher Intelligenz, maschinellem Lernen, Robotik und vielen anderen KET und FET deutlich vorne. Im Pakt für FuI muss Europa die Wiedererlangung der Souveränität bei Schlüsseltechnologien zu einer klaren Priorität machen.

2.25 Die Herausforderungen, mit denen Europa gegenwärtig zu kämpfen hat, sind zum einen die hohe Jugendarbeitslosigkeit, insbesondere in einigen südeuropäischen Ländern. Zum anderen besteht ein Mangel an hochqualifizierten Absolventen in den Bereichen Naturwissenschaft, Technik, Ingenieurswesen, Mathematik (Science, Technology, Engineering, Mathematics, STEM). Vor allem fehlen Ingenieure in sämtlichen Bereichen der IKT und der Digitalisierung, der E-Mobilität und in Technologien für erneuerbare Energien. Es wird häufig außer Acht gelassen, dass es vor allem Ingenieure sind, die die von Forschern erzielten Ergebnisse der FuE in technischen Produkten umsetzen. Aufgrund des demografischen Wandels unserer alternden Gesellschaft und der Tatsache, dass es den meisten europäischen Ländern nicht gelingt, mehr Studentinnen für Ingenieurstudiengänge zu gewinnen, wird sich dieses Problem in naher Zukunft verschärfen. Natürlich müssen in der EU die Maßnahmen, die darauf abzielen, mehr Frauen für ein Ingenieurstudium zu gewinnen, massiv verstärkt werden. Zusätzlich müssen im Rahmen des Pakts für FuI intelligente Programme aufgelegt werden, um hochqualifizierte Ingenieurinnen und Ingenieure aus Drittstaaten in die EU zu holen. Der globale RTI Wettbewerb wird immer mehr zu einem globalen Konkurrenzkampf um Talente werden, und bislang hat die EU dabei etwa im Vergleich zu den USA schlecht abgeschnitten.

2.26 Nicht zuletzt möchte der EWSA darauf hinweisen, dass der EU-Pakt für FuI sowie der neue EFR im Einklang mit den 17 Zielen der Vereinten Nationen für nachhaltige Entwicklung konzipiert und umgesetzt werden sollten, nach denen vorgesehen ist, dass bis 2030 ein menschenwürdiges Leben für alle auf einem gesunden Planeten gewährleistet wird.

ZIELE DER VEREINTEN NATIONEN FÜR NACHHALTIGE ENTWICKLUNG 2, 6, 7, 14

WASSER UND NACHHALTIGE AGRAR- UND LEBENSMITTELSYSTEME

Antonia María Lorenzo López
(BIOAZUL SL, Universität Córdoba – Forschungsgruppe WEARE),
Rafael Casielles Restoy (BIOAZUL SL)

EINFÜHRUNG

Die Nachhaltigkeit und Sicherheit der Lebensmittelversorgung gehören zu den wichtigsten globalen Herausforderungen im aktuellen Kontext des Klimawandels, dessen Auswirkungen die gesamte Wertschöpfungskette von der Herstellung bis zum Verbrauch stark bedrohen.

Es gibt mehrere Definitionen für nachhaltige Lebensmittelsysteme (Sustainable Food Systems, SFS), die von anerkannten Organisationen und Wissenschaftlern vorgeschlagen wurden. Für diesen Bericht wird die von der FAO vorgeschlagene Definition verwendet (1):

*Ein **nachhaltiges Lebensmittelsystem** ist ein Lebensmittelsystem, das Lebensmittelsicherheit und Ernährung für alle in einer Weise gewährleistet, sodass die wirtschaftlichen, sozialen und ökologischen Grundlagen zur Schaffung von Lebensmittelsicherheit und Ernährung für zukünftige Generationen nicht beeinträchtigt werden. Dies bedeutet:*
— *Es ist durchgehend rentabel (**wirtschaftliche Nachhaltigkeit**)*
— *Es hat umfassende Vorteile für die Gesellschaft (**soziale Nachhaltigkeit**)*
— *Es hat positive oder neutrale Auswirkungen auf die natürliche Umwelt (**ökologische Nachhaltigkeit**)*

Darüber hinaus wird in der Definition des Berichts der wissenschaftlichen Politikberatung der Europäischen Akademien (Science Advice for Policy By European Academies, SAPEA) „Ein nachhaltiges Lebensmittelsystem für die Europäische Union" 2020 (2) eindeutig dargelegt, welcher globale Ansatz bei der Unterbreitung verschiedener Transformationsmaßnahmen zur Verbesserung der Nachhaltigkeit und Gerechtigkeit der derzeitigen Lebensmittelsysteme zu berücksichtigen ist.

„Bietet und fördert sichere, nahrhafte und gesunde Lebensmittel mit geringen Umweltauswirkungen für alle derzeitigen und künftigen EU-Bürger in einer Weise, die selbst auch die natürliche Umwelt und ihre Ökosystemleistungen schützt und wiederherstellt, die robust und widerstandsfähig, wirtschaftlich dynamisch, gerecht und fair sowie sozial akzeptabel und integrativ ist. Dies geschieht, ohne dass die Verfügbarkeit nährstoffreicher und gesunder Lebensmittel für Menschen, die außerhalb der EU leben, beeinträchtigt oder ihre natürliche Umwelt geschädigt wird."

Doch der Übergang von den derzeitigen Lebensmittelsystemen, die auf nicht mehr tragfähigen Linearwirtschaftsmodellen basieren, zu stärker kreislauforientierten und nachhaltigeren Modellen ist eine große Herausforderung.

Daher sollten auf globaler Ebene Maßnahmen ergriffen werden, um die Vielfalt der Lebensmittelsysteme in einem multidisziplinären Ansatz anzugehen, der alle wichtigen Akteure der Wertschöpfungskette einbezieht, um die Versorgung einer wachsenden Bevölkerung mit immer begrenzteren Ressourcen, einschließlich Wasser, vor dem Hintergrund des Klimawandels sicherzustellen.

Beispiele für Initiativen auf globaler Ebene zur Förderung einer Systemverlagerung im Lebensmittelbereich sind das Europäische Lebensmittelforum, die EU-Koalition für Kohlenstoff und Landwirtschaft, die Strategie „Vom Hof auf den Tisch" des europäischen Grünen Deals, Strategien für die Kreislaufwirtschaft und die Ziele für nachhaltige Entwicklung der Vereinten Nationen (SDGs).

DIE WICHTIGSTEN HERAUSFORDERUNGEN FÜR DIE AGRAR- UND LEBENSMITTELSYSTEME

Es gibt erhebliche Hindernisse für die Überwindung der Umstellungsprobleme der derzeitigen Agrar- und Lebensmittelsysteme, die zeigen, dass der Übergang nicht wie bisher linear erfolgen kann.

Um die Ernährung aller Menschen in den kommenden Jahrzehnten bei einer wachsenden Bevölkerung – die bis 2050 auf 10 Milliarden geschätzt wird – sicherzustellen, werden bis 2050 **50 % mehr Lebensmittel benötigt** (3), wenn sich die **Verbrauchsmuster** und die Menge der anfallenden **Lebensmittelabfälle** nicht rasch ändern.

Schätzungen zufolge geht rund ein Drittel der insgesamt produzierten Lebensmittel in allen Phasen der Lebensmittelversorgungskette verloren oder wird verschwendet (4,5). Was das Wasser betrifft, so entfallen 25 % der weltweiten Frischwasserversorgung auf nicht verzehrte Lebensmittel (6).

Der Klimawandel gefährdet die weltweite Nahrungsmittelproduktion durch die Verringerung natürlicher Ressourcen wie Wasserverfügbarkeit und -qualität, die Schädigung der Ökosysteme, Ackerflächen und Böden sowie den Verlust der Biodiversität.

Darüber hinaus zwingen die Auswirkungen des Klimawandels in ländlichen Gebieten in Verbindung mit dem Mangel an Dienstleistungen wie digitalen Verbindungen die Menschen, in die Städte zu ziehen. Bis 2050 sollen 66 % der Weltbevölkerung in städtischen Gebieten leben. Dies führt zur Entvölkerung ländlicher Gebiete und begrenzt somit die Zahl der Arbeitskräfte für die Landwirtschaft.

Speziell in Bezug auf Wasser werden die derzeitige Knappheit und die häufigeren Dürren weltweit zunehmend zu einem Problem. Sie betreffen immer mehr Regionen der Erde – auch traditionell feuchte Gebiete – und stellen eine große Herausforderung für unsere Gesellschaft dar. Die Auswirkungen von Wasserknappheit und Dürre werden in den kommenden Jahren keineswegs abnehmen, sondern sich vor allem aufgrund des Klimawandels verschärfen.

Abbildung 1 zeigt die Karte des Wasserstresses als Verhältnis der Gesamtwasserentnahmen zu den verfügbaren erneuerbaren Oberflächen- und Grundwasservorräten.

Bis 2020 wird voraussichtlich mehr als die Hälfte der Weltbevölkerung in wasserarmen Gebieten leben. (7). Die Agrar- und Lebensmittelwirtschaft ist durch ihre Wasserintensität gekennzeichnet, die durchschnittlich 70 % der gesamten Wasserentnahmen ausmacht und große Mengen an Abfall und Abwasser erzeugt. Die Nahrungsmittel- und Landnutzungssysteme machen 92 % des globalen Wasserfußabdrucks aus (8).

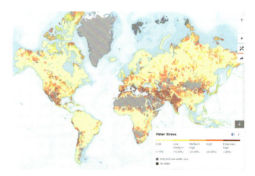

Abbildung 1: Globale Wasserstresskarte

Gleichzeitig werden laut Kala Vairavamoorthy, Geschäftsführender Direktor der IWA „85 % des weltweiten Abwassers nicht behandelt" (9). Wie in Abbildung 2a dargestellt, werden große Mengen Abwasser, das in Gewässer eingeleitet werden könnte, immer noch nicht behandelt, was Umweltprobleme wie Eutrophierung verursacht (Abbildung 2b).

Abbildung 2a: Globale Karte des unbehandelten Abwassernetzwerks

Angesichts der derzeitigen Klimaschwankungen und der enormen Schwierigkeiten bei der Vorhersage und Schätzung der Wasserressourcen in naher Zukunft ist zudem die Nutzung unkonventioneller Ressourcen wie aufbereitetem Wasser von zunehmendem Interesse. Trotz des Potenzials von aufbereitetem Wasser, das von der Europäischen Kommission auf 6.000 mm³ geschätzt wird, gibt es immer noch Hindernisse für eine breitere Implementierung.

Daher ist es von entscheidender Bedeutung, nicht nur die zur Abwasserbehandlung erforderliche Infrastruktur in die hydrologische Planung einzubeziehen, sondern auch unkonventionelle Wasserquellen wie das aufbereitete Wasser als ergänzende Quelle zu betrachten, deren Nutzung die Erhaltung und Wiederherstellung herkömmlicher Oberflächen- und Grundwasserquellen

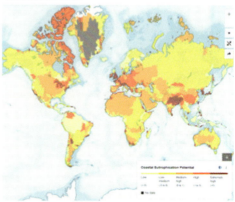

Abbildung 2b: Globale Karte des Eutrophierungspotenzials der Küstengebiete

(Quelle 1-2b: www.wri.org/applications/aqueduct/water-risk-atlas)

unterstützen wird. Laut dem Bericht der Arbeitsgruppe Wasser- und Kreislaufwirtschaft der Conama-Stiftung „Agua y Economia Circular" entspricht die hydrologische Planung dem Ökodesign im Rahmen des Kreislaufwirtschaftskonzepts (10).

Die bereichsübergreifenden Maßnahmen für die Wasserplanung und -bewirtschaftung sollten an das Klimaszenario angepasst werden und alle Arten der Wassernutzung (industrielle, städtische und landwirtschaftliche Nutzung) und alle Nutzer einbeziehen sowie auf die Senkung des Verbrauchs und die Steigerung der Effizienz ausgerichtet sein. Dies ist der einzige Weg zu einer nachhaltigen Entwicklung, insbesondere für die Agrar- und Lebensmittelsysteme, die das Rückgrat unserer Wirtschaft bilden und für die Erfüllung der Agenda 2030 und des Pariser Klimaschutzübereinkommens unerlässlich sind.

Daher sind Anpassungs- und Minderungslösungen erforderlich, um Wasser bestmöglich zu verwalten und zu nutzen und Ressourcen aus Abwasser als Sekundärrohstoffe, die früher als Rückstände/Abfall galten, zurückzugewinnen.

VERWENDUNG VON AUFBEREITETEM WASSER IN DER LANDWIRTSCHAFT

Aufbereitetes Wasser ist gereinigtes Abwasser, das den Ableitungsparametern entspricht und anschließend einer zusätzlichen Behandlung unterzogen wird, um die Qualitätsstandards zu erfüllen, die für eine bestimmte Verwendung gemäß dem rechtlichen Rahmen der Anwendung erforderlich sind.

Die Nutzung von aufbereitetem Wasser – eine **anerkannte Maßnahme zur Anpassung an den Klimawandel** – verleiht der Ressource Wasser Kreislaufcharakter und den wertvollen enthaltenen Stoffen wie Pflanzennährstoffen Potenzial, das zur Erhaltung der natürlichen Ressourcen und des natürlichen Kapitals beiträgt.

Die Verwendung von aufbereitetem Wasser bietet viele Vorteile:
- Verfügbarkeit einer konstanten, von klimatischen Ereignissen unabhängigen Wasserquelle.
- Anreize für den Ausbau der Abwasserbehandlung.
- Versorgung mit Wasser und Nährstoffen (Einsparung von Düngemittel), wodurch die Bewässerungsanlagen durch reduzierten Düngemittelverbrauch ihre Kosten senken können.
- Verringerung der diffusen Verschmutzung und Eutrophierung, da Pflanzen die Nährstoffe im aufbereiteten Wasser absorbieren, die sich in Gewässern nicht ansammeln.
- Nettoanstieg der Wasserressourcen in Küstengebieten.
- Geringere Auswirkungen und Kosten als bei anderen alternativen Wasserressourcen (z. B. entsalztes Wasser oder Wassertransfers).

Darüber hinaus trägt die Verwendung von aufbereitetem Wasser zur Erreichung der Agenda 2030 der Vereinten Nationen bei, da sie an den Zielen der SGD6 und SGD12 ausgerichtet ist, wie beispielsweise:

6.3 Bis 2030: Verbesserung der Wasserqualität durch Verringerung der Verschmutzung, Beseitigung von Ablagerungen und Minimierung der Freisetzung gefährlicher Chemikalien und Materialien, Halbierung des Anteils unbehandelter Abwässer und erhebliche Erhöhung der Aufbereitung und sicheren Wiederverwendung weltweit.

6.4 Bis 2030: Erhebliche Steigerung der Wasserverbrauchseffizienz in allen Sektoren und Sicherstellung einer nachhaltigen Entnahme und Versorgung mit Süßwasser, um der Wasserknappheit entgegenzuwirken und die Zahl der Menschen, die unter Wasserknappheit leiden, erheblich zu verringern.

6.5 Bis 2030: Implementierung eines integrierten Wasserressourcenmanagements auf allen Ebenen, gegebenenfalls auch durch grenzüberschreitende Zusammenarbeit.

6.A Bis 2030: Ausweitung der internationalen Zusammenarbeit und der Unterstützung beim Aufbau der Kapazitäten in Entwicklungsländern bei Tätigkeiten und Programmen im Zusammenhang mit der Wasser- und Sanitärversorgung, einschließlich Technologien zur Wassergewinnung, Entsalzung, Wassereffizienz, Abwasserbehandlung, Recycling und Wiederverwertung.

6.6 Bis 2020: Schutz und Wiederherstellung wasserbezogener Ökosysteme, einschließlich Berge, Wälder, Feuchtgebiete, Flüsse, Grundwasserleiter und Seen.

12.1 Implementierung des 10-Jahres-Rahmens der Programme für nachhaltigen Konsum und nachhaltige Produktion, wobei alle Länder Maßnahmen ergreifen und die Industrieländer unter Berücksichtigung der Entwicklung und der Kapazitäten der Entwicklungsländer eine Führungsrolle übernehmen.

12.2 Bis 2030: Verwirklichung einer nachhaltigen Bewirtschaftung und effizienten Nutzung der natürlichen Ressourcen.

12.4 Bis 2020: Umsetzung eines umweltverträglichen Umgangs mit Chemikalien und allen Abfällen während ihres gesamten Lebenszyklus gemäß den vereinbarten internationalen Rahmenvorgaben und erhebliche Verringerung ihrer Freisetzung in Luft, Wasser und Boden, um ihre nachteiligen Auswirkungen auf die menschliche Gesundheit und die Umwelt zu minimieren.

12.5 Bis 2030: Erhebliche Reduktion des Abfallaufkommens durch Vermeidung, Verringerung, Recycling und Wiederverwendung.

12.8 Bis 2030: Sicherstellen, dass die Menschen überall über die relevanten Informationen und das Bewusstsein für nachhaltige Entwicklung und eine Lebensweise im Einklang mit der Natur verfügen.

Bei der Implementierung großer Wasserwiederverwendungsprojekte zur Nutzung des enormen Potenzials von aufbereitetem Wasser für die Landwirtschaft stehen jedoch auch erhebliche Hindernisse im Weg:

- Sie erfordert eine angemessene Infrastruktur für die Behandlung des Abwassers und des Leitungsnetzes.
- Es ist ein analytischer Überwachungsplan erforderlich, um die Qualität an verschiedenen Entnahmestellen sicherzustellen und den geltenden rechtlichen Rahmen zu erfüllen.
- Es besteht nach wie vor eine unrealistische Wahrnehmung von Risiken im Zusammenhang mit der Verwendung von aufbereitetem Wasser, was zu einer gewissen gesellschaftlichen Zurückhaltung bei der Verwendung dieses Wassers durch Landwirte führt, was diese Situation verlängert und die landwirtschaftliche Tätigkeit zunehmend unhaltbar macht.

Darüber hinaus fehlt es an Bewusstsein und Beachtung des Ausmaßes der Wasserknappheit, mit der wir konfrontiert sind. Viele Grundwasserleiter sind stark von Versalzung und sinkenden Grundwasserspiegeln betroffen, was bedeutet, dass die Wassergewinnung immer teurer und das Wasser von schlechterer Qualität ist.

Erfolgreiche Fallstudien sowie technische und wissenschaftliche Nachweise sind erforderlich, um die Nutzung des aufbereiteten Wassers in der Landwirtschaft zu fördern, die Investitionen in die Infrastruktur zu mobilisieren und die derzeitige Zurückhaltung zu überwinden, was sich in hohem Maße auf Wasserbewirtschaftung und -management auswirkt.

FALLBEISPIEL RICHWATER-PROJEKT

Abbildung 3: Bewässerung von Mangos mit aufbereitetem Wasser am Versuchsgelände RichWater

RichWater ist eine von Horizon 2020 finanzierte Innovationsaktion, mit der eine integrierte Lösung für die Wasserwiederverwendung in der Landwirtschaft getestet und validiert wurde. Ein Systemprototyp mit einer Behandlungskapazität für 150 m³/Tag wurde für die Behandlung und Aufbereitung des kommunalen Abwassers der Stadt Algarrobo in der Region La Axarquia (Málaga, Spanien) demonstriert. Diese Region liegt an der Südküste Spaniens. Sie verbindet ländliche Gebiete im Landesinneren mit starker landwirtschaftlicher Aktivität und dicht besiedelte Küstengebiete mit hohem Touristenaufkommen im Sommer. La Axarquia ist der größte Produzent subtropischer Pflanzen in Europa. Aufgrund übermäßiger Ausbeutung des Grundwassers und geringem Wasserspeicherstand leidet die Region unter Wasserknappheit und ist von Wüstenbildung bedroht. Abwasser fließt direkt in das Mittelmeer, was zusammen mit der hohen Stickstoff- und Phosphorauswaschung aus der Landwirtschaft zur Eutrophierung der Küstengebiete und zum Verlust wertvoller Wasserressourcen führt. Diese werden abgeleitet, während die Region unter Wassermangel leidet. Bei rund 40 % der Flussgewässer besteht ein gewisses Risiko der Nichteinhaltung der EU-Wasserrahmenrichtlinie (WRRL). Aufgrund des Bedarfs an Bewässerung und intensiver Düngung ist die lokale Landwirtschaft sehr anfällig für die Auswirkungen des Klimawandels. Daher begann die Kommunalverwaltung 2021 mit einer Modernisierung der bestehenden Infrastruktur lokaler Kläranlagen, um den Landwirten aufbereitetes Wasser für die Bewässerung zur Verfügung zu stellen. Um die Nährstoffversorgung durch Abwasser zu kontrollieren und die Zurückhaltung der Landwirte bei der Verwendung von aufbereitetem Abwasser zu überwinden, müssen angemessene Strategien festgelegt werden; dies wird auch in Zukunft eine Zunahme der Verschmutzung in Gewässern vermeiden.

Das RichWater-System umfasst einen MBR (Membrane Bioreactor) und ein integriertes Bewässerungssystem mit einer Mischstation. Der MBR wurde entwickelt, um Nährstoffe zu erhalten, während Krankheitserreger und andere Schadstoffe entfernt werden. Dies führt zu einem nährstoffreichen Abwasser, das für den Einsatz in der Lebensmittelbewässerung geeignet ist. Der MBR wurde im Rahmen des von der Europäischen Kommission unterstützten Programms zur Überprüfung von Umwelttechnologien (Environmental Technology Verification, ETV) geprüft. Der geprüfte MBR garantiert eine hohe Qualität des Abwassers, das den in der EU-Verordnung 2020/741 festgelegten rechtlichen Standards für die Wasserwiederverwendung entspricht. Die ETV-Verifizierung war sehr wichtig, um die Zurückhaltung der Endnutzer zu überwinden. So gewannen die Landwirte durch das von einer externen Prüfstelle durchgeführte „Gütesiegel" der ETV-Prüfung Vertrauen in die Wasserqualität.

	BSB5 (mg O$_2$/l)	CSB (mg O$_2$/l)	TS (mg/l)	TN (mg N/l)	TP (mg/l)	TK (mg/l)	Trübung (NTU)
Min.	93,00	239,00	106,00	25,00	3,30	8,80	2,60
Max.	232,00	646,00	397,00	67,00	12,00	25,00	349,00
Mittel	163,25	408,31	210,06	38,81	5,97	14,81	120,48
Min.	< 15	15,00	< 8	16,00	0,16	8,10	0,16
Max.	< 15	32,00	< 8	45,00	12,00	24,00	2,30
Mittel	< 15	23,67	< 8	26,00	4,34	14,43	0,69
Beseitigung %	90,81 %	94,20%	96,19%	33,01%	27,31%	2,62%	99,43%

Tabelle 1: RichWater-Leistungsparameter durch ETV überprüft
Frei von E. coli, Legionellen und Salmonellen

Andererseits verfügt das Bewässerungssystem über ein Nährstoffüberwachungsinstrument, um die Düngung zu optimieren und eine Überdüngung von Kulturen zu vermeiden, die mit aufbereitetem Wasser bewässert werden. Das RichWater-System wurde speziell für die Wiederverwendung der Abwässer in der Landwirtschaft entwickelt. Die Mischstation mischt den entsprechenden Anteil an Frischwasser und gereinigtem Abwasser aus dem MBR, welches dann dem Bewässerungsmodul (Tröpfchenbewässerung) zugeführt wird. Das geeignete Mischverhältnis wird durch die Überwachung des Nährstoffgehalts im Boden über Sensoren bestimmt. So bleiben die im Abwasser enthaltenen Nährstoffe (hauptsächlich Stickstoff, Phosphor und Kalium) nach der Behandlung erhalten, während Krankheitserreger entfernt werden. Diese Nährstoffe sind direkt von den Pflanzen assimilierbar und implizieren daher eine bedeutende Einsparung von Düngemitteln für Landwirte. Auf diese Weise ist RichWater in der Lage, 72 % N und 63 % P aus dem aufbereiteten Wasser zurückzugewinnen (11).

QUELLENANGABEN

1. Nguyen H. (2018) „Sustainable food systems Concept and framework", FAO. Verfügbar unter: https://www.fao.org/3/ca2079en/CA2079EN.pdf.
2. SAPEA, (2020) „A sustainable food system for the European Union", Berlin: SAPEA. Verfügbar unter: https://www.sapea.info/wp-content/uploads/sustainable-food-system-report.pdf.
3. Addams, L., et al. (2022) „Charting Our Water Future Economic frameworks to inform decision-making", 2030. Water Resources Group. Verfügbar unter: https://www.mckinsey.com/~/media/mckinsey/dotcom/client_service/sustainability/pdfs/charting%20our%20water%20future/charting_our_water_future_full_report_.ashx.
4. FAO (2013) „Food Wastage Footprint: Impacts on Natural Resources", Rom: FAO. Verfügbar unter: https://reliefweb.int/report/world/food-wastage-footprint-impacts-natural-resources.
5. // Shukla PR et al. (2019) „Summary for Policymakers". In: *Climate Change and Land: An IPCC special report on climate change, desertification, land degradation, sustainable land management, food security, and greenhouse gas fluxes in terrestrial ecosystems*, IPCC. Verfügbar unter: https://www.ipcc.ch/site/assets/uploads/sites/4/2020/02/SPM_Updated-Jan20.pdf
6. Hall K, Guo J, Dore M, Chow C (2009): „The Progressive Increase of Food Waste in America and Its Environmental Impact", PloS ONE 4(11): e790. https://doi.org/10.1371/journal.pone.0007940
7. UN-Water (2020): „Weltwasserbericht der Vereinten Nationen 2020: Wasser und Klimawandel", Paris: UNESCO. Verfügbar unter: https://unesdoc.unesco.org/ark:/48223/pf0000372985.locale=en
8. Weltwirtschaftsforum (2022): „Transforming Food Systems with Farmers: A Pathway for the EU", Weltwirtschaftsforum. Verfügbar unter: https://www3.weforum.org/docs/WEF_Transforming_Food_Systems_with_Farmers_A_Pathway_for_the_EU_2022.pdf
9. Vairavamoorthy K (2019): „The challenges of the water sector", *SIGA International Water Conference*. Verfügbar unter: https://www.youtube.com/watch?v=s6fhdqKSrxM&list=PL6CTjn4hdBFdPULdpUUFU4ucnEO6N_NW7
10. van Hove E et al. (2019): „Agua y Economía Circular", Fundación Conama. Verfügbar unter: http://www.fundacionconama.org/wp-content/uploads/2019/09/Agua-y-Econom%C3%ADa-Circular.pdf
11. Muñoz-Sánchez D et al. (2018): „Assessing Quality of Reclaimed Urban Wastewater from Algarrobo Municipality to Be Used for Irrigation". *Journal of Water Resource and Protection*, 10, 1090-1105. https://doi.org/10.4236/jwarp.2018.1011064

DIE VISION VON WATER EUROPE FÜR EINE WASSERBEWUSSTE GESELLSCHAFT

Durk Krol (Geschäftsführender Direktor von Water Europe)

Seit Water Europe 2016 erstmals die Vision einer wasserbewussten Gesellschaft veröffentlicht hat, finden deren Konzepte breite Anerkennung in der wasserbezogenen Forschung, Innovation und politischen Debatte in Europa und darüber hinaus. Anfang 2023 wird eine neue Ausgabe vorgestellt, die eine klarere, besser definierte und präziser formulierte politische Vision auf Grundlage neuester Entwicklungen und Daten, fortschrittlicher Erkenntnisse über die Ziele und Strategien von Water Europe und der Erfahrungen, die bereits seit sechs Jahren mit der aktuellen Ausgabe gemacht werden, vorgibt. Es ist mir eine große Freude, eine Vorschau auf die neue Vision in diesem wichtigen Buch zur Verwirklichung des SDG6 zu geben.

Die Vision für eine „wasserbewusste Gesellschaft" soll Wege für eine bessere Nutzung, Valorisierung und Bewirtschaftung unserer Wasserressourcen durch Gesellschaft und Unternehmen aufzeigen und gleichzeitig widerstandsfähige und nachhaltige Lösungen für unsere wichtigsten globalen Herausforderungen im Bereich Wasser entwickeln. Es wird beschrieben, wie diese Herausforderungen in Chancen zur Entwicklung neuer Technologien, Lösungen, Unternehmen und Governance-Modelle für die wasserbewusste Gesellschaft der Zukunft verwandelt werden können. Diese Vision stellt sich eine Zukunft voller Wassersicherheit, Sicherheit, Belastbarkeit und Nachhaltigkeit für alle gesellschaftlichen Funktionen vor, während gleichzeitig unsere Umwelt geschützt wird: Alle relevanten Interessenträger sind an der nachhaltigen Governance unseres inklusiven Wassersystems beteiligt, und zwar auf eine Weise, die den gegenwärtigen ökologischen, sozialen und wirtschaftlichen Bedürfnissen gerecht wird, ohne die Fähigkeit zu beeinträchtigen, diesen Bedürfnissen in Zukunft gerecht zu werden; Wasserknappheit sowie Verschmutzung von Grund- und Oberflächenwasser werden vermieden, während die biologische Vielfalt wiederhergestellt wird; Wasser-, Energie- und Ressourcenkreisläufe werden weitgehend geschlossen, um eine Kreislaufwirtschaft zu fördern; das Wassersystem ist widerstandsfähig und robust gegen Klimawandelereignisse und wasserabhängige Unternehmen florieren als Ergebnis zukunftsorientierter Forschung und Innovation.

EINE WASSERBEWUSSTE GESELLSCHAFT WIRD DEFINIERT ALS:

Eine Gesellschaft, in der der wahre Wert des Wassers erkannt und realisiert wird und alle verfügbaren Wasserquellen so bewirtschaftet werden, dass Wasserknappheit und -verschmutzung vermieden werden; das Wassersystem widerstandsfähig gegen Dürren und Überschwemmungen ist, die durch den Klimawandel verschärft werden, und alle relevanten Interessenträger engagieren sich für eine nachhaltige Wasserbewirtschaftung, während Wasser- und Ressourcenkreisläufe zur Förderung einer Kreislaufwirtschaft weitgehend geschlossen sind.

DAS MODELL EINER WASSERBEWUSSTEN GESELLSCHAFT

Das **„Water Europe"-Modell für eine wasserbewusste Gesellschaft** umfasst einen Kernwert, drei Hauptziele und fünf Innovationskonzepte, um die Entwicklung grundlegender Lösungen voranzutreiben und vor allem FTE-Ergebnisse auf den Markt zu bringen und systemische Innovationen für unser Wassersystem zu erreichen.

Modell einer wasserbewussten Gesellschaft, Water Europe

Ein Kernwert

Der Wert des Wassers – ein wesentliches Konzept, das im Mittelpunkt der Vision von Water Europe für eine *wasserbewusste Gesellschaft* steht und Wasser als Menschenrecht sowie seine Bedeutung für unsere Gesellschaft als Ganzes zum Ausdruck bringt, einschließlich der Ermöglichung all unserer wirtschaftlichen Tätigkeiten, gesellschaftlicher Funktionen im Zusammenhang mit Gesundheit und Wohlbefinden für alle Bürger, unabhängig von ihrer Zahlungsfähigkeit, sowie des (potenziellen) wirtschaftlichen Werts, der durch die Nutzung gelöster Rohstoffe und der kinetischen und thermischen Energie von Wassersystemen erzielt werden kann, die eine einzigartige nachhaltige Quelle für eine Kreislaufwirtschaft darstellen.

Drei Hauptziele

Wassersicherheit: Hauptziel der wasserbewussten Gesellschaft, das einen nachhaltigen *Zugang zu ausreichend bezahlbarem und gesundem Wasser sowie zu Ökosystemen* zur Erhaltung der Gesundheit und der sozioökonomischen Entwicklung sowie den Schutz vor wasserbedingten Katastrophen wie den Folgen des Klimawandels gewährleistet.

Wassernachhaltigkeit: Hauptziel der wasserbewussten Gesellschaft, das die Wasserinfrastruktur sowie *wirtschaftlich und ökologisch nachhaltige* Verwaltung und Nutzung auf eine Weise sicherstellt, die den gegenwärtigen ökologischen, sozialen und wirtschaftlichen Bedürfnissen gerecht wird, ohne die Fähigkeit zu beeinträchtigen, diesen Bedürfnissen in Zukunft gerecht zu werden.

Wasserresilienz: Hauptziel der wasserbewussten Gesellschaft, das die *langfristige Resilienz* absichert, bei der unsere natürlichen und menschengemachten Wassersysteme unerwarteten Störereignissen standhalten und ernsten Folgen wie Dürren und Überschwemmungen vorbeugen können, während gleichzeitig die Zuverlässigkeit des Wassersystems gewährleistet wird.

5 Innovationskonzepte

Zirkuläres Wasser – ein wichtiges Konzept, das die Vision von Water Europe für eine wasserbewusste Gesellschaft untermauert und ein entscheidendes Element des nachhaltigen und kreislauforientierten Wassersystems der Zukunft beschreibt, das *Wasserverluste minimiert und ein widerstandsfähiges und wassersicheres System fördert.*

Inklusives Wasser – ein wichtiges Konzept, das der Vision von Water Europe zugrunde liegt und in dem *ein Wassersystem definiert wird, dessen Steuerung in ausgewogener Weise die Interessen aller Beteiligten* an der Gestaltung, Verwaltung und Erhaltung einer sicheren, widerstandsfähigen und nachhaltigen wasserbewussten Gesellschaft widerspiegelt.

Resilientes Wasser – ein Schlüsselkonzept, das die Vision von Water Europe für eine wasserbewusste Gesellschaft untermauert, die sich auf ein *widerstandsfähiges und zuverlässiges hybrides graues und grünes Wassersystem* konzentriert, das so konzipiert ist, dass es schweren externen und internen Erschütterungen standhält, ohne die wesentlichen Funktionen zu beeinträchtigen, einschließlich der Bewältigung von Überschwemmungen und Dürren aufgrund des Klimawandels.

Vielfältiges Wasser – ein wichtiges Konzept, das der Vision von Water Europe zugrunde liegt und in dem *mehrere Wasserquellen und -qualitäten (frisches Grundwasser und Oberflächenwasser, Regenwasser, Brackwasser, Sole, Grauwasser, Schwarzwasser, Recyclingwasser)* Teil eines wassersicheren, belastbaren und nachhaltigen Wassersystems sind, das ein solider Grundaspekt einer wasserbewussten Gesellschaft ist.

Digitales Wasser – ein wichtiges Konzept, das die Vision von Water Europe untermauert, das auf einer Welt basiert, in der alle Menschen, Geräte und Prozesse über das „Internet von Allem" miteinander verbunden sind, was zu Kapillarnetzen führt, die das *Wassersystem* von den Produzenten bis hin zum einzelnen Nutzer überwachen können, wie etwa die Erzeugung kontinuierlicher Datenströme (Big Data) für innovative Entscheidungsunterstützungssysteme auf verschiedenen Steuerebenen.

AUFBAU EINER WASSERBEWUSSTEN GESELLSCHAFT

Water Europe sieht angesichts der derzeitigen Sachlage einen stark veränderten Wassersektor vor. Die oben definierten Innovationskonzepte sowie messbare Ziele in Bezug auf Wassersicherheit, Nachhaltigkeit und Belastbarkeit werden die Entscheidungsträger zu diesem Wandel und zu einer neuen wasserbewussten Wirtschaft führen. Der Übergang zu einer wasserbewussten Gesellschaft wird durch neue Technologien und ihre Kombinationen ermöglicht, die in inklusiven, offenen Innovationsumgebungen wie Water-Oriented Living Labs[1] und einer neu gestalteten Wasserinfrastruktur geschaffen werden.

Water-Oriented Living Labs sind relevante Innovationsökosysteme, die die gemeinsame Entwicklung, Erprobung und Bewertung von Innovationen in repräsentativen realen Umgebungen mit dem Ziel fördern, eine „wasserbewussten Gesellschaft" zu verwirklichen. Sie sind sehr wichtig für den Innovationsprozess, der zu einer wasserbewussten Gesellschaft führt. Sie bringen Forschung und Entwicklung aus Laboratorien in reale Kontexte. Dies ermöglicht ein besseres Verständnis dessen, was Innovationen auslöst, und welche Innovationen sich in verschiedenen ökologischen, sozialen und kulturellen Kontexten als erfolgreich erweisen. Ein Living Lab ist nicht nur ein Netzwerk aus Infrastrukturen und Dienstleistungen, sondern auch ein kooperatives Ökosystem, das etabliert wurde, um gemeinschaftsgetriebene Innovationen in einem Multi-Stakeholder-Kontext zu unterstützen.

Water Europe (WE) ist anerkannte Stimme und Förderer von wasserbezogener Innovation und FTE in Europa. Es ist eine zweckorientierte Multi-Stakeholder-Vereinigung mit über 250 Mitgliedern, die die gesamte Vielfalt des innovativen Wasser-Ökosystems repräsentieren, einschließlich Industrie, Forschung, Wasserdienstleister, Technologieanbieter und Behörden. WE wurde 2004 von der Europäischen Union als europäische Technologieplattform initiiert.

---

1   Heftreihe Water-Oriented Living Labs: „Water-Oriented Living Lab Notebook Series #2". Definitionen, Praktiken und Bewertungsmethoden.

SDG6 – WASSER IST EIN MENSCHENRECHT
(GENERALVERSAMMLUNG DER VEREINTEN NATIONEN 2010)

Johannes Pfaffenhuemer (Gründer der Water of Life GmbH)

WASSER DES LEBENS - GESUNDHEITSVORSORGE VON DER QUELLE BIS ZUM TISCH!

„Lebendiges Wasser – Quelle der Gesundheit – Wasser ist Leben – Wasser heilt!"

Zusammenfassung: Unsere Gesundheit – der Schlüssel zum Glück im Leben!

Gesundheit ist ein Zustand des vollständigen körperlichen, geistigen und sozialen Wohlbefindens – WHO 1986 Ottawa Charter). „Gesundheit ist nicht alles, aber ohne Gesundheit ist alles nichts – neun Zehntel unseres Glücks basieren allein auf Gesundheit, mit ihr wird alles zu einer Quelle des Genusses!" – Philosoph Arthur Schopenauer (1788-1860).

Unter **„lebendigem Wasser"** versteht man natürliches, reines Tiefenwasser, das als reife artesische Quelle aus eigenem Antrieb an die Oberfläche kommt. Es ist Wasser von hoher Qualität mit hoher Zellverfügbarkeit. (1) Wie neue Studien und aktuelle wissenschaftliche Erkenntnisse bestätigen, spielt Wasser in der Medizin als **„Jungbrunnen"** eine zunehmend wichtige Rolle.

HINTERGRUND - WASSER ALS QUELLE FÜR GESUNDHEIT, ENTWICKLUNG UND NACHHALTIGKEIT

Die globale Situation im Bereich der Trinkwasserqualität stellt sich wie folgt dar:
- Bis zu 2,2 Milliarden Menschen weltweit haben keinen Zugang zu sauberem Trinkwasser
- 4,2 Milliarden Menschen leiden unter unzureichenden sanitären und hygienischen Lebensbedingungen (Trinkwasserleitungen, Abwassersysteme)
- 40 % aller Schulen weltweit haben keine Toiletten
- 1 von 3 Personen weltweit haben nicht die Möglichkeit, sich zu Hause die Hände zu waschen
- Aufgrund des Wassermangels könnten bis 2030 700 Millionen Menschen gezwungen sein, ihr Zuhause zu verlassen
- Erwarteter Anstieg der Wassernachfrage bis 2050: 55 %
- 50 % aller Krankenhausbetten weltweit sind durch unsauberes Wasser mit Patienten belegt
- Virtuelles Wasser ist die Gesamtmenge an Süßwasser, die bei der Herstellung eines Produkts verwendet wird. So werden etwa 140 Liter Wasser benötigt, um eine Tasse Kaffee zu produzieren – insbesondere beim Anbau der notwendigen Menge an Kaffeebohnen. 7.500 Liter Frischwasser werden für ein T-Shirt, 20.000 Liter für einen Laptop, 27.000 Liter für 1 kg Rindfleisch und rund 400.000 Liter für ein Auto benötigt.
- **Quellen: Bundesministerium für wirtschaftliche Zusammenarbeit und Entwicklung in Deutschland, UN-Studie von 2016**

WASSER IST LEBEN

Wasser ist Leben und es ist unmöglich, sich unseren Alltag ohne Wasser vorzustellen. Wir trinken, waschen, kochen und gießen Blumen, Wiesen und Felder jeden Tag. Wir gehen ins Schwimmbad, duschen und baden. Wir haben das Glück, über genügend Süßwasser zu verfügen, und leider vergessen wir oft, dass sauberes Wasser in den meisten Teilen der Welt nicht selbstverständlich ist.

QUELLWASSER ALS LEBENSELIXIER

Das beste Wasser für den menschlichen Organismus ist natürliches, lebendiges Quellwasser, das mineralarm ist. Wasser transportiert die aufgenommenen Nährstoffe, eliminiert Stoffwechselabbauprodukte und hält den osmotischen Druck der Zellen aufrecht. Dies macht es zum wichtigsten Lebensmittel des Menschen. Unser Körperwassergehalt ändert sich mit dem Alter: Neugeborene haben einen Wassergehalt von bis zu 85 %, Erwachsene haben einen Wassergehalt von ca. 65 % – aufgrund des Körperbaus ist der Wassergehalt bei Frauen ca. 5-10 % geringer als bei Männern. Mit zunehmendem Alter sinkt der Wasseranteil bei beiden Geschlechtern unter 50 Prozent, was bedeutet, dass ältere Menschen einem höheren Risiko für Dehydratation ausgesetzt sind.

LEBENDIGES WASSER AUS ARTESISCHEN QUELLEN

Artesische Quellen sind Wasserquellen, die aus dem tiefen Erdinneren durch ihren eigenen natürlichen Druck an die Oberfläche fließen. Wenn das Wasser aus einer natürlichen Öffnung austritt, nennt man es eine artesische Quelle – benannt nach der Region Artois in Nordfrankreich (seit 1126). Seit jeher werden diese Quellen im gesamten Alpenraum als „Heiliges Bründl" bezeichnet. Durch diesen natürlichen Prozess bleibt die molekulare Struktur des Wassers erhalten. Durch den langfristigen Fluss des Wassers durch Gesteinsschichten bleibt es rein und frei von Giftstoffen. Es ist mit Mineralien und Energien angereichert und trägt somit viele Informationen aus dem Erdinneren an die Oberfläche. Man spricht auch von reifem Wasser, das ebenfalls eine spezielle kristalline Struktur aufweist.

EPIGENETIK UND DIE BEDEUTUNG VON LEBENDIGEM WASSER

„Vielleicht war die Mutter der Zelle ein Wassertröpfchen," vermutet Dr. Noemi Kempe, Physikerin aus Moskau und Leiter des Instituts für Biosensoren und Bioenergetische Umweltforschung (IBBU) in Graz/Österreich. Zellen sind die Elementarteilchen aller Lebewesen. Die Epigenetik beschäftigt sich mit erblichen Veränderungen in der Genregulation, ohne die DNA-Sequenz direkt zu verändern. Epigenetische Veränderungen können durch chemische oder physikalische Umweltfaktoren ausgelöst werden, aber biologische, psychologische und soziale Faktoren sind ebenfalls in der Lage, das Epigenom zu modellieren. „Unsere Gene und die unserer Kinder haben eine noch nie dagewesene Macht," sagt Dr. Kempe, denn „Vererbung ist die Weitergabe von Informationen an die nächste Generation." Und „Wir können das Epigenom mit dem Bewusstsein verändern!" Wasser spielt in allen Prozessen im lebenden Material eine entscheidende Rolle. Die Zellmasse besteht also zu 70 % aus Wasser und behält ihre Form, da Wasser in flüssiger Form praktisch inkompressibel ist. Wasser hat eine Transportfunktion und ist voll in alle Informationsprozesse integriert. „Es ist absolut notwendig, vorsichtig zu sein, wie viel und welches Wasser Sie trinken," empfiehlt Dr. Kempe. (3)

DAS PROBLEM MIT FREIEN RADIKALEN

Wassermangel führt dazu, dass wir früher altern. Dehydrierte Zellen, denen die Flüssigkeit entzogen ist, bauen Mitochondrien ab. Der Verlust von Zellwasser führt zu einer schnelleren Schrumpfung der Zellen, wodurch diese anfälliger für Angriffe durch freie Radikale, Bakterien und Viren werden. Jeden Tag sind wir freien Radikalen ausgesetzt. Die Hauptschadensquellen sind Umweltverschmutzung, Rauchen oder Passivrauchen, Stress (einschließlich körperlicher Anstrengung wie Sport) und Strahlung (Röntgenstrahlen, kosmische Strahlen, Flugreisen). Freie Radikale sind Moleküle, die instabil werden, sobald sie ein Elektron verlieren. Um ihre Stabilität wiederzuerlangen, reagieren diese Moleküle schnell mit anderen Verbindungen und versuchen, das benötigte Elektron zu greifen. Das angegriffene Molekül verliert sein Elektron, wird selbst zu einem freien Radikal und stiehlt ein Elektron aus dem benachbarten Molekül, was eine Kettenreaktion auslöst. Mit zunehmendem Alter sinkt unser Zellschutz aufgrund eines Mangels an antioxidativen Enzymen.

DER KÖRPER IST NICHT KRANK, ER IST DURSTIG!

Dehydratation ist die Hauptursache vieler chronischer Krankheiten. Das sagte Dr. F. Batmanghelidj M.D. 2003 in seinem Vortrag über die heilende Kraft des Wassers – gehalten beim „The Governmental Health Forum" in Washington D.C., USA. Er weist darauf hin, dass möglichst viele Menschen die folgenden Wahrheiten über Wasser kennen sollten:

- Erde und Mensch sind eins: 71 % der Erdoberfläche ist mit Wasser bedeckt. Unser Körper besteht auch weitgehend aus Wasser, im Durchschnitt zu 70 %.
- Viele „Krankheiten" werden durch Dehydratation verursacht
- Wasser reguliert die meisten Funktionen des Körpers
- Wasser ist notwendig, um Stress zu vermeiden
- Dehydratation und Salzmangel verursachen Bluthochdruck
- Wissen über die Vorteile von Wasser ist ein pädagogisches Thema

„Das Gehirn besteht zu mehr als 90 % aus Wasser. Die Augen sind die Sinnesorgane mit dem meisten Wasser. Das Wasser transportiert Schwingungen, die wir aussenden und empfängt sie auch wieder." Prof. Gerald Pollok, ein Wasserforscher an der Universität Washington, entdeckte die vierte Aggregatform, die 4. Dimension des Wassers. Wasser organisiert sich an hydrophilen (benetzbaren) Grenzflächen. Links zur Arbeit von Dr. Gerald Pollok finden Sie unter www.waterjournal.org

Wassermangel als Ursache von Kopfschmerzen und Migräne: Allein in Deutschland leiden laut der Deutschen Migräne- und Kopfschmerzgesellschaft (DMKG) täglich mindestens 3 Millionen Menschen an Kopfschmerzen und 10 Millionen an regelmäßig auftretender Migräne. Jüngste Studien des britischen Neurologen Dr. Joseph N. Blau zeigen, dass Dehydratation häufig sowohl Kopfschmerzen als auch Migräne auslöst.

Lebendiges Wasser reduziert Cellulite: Cellulite ist eine Ansammlung von Stoffwechselabbauprodukten im Bindegewebe. Körpereigene Abfallstoffe werden durch Arzneimittelrückstände, Zahntoxine, Toxine, Umweltgifte, Nahrungsmittel, tierische Proteine, raffinierte Kohlenhydrate, Zucker und viele andere Ursachen hervorgerufen. Diese Stoffwechselabbauprodukte verursachen Übersäuerung und unschöne Beulen an Gesäß, Oberschenkeln und Oberarmen. Cellulite wird immer durch Übersäuerung des Körpers verursacht. Eine erfolgreiche Entsäuerung des Körpers ist auf vielfältige Weise möglich.

Neben Bewegung an der frischen Luft, Massagen und alkalischen Bädern sind bewusste Essgewohnheiten hilfreich:
1. **Vermeiden säurebildender Lebensmittel:** Alkohol, Kaffee, Cola usw.
2. **Erhöhung des Anteils basenbildender Lebensmittel:** Obst, Gemüse, Salate – diese Lebensmittel bestehen auch zu 70 % aus Wasser.
3. **Ausspülen der gelagerten Stoffwechselabbauprodukte mit 3-5 Liter lebendigem, reinem, gesundem Wasser** (je nach Körpergewicht). Lebendiges Wasser hat die Kraft von artesischem Wasser und bietet die besten Bedingungen, dass die Zellen die Toxine im Körper so schnell wie möglich freisetzen. „Totes Wasser speichert, lebendiges Wasser schwemmt aus!" (Johann Abfalter)

Lebendiges Wasser beugt Fettleibigkeit vor: „Trinkwasser sollte in Schulen Pflicht sein," sagt Dr. Mathilde Kersting vom Forschungsinstitut für Kinderernährung (FKE): „Kinder haben einen Wassermangel!" Dies ist nachweislich in Urinproben messbar. Kinder, die genug Wasser trinken, können sich besser konzentrieren und haben ein um 31 Prozent niedrigeres Risiko, übergewichtig zu werden.

LEBENDIGES WASSER, UNSER „JUNGBRUNNEN" - ES HÄLT UNSERE ZELLEN JUNG

Nirgendwo sonst kann man das Alter eines Menschen so schnell sehen wie an der Haut – wenn die Körperzellen fit und jung sind, ist das besonders im Gesicht deutlich. Warum ist der Alterungsprozess so anders? Die Antwort liegt in den Zellen. Unser Lebensstil lässt uns schneller altern, und das zeigt sich an den Zellen. Dies belegt eine Studie mit 186 eineiigen Zwillingen (4). Wir entscheiden selbst, ob wir unseren Alterungsprozess verlangsamen oder Schäden beheben wollen. Unser Körper braucht dafür Wasser und Protein (5). Unsere Körperzellen bestehen zu bis zu 85 % aus Wasser. Verlieren die Zellen schon nur 10 % Wasser, altern sie schnell. Das bedeutet, dass bei einem Wassermangel die Mitochondrien (die Energiekraftwerke der Zellen) zusammenbrechen und die Ribosomen (die Eiweißproduzenten der Zellen) reduziert werden. Das Ergebnis: Der Gesamtstoffwechsel und die Zellatmung nehmen ab, die Zellen schrumpfen und können sich nicht mehr gegen Krankheitserreger, Schadstoffe und vor allem Giftstoffe verteidigen, und sie sterben im Laufe der Zeit vollständig ab. Wir haben weniger Energie, sind stärker von Fettleibigkeit und Krankheiten bedroht und regenerieren uns nicht mehr. Dieser Alterungsprozess wird insbesondere in der Haut sehr schnell sichtbar. Die oberste Hautschicht, die Epidermis, kann dreimal so viel Wasser aufnehmen, wie sie wiegt. Dadurch bleibt die natürliche Hautschutzbarriere erhalten. Trockene Haut weist auf einen Wassermangel im Körper hin, wird schnell faltig und ist anfällig für Entzündungen.

WASSER - LEBENSMITTEL NR. 1 - UNSERE PERSÖNLICHEN TRINKTIPPS:

Trinken im Alltag, praktische Nutzung von lebendigem Wasser zur Erhaltung der Gesundheit
– Unverschmutztes, kohlensäurefreies, artesisches Wasser trinken
– Aus Glasflaschen trinken, PET-Flaschen vermeiden
– Gesüßte Flüssigkeiten vermeiden
– Auf Trinkwasser achten: es sollte immer verfügbar sein
– Wasserinseln bei der Arbeit und privat einrichten
– Ein Wassertrinkprotokoll führen
– Geben Sie Ihr Wissen über die Wahrheit des Wassers weiter

Unser Beitrag von WATER OF LIFE zur AGENDA 2030:
1. Wir erreichen einen universellen und gleichberechtigten Zugang zu qualitativ hochwertigem Trinkwasser.
2. Wir setzen auf innovative Trinkwasserlogistik mit bis zu 80 % CO_2-Reduktion.
3. Wir steigern die Effizienz der Wassernutzung – vermeiden Flaschenwaschen.
4. Wir schützen alle mit Wasser verbundenen Ökosysteme: Berge, Wälder, Feuchtgebiete, Flüsse, Seen, Meere und Grundwasserleiter.
5. Wir unterstützen internationale WASH-Projekte (Wasser, Sanitär und Hygiene).

BLICK IN EINE NACHHALTIGE
WASSERZUKUNFT

WASSERBEWUSSTE BRANCHEN: PRAKTISCHE ANWENDUNG,
HERAUSFORDERUNGEN UND LÖSUNGEN

Geoff Townsend (Industry Fellow bei NALCO Water)

EINFÜHRUNG

Die Industrie verbraucht die Hälfte des gesamten sektoralen Süßwassers in Europa (FAO AQUASTAT). Das ist mehr als doppelt so viel wie der weltweite Durchschnitt (22 %). Die besonderen Herausforderungen im Zusammenhang mit der industriellen Wassernutzung sind daher dementsprechend groß, wodurch es unverzichtbar ist, Lösungen zu suchen und umzusetzen. Drei Bereiche verdienen besondere Aufmerksamkeit – die Wechselbeziehung zwischen Wasser und Energie (der so genannte Wasser-Energie-Nexus), Umweltströme und Eutrophierung. Wir werden jede Wechselwirkung kurz nacheinander betrachten und das Thema Feuchtgebiete diskutieren, in denen alle drei zusammenlaufen und potenziell ihren größten Einfluss haben.

Wasser und Energie sind geschäftliche Notwendigkeiten – strategische Ressourcen, die Wachstum, Rentabilität und Wettbewerbsfähigkeit der Industrie ermöglichen. Trotz dieser Realität ist die Wachstumsrate der Risiken im Zusammenhang mit Wasser weit größer als die Anstrengungen, die unternommen werden, um diese Risiken zu mindern. So prognostizierte das World Resources Institute für 2015 eine Lücke von 40 Prozent zwischen Frischwasserangebot und -nachfrage bis 2030; seither hat man diese Zahl auf 56 Prozent korrigiert (Luck, Landis und Gassert, 2015). Diese ständig größer werdende Diskrepanz zieht die Aufmerksamkeit von Investoren, Aktionären und Regulierungsbehörden auf sich.

Es ist nicht einfach so, dass mehr Menschen mehr Wasser benötigen, sondern vielmehr, wie sehr die schnell wachsende globale Mittelschicht mehr Wasser fordert. „Während im 20. Jahrhundert die Bevölkerung um den Faktor vier wuchs, wuchs der Süßwasserentzug um den Faktor neun" (Waughray, 2010). Wenn wir dies auf 2030 hochrechnen, sind die Aussichten düster. Es überrascht nicht, dass die industrielle Wassernutzung ein wesentlicher Bestandteil dieser Diskrepanz ist, was den Anstieg der Nachfrage nach Gütern widerspiegelt, die tendenziell sowohl bei ihrer Herstellung als auch bei ihrer Nutzung wasser- und energieintensiver sind. Zum Beispiel braucht man durchschnittlich 13.000 Liter Wasser, um ein Smartphone zu produzieren. Zu nennen sind Seltenerdmetalle, die zur Herstellung von Batterien, Magneten, Lautsprechern, Glasbildschirmen und LED-Leuchten verwendet werden (Burley, 2015). Hier erzeugt eine Tonne Erz mehr als 75.000 Liter saures Abwasser, das auch ausnahmslos mit Arsen, Barium, Cadmium, Blei, Fluorid und Sulfat verunreinigt ist.

Dann sind da noch die Rechenzentren, die das Herz unserer vernetzten Welt bilden. Diese Branche ist „von Null in den 1980er Jahren auf 60 % der Weltbevölkerung mit über 7,2 Millionen Rechenzentren im Jahr 2021 angewachsen" (Andrews *et al.*, 2021). In den meisten Fällen werden die Datenserver selbst kühl gehalten, indem Wasser durch die Systeme gepumpt wird. Die Menge an jährlich verwendetem Wasser entspricht 120.000 olympischen Schwimmbecken. Die Rechenzentrumsbranche wird voraussichtlich „bis 2030 um rund 500 % wachsen, da mehr Menschen und Objekte über das Internet der Dinge (IoT) miteinander verbunden sind" (Andrews *et al.*, 2021). Entscheidend, um hier das richtige Verhalten zu fördern, ist die Annahme von Nachhaltigkeitsindikatoren, einschließlich des Indikators zur Wassernutzungseffizienz (Water Usage Effective, WUE) als Ergänzung zum Indikator für Stromverbrauchseffektivität, der bereits verwendet wird, um Rechenzentren dabei zu unterstützen, energieeffizienter zu arbeiten.

DER WASSER-ENERGIE-NEXUS

Wir können den Ressourcenbedarf nicht genau prognostizieren, ohne die Interkonnektivität zwischen den Ressourcentypen zu verstehen. In der Vergangenheit wurden Wasser, Lebensmittel und Energie normalerweise getrennt behandelt. Ein Beispiel dafür sind Biokraftstoffe. Einst als Durchbruch für nachhaltige Energie gepriesen, verursachte „Bio-Diesels unersättlicher Appetit auf Weizen" einen Anstieg der Lebensmittelpreise und führte sogar zu Bürgerunruhen (Smedley, 2013). Auch der globale Wasserbedarf wäre um 6-7 % gestiegen, wenn nur 10 % fossiler Brennstoffe in Biokraftstoffe für den Verkehr umgewandelt worden wären (Hoekstra, 2015). Dies verdeutlicht, wie wichtig es ist, dass Lösungen auch die anderen Komponenten der Verknüpfung von Wasser, Energie und Ernährung berücksichtigen.

Ein Nexus-Ansatz unterstreicht besonders die Bedeutung der Komponente Wasserenergie. Wasser wird für die Energieerzeugung benötigt und Energie ist für die Bereitstellung und Aufbereitung von Wasser von entscheidender Bedeutung. Die erheblichen Energiemengen, die mit dem Absaugen, Pumpen, Behandeln, Heizen, Kühlen und Reinigen von Wasser verbunden sind, verstärken die Auswirkungen der industriellen Wassernutzung erheblich. Wenn wir den Energiebedarf von Wasser betrachten, ist das Pumpen ein guter Ausgangspunkt, da es an vielen Industriestandorten rund ein Viertel der gesamten Energie verbraucht. Die überwiegende Mehrheit der Pumpen arbeitet ineffizient. Dafür kann es mehrere Gründe geben, wie z. B. Überdimensionierung oder teilweise abgenutzte Laufräder oder Motoren. Der Vergleich der tatsächlichen Leistung mit der Konstruktionspumpenkurve zeigt häufig, dass Niedrigleistungs- und/oder verschlissene Pumpen bis zu 40 % mehr Energie verbrauchen können als Konstruktionspumpen (World Pumps, 2015).

Andererseits erfordert die Energieerzeugung erhebliche Mengen an Süßwasser. In Westeuropa wird mehr als ein Drittel des gesamten abgenommenen Wassers für diesen Zweck verwendet. In einem konventionellen Wärmekraftwerk werden 85-95 % des gesamten Wasserbedarfs für die Kühlung benötigt, was einer jährlichen Wasserentnahme in Europa von rund 50 Milliarden m^3 entspricht (EUA, 2017). Kühltürme sind ausnahmslos die größten Wärmeüberträger und Wasserverbraucher von Industriestandorten. Bemerkenswerterweise wird ein größerer Teil der intrinsischen Energie, die mit dem von Wärmekraftwerken verbrauchten Brennstoff verbunden ist, an das Kühlsystem (und damit an die umgebende Atmosphäre) abgegeben, als tatsächlich in Strom umgewandelt wird. Dies unterstreicht die Bedeutung der Sauberkeit des Kühlsystems, insbesondere des Kondensators, wenn ein maximaler Wirkungsgrad erreicht werden soll. Die beiden häufigsten Auswirkungen auf die Kondensatoreinheit sind Kalk- und Biofilmbildung. Die Kalkbildung entsteht durch die Ablagerung von schwerlöslichen Salzen, die aus dem Wasser stammen. Es bildet sich charakteristischerweise ein hartes kristallines Material auf der Kondensatoroberfläche. Die Löslichkeit der üblichen Kalkablagerungen steht in einem umgekehrten Verhältnis zur Temperatur, sodass sie sich eher auf dem heißesten Teil der Wärmeaustauschfläche ablagern, d. h. genau dort, wo eine effiziente Kühlung am wichtigsten ist.

Biofilme sind ein Kollektiv aus einer oder mehreren Arten von Mikroorganismen, die auf nassen Oberflächen wachsen können. Die meisten Kühlsysteme bieten ideale Bedingungen für das mikrobiologische Wachstum, und daher muss dieser Komponente der Managementstrategie sehr große Aufmerksamkeit geschenkt werden. Biofilm kann einen sehr ausgeprägten Einfluss auf die Effizienz der Wärmeübertragung haben, da er eine Wärmeleitfähigkeit hat, die viel niedriger ist als die üblicher Ablagerungen wie Calciumcarbonat. Chlordioxid ist sehr wirksam bei der Minimierung des Biofilmwachstums. Die Anwendung dieses Biozids auf ein Kühlsystem eines Kohlekraftwerks mit einer Leistung von 500 MW verringerte die jährlichen Kohlendioxidemissionen um 50.300 Tonnen (das entspricht 22.700 Autos weniger auf den Straßen) und erzielte finanzielle Einsparungen von 3,1 Millionen Euro pro Jahr, was eine Amortisationszeit von weniger als drei Monaten ermöglicht. Multipliziert mit der europäischen Stromerzeugung stellt die Maximierung der Kondensatorreinheit eine enorme Energieeinsparmöglichkeit dar (Ecolab, 2018).

Wir sehen zunehmend, dass Betriebe nicht angemessen dekarbonisieren können, ohne die wesentliche Rolle von Wasser zu verstehen. Insbesondere die energieintensivsten Industriebetriebe in Europa (Stromerzeugung, Ethylen, Öl und Gas, Stahl usw.) sind auch sehr wasserintensiv, vor allem bei der Nutzung von Wasser als Energieträgermedium. Wasser ist aufgrund seiner hohen Wärmekapazität – eine der höchsten aller Flüssigkeiten – ideal für diesen Zweck geeignet. Bei der Ölraffination werden beispielsweise zwischen 35 und 47 % der Gesamtenergie des Standorts in die Erzeugung von Dampf und Kühlwasser übertragen. Bei der konventionellen Stromerzeugung sind es fast 80 %. Hier brauchen wir datenzentrierte Technologien, um umsetzbare Erkenntnisse zu erlangen und Werte zu schaffen. Es lohnt sich, diese zusätzliche Komplexität durchzudrücken, da der Preis der Emissionsreduzierung so viel höher ist, als durch ein einfaches Energieaudit erzielt werden kann.

Digitale Zwillinge sind auch eine mächtige Möglichkeit, Versorgungsunternehmen praktikable, energiesparende Erkenntnisse zu liefern. Ecolab hat kürzlich einen digitalen Zwilling einer Ethylenanlage in Deutschland entwickelt und gezeigt, dass durch eine wasserzentrierte Betrachtung des Energiemanagements eine 9,9 %-ige Verringerung der Energieintensität und eine Reduzierung der Emissionen um ca. 40.000 Tonnen pro Jahr erreicht wird.

Die Annahme des Nexus-Ansatzes verdeutlicht, wie die Datenanalyse industrieller Prozesse, Techniken zur Wasserreduzierung und Wiederverwendung sowie fortschrittliche Bewässerungstechnologien das Energiepotenzial stärken und gleichzeitig die THG-Emissionen reduzieren können. Es überrascht angesichts der hohen Energieintensität nicht, dass der Erzeugung von Dampf und heißem Wasser besondere Aufmerksamkeit gewidmet werden sollte. Folglich sind die Reduzierung der Abschlämmung, die Rückführung von mehr Kondensat, die Sauberkeit des Kesselrohrs, die Beseitigung von Dampflecks und die Wartung von Kondensatableitern alle mit erheblichen Energieeinsparungen verbunden. Es ist wichtig, Technologien anzuwenden, die die Effizienz in solchen Operationen steigern, wobei zu berücksichtigen ist, dass diese untrennbar mit guten Wasserbewirtschaftungspraktiken verbunden sind.

„Die wechselseitige Abhängigkeit von Wasser und Energie wird sich in den kommenden Jahren noch verstärken, was erhebliche Auswirkungen auf die Energie- und Wassersicherheit haben wird" (IEA, 2016). Derzeit wird die Wasserknappheit durch hohe Energiereserven und wirtschaftliche Macht ausgeglichen. Bis 2040 werden Entsalzungsprojekte 20 % des wasserbezogenen Strombedarfs decken (IEA, 2016). Große Wassertransferprojekte und eine steigende Nachfrage nach Abwasserbehandlung (oder verbesserten Behandlungsverfahren) tragen ebenfalls zum steigenden Energiebedarf des Wassersektors bei und wecken Bedenken hinsichtlich des Potenzials für diffuse Emissionen von Methan – einem starken Treibhausgas, das 25 Mal potenter ist als Kohlendioxid in 100 Jahren (EPA, 2022). All dies hat erhebliche Auswirkungen auf Emissionen und Wachstum.

Folglich ist es wichtig, dass wir die Wechselbeziehungen zwischen Wasser und Klima besser verstehen. Nicht zuletzt, weil Wasser das primäre Medium ist, durch das wir die Auswirkungen des Klimawandels spüren werden. Daher steht im Zentrum des Nexus zwischen Wasser und Energie die rasch wachsende Erkenntnis, dass „Klima- und Wassersysteme miteinander verbunden sind und Veränderungen in einem System wichtige, nichtlineare Veränderungen im anderen bewirken" (Weltwirtschaftsforum, 2010). Wasserangebot und -nachfrage und „Energieerzeugung wirken sich auf das Klima aus; Klimaänderungen beeinflussen die Verfügbarkeit von Wasser, und die Verfügbarkeit von Wasser wirkt sich wiederum auf die Energieerzeugung aus" (Weltwirtschaftsforum, 2010).

Anders als die Energieversorgung mit ihrer globalen politischen und wirtschaftlichen Dimension ist die Verfügbarkeit von Wasser in hohem Maße ein lokales Problem, das durch eine verbesserte Governance auf der Ebene des Einzugsgebiets angegangen werden muss. In ähnlicher Weise könnte der Weg hin zu einer kohlenstoffarmen Wirtschaft den Wasserstress verstärken oder durch ihn begrenzt werden, wenn man ihn nicht ordnungsgemäß steuert. Während „Technologien wie Wind und Photovoltaik sehr wenig Wasser benötigen, haben andere wie die Produktion von Biokraftstoffen, thermische Solarenergie, Kohlenstoffabscheidung und -speicherung (CCS) und Kernkraft typischerweise einen größeren Wasserbedarf" (IEA, 2016). In der langfristigen Energiestrategie der Europäischen Kommission könnte Wasserstoff bis zu 16-20 % des Gesamtanteils der EU an der Energieversorgung ausmachen (EEB, 2021). Allerdings würde die Lieferung dieses Äquivalents an Wasserstoff etwa ein Drittel des gesamten derzeitigen Wasserverbrauchs im Energiesektor benötigen. Dies unterstreicht die Komplexität der Auswirkungen von Dekarbonisierungsstrategien.

Obwohl die meisten Organisationen klare Klima- und Wasserziele als Teil ihrer Bestrebungen für 2030 festgelegt haben, wird immer deutlicher, dass ein großer Prozentsatz keinen ausreichenden Plan hat, um diese Ziele zu erreichen. Angesichts des Zusammenhangs zwischen Wasser und Energie müssen die Wasser- und Klimastrategien einer Organisation aufeinander abgestimmt werden, um ihr volles Potenzial zu entfalten.

Die meisten Nichtregierungsorganisationen (NGOs) behaupten, dass der Zusammenbruch der biologischen Vielfalt potenziell noch größere Auswirkungen hat als der Klimawandel. Es ist ein zweiseitiger Prozess. „Der Klimawandel ist einer der Hauptgründe für den Verlust an biologischer Vielfalt, aber die Zerstörung von Ökosystemen untergräbt die Fähigkeit der Natur, Treibhausgasemissionen zu regulieren und vor extremen Wetterbedingungen zu schützen, und beschleunigt so den Klimawandel und erhöht die Anfälligkeit. Dies erklärt, warum die beiden Krisen gemeinsam mit einer ganzheitlichen Politik angegangen werden müssen, die bei beide Problemen gleichzeitig und nicht isoliert ansetzt" (Europäische Kommission, 2021). Wasser steht im Mittelpunkt dieser ganzheitlichen Strategie. Das bringt uns zu den Umweltströmen.

UMWELTSTRÖME

Umweltströme beschreiben die Wassermenge und -qualität, die erforderlich ist, um Süßwasserökosysteme zu unterstützen und zu erhalten, sowie das Leben, das von ihnen abhängt (einschließlich Menschen). Sie sind von entscheidender Bedeutung für gesunde aquatische Ökosysteme, gewährleisten eine sichere Trinkwasserversorgung und sorgen für eine zuverlässige Wasserversorgung für eine nachhaltige Wirtschaft.

Es ist vielleicht nicht auf den ersten Blick ersichtlich, warum Umweltströme und industrielle Wassernutzung miteinander verbunden sind. Hier müssen wir bedenken, dass der Zugang zu Trinkwasser ein Menschenrecht ist und das Recht auf Bewässerung für die Landwirtschaft oft in lokale Gesetze eingebettet ist, die Jahrhunderte zurückreichen. Daher ist in einem erheblichen Teil der Einzugsgebiete die industrielle Wassernutzung das „hintere Ende" des Verbrauchs, das bestimmt, wie viel Wasser „der Umwelt überlassen" wird. Folglich besteht im Vergleich zu den anderen beiden Sektoren (Kommunal- und Landwirtschaft) häufig eine viel engere Korrelation zwischen dem industriellen Wasserverbrauch und den Erfordernissen des Umweltflusses, die für den Erhalt aquatischer Ökosysteme erforderlich sind. Dies gilt insbesondere für nachhaltige Feuchtgebiete.

EUTROPHIERUNG

„Eutrophierung ist der Prozess, durch den ein ganzer Wasserkörper oder Teile davon zunehmend mit Mineralien und Nährstoffen angereichert wird" (Wikipedia, 2022). In Süßwasserökosystemen wird es ausnahmslos durch überschüssigen Phosphor verursacht (Schindler & Vallentyne, 2008), während in Küstengewässern Stickstoff oder eine Kombination aus Stickstoff und Phosphor der Hauptnährstoff ist (Elser *et al.*, 2007). Dies hängt von der Lage und anderen Faktoren ab.

Die Hauptursache für die Stickstoffverschmutzung sind die Abflüsse aus landwirtschaftlichen Flächen, während die Hauptverursacher der Phosphorverschmutzung die Haushalte und die Industrie sind (obwohl der Beitrag der Landwirtschaft in Gebieten mit intensiver Landwirtschaft bis zu 40 % betragen kann).

In den letzten 20 Jahren sind die Phosphorkonzentrationen in vielen Flusssystemen gesunken, hauptsächlich aufgrund der Modernisierung von Kläranlagen, die auch die Entfernung von Phosphor vorsehen. Auch die signifikante Umstellung auf phosphatfreie Waschmittel hat dazu beigetragen. Die Industrie muss diese Verringerung der Phosphatableitung fortsetzen, da sie in Kühlsystemen als Korrosionsinhibitor immer noch weit verbreitet ist. Letztere verwendet auch häufig phosphorhaltige Phosphonate als Ablagerungsinhibitoren. Die Umstellung auf phosphatfreie Alternativen minimiert hier das Eutrophierungsrisiko und die Auswirkungen, die dies auf die Biodiversität im Süßwasser haben kann. Ebenso wichtig ist ein hohes Bewusstsein für aufkommende Bedrohungen der Artenvielfalt wie PFAS, technisch hergestellte Nanomaterialien und die Verschmutzung durch Mikroplastik.

FEUCHTGEBIETE

Feuchtgebiete sind Gebiete, in denen Wasser, Klima und biologische Vielfalt am stärksten aufeinandertreffen. Feuchtgebiete sind sehr effizient bei der Bindung von Kohlenstoff. „Süßwassertorfgebiete bedecken nur 3 % der globalen Landfläche, speichern aber doppelt so viel Kohlenstoff (550 Gt) wie alle Wälder des Planeten zusammen (WWT, 2019). Tragischerweise gehen sie auch dreimal so schnell verloren wie Wälder, was zur Freisetzung von Methan- und Stickoxiden und Treibhausgasen führt, die ein weitaus größeres Treibhauspotenzial haben als Kohlendioxid" (GIZ, 2020, Reuters, 2020). Es gibt Grund zur Annahme, dass der Ausgleich von Kohlendioxidemissionen durch Wasser wichtiger sein könnte als die derzeitige Praxis des Pflanzens von Bäumen. „Mehr als 10 % der jährlichen Kohlendioxidemissionen sind auf die Schädigung und Zerstörung von Torfsumpfen zurückzuführen" (Butler, 2007). 90 % der europäischen Feuchtgebiete sind verschwunden, daher sollte der Schwerpunkt auf groß angelegten Sanierungsmaßnahmen liegen. Weltweit gehen 84 % der Süßwasserarten zurück (WWF, 2020). Insgesamt sind „40 % der Arten weltweit in gewisser Weise von Feuchtgebieten abhängig, sodass der Verlust dieser wertvollen Orte viele Arten an den Rand des Aussterbens bringt" (WWT, 2021).
„Umweltzuweisungen dienen nicht nur der Erhaltung der biologischen Vielfalt und der aquatischen Ökologie, sondern sind auch unerlässlich für die kontinuierliche Bereitstellung von Umweltgütern und -dienstleistungen, von denen das Leben und der Lebensunterhalt der Menschen abhängt" (WWF, 2007).

Feuchtgebiete sind nicht nur eine wichtige natürliche Kohlenstoffsenke, sondern fungieren auch als natürlicher Puffer gegen Extremereignisse, da sie Starkregen aufnehmen und den Wasserfluss verbessern. „Feuchtgebiete sind nicht nur von Umweltverschmutzung bedroht, sondern spielen auch eine wichtige Rolle bei der Bekämpfung dieser Umweltverschmutzung. Sie können als natürliche Filter wirken und dabei helfen, Schadstoffe aus dem Wasser zu entfernen (sie haben das Potenzial, bis zu 60 % der Metalle zu entfernen, bis zu 90 % des Sedimentabflusses abzufangen und zurückzuhalten und bis zu 90 % des Stickstoffs zu beseitigen)" (WWT, 2020a, 2020b). Man kann nicht behaupten, dass an einem bestimmten Standort eine nachhaltige Wassernutzung erreicht wurde, wenn die Feuchtgebiete nicht über die Umweltströme verfügen, die sie benötigen, um die Artenvielfalt und die Kohlenstoffbindung zu unterstützen. Es ist wahrscheinlich, dass in vielen Einzugsgebieten in ganz Europa der Nutzen einer Verringerung des Wasserverbrauchs bei der ökologischen Kohlenstoffabscheidung größer ist als die Emissionen, die wir durch direkte Anwendungen energiesparender

Technologien. Es ist sehr wichtig, sich dessen bewusst zu sein, wenn für die Industrie Wasserverbrauchsziele festgelegt werden.

ENTWICKLUNG EINER INDUSTRIELLEN WASSERSTRATEGIE

Die Erstellung eines robusten Wassersicherheitsplans für einen Industriestandort erfordert eine umfassende Risiko- und Chancenanalyse. Beides sind wichtige Überlegungen, bei denen möglicherweise viel auf dem Spiel steht, wenn Schlüsselelemente übersehen werden. Im Jahr 2020 gab das Carbon Disclosure Project (CDP) für alle Branchen an, dass Unternehmen die maximalen finanziellen Auswirkungen von Wasserrisiken mit 301 Milliarden US-Dollar angegeben haben – fünfmal höher als die Kosten für deren Behebung (55 Milliarden US-Dollar) (CDP, 2021a). Risikominderung verschafft nicht nur beeindruckende Erträge, sondern es ist auch wichtig, das beträchtliche Ausmaß zu erkennen, in dem Wasser gesellschaftlichen Wert schafft – es ermöglicht Wachstum und Wettbewerbsvorteile. CDP erklärte außerdem, dass es über das Risikomanagement hinaus Geschäftschancen bei Investitionen in die Wassersicherheit gibt – die auf 711 Milliarden US-Dollar geschätzt werden.

Wasserrisiken werden häufig in physische, regulatorische und reputationsbezogene Risiken eingeteilt. Die damit verbundenen finanziellen Auswirkungen reichen von Einnahmeverlusten und Störungen der Lieferkette bis hin zu höheren Energie- und Kapitalkosten.

„Wasserpreise haben in der Regel nichts damit zu tun, wie knapp Wasser ist oder wie die Realität vor Ort aussieht," so Alexis Morgan, WWF (Klein, 2022). „Im Gegensatz zu den meisten Rohstoffen gibt es nur sehr wenige freie Märkte, die Wasserpreise entsprechend der Angebots- und Nachfragedynamik festlegen" (Lynagh, 2022). Tatsächlich gibt es weltweit eine umgekehrte Beziehung zwischen Wasserstress (und dem damit verbundenen Risiko) und dem Preis pro Einheit. Wenn also nur Letzteres bei der Berechnung der Kapitalrendite für die Risikominderung verwendet wird, ist es sehr wahrscheinlich, dass die Organisation weiterhin erheblichen finanziellen Auswirkungen ausgesetzt ist.

Ecolabs Smart Water Navigator (Ecolab, 2022) ist eine kostenlose öffentliche Plattform, die einen Algorithmus verwendet, der „Biodiversität, Umweltprobleme, Ökosystemleistungen, Gesundheitsauswirkungen und Freizeitdienstleistungen berücksichtigt, um eine Prämie für den lokalen Wasserpreis zu berechnen, die die tatsächlichen Kosten der Nutzung des Wassers genau widerspiegelt" (Klein, 2022). „Das Tool war bei ESG-Investoren sehr beliebt, die es bei der Bewertung des geplanten Standorts oder der Entwicklung einer neuen Einrichtung eines Unternehmens einsetzen. Für einen Standort in Bangalore zum Beispiel liegen die aktuellen Wasserrechnungskosten bei nur 21 Cent pro Kubikmeter. Nach den Risikoberechnungen des Smart Water Navigators sollte der Preis jedoch bei 2,62 Dollar liegen" (Klein, 2022).

Der Smart Water Navigator kann auch verwendet werden, um sinnvolle, lokalisierte Ziele festzulegen (Abbildung 1). Darüber hinaus bietet *„Setting Site Water Targets Informed by Catchment Context: A Guide for Companies"*, veröffentlicht vom CEO Water Mandate (CEO Water Mandate, 2019) hier einen nützlichen Rahmen. Es ist auch hilfreich, Ziele mit globalen Umweltstandards in Einklang zu bringen, die von anerkannten Organisationen wie der Global Reporting Initiative (GRI), dem Sustainability Accounting Standards Board (SASB) und dem Carbon Disclosure Project (CDP) festgelegt wurden.

Abbildung 1. Der Ecolab Smart Water Navigator verwendet einen bewährten, vierstufigen Prozess, um die Widerstandsfähigkeit von Unternehmen auf allen Ebenen eines Unternehmens durch intelligentes Wassermanagement zu verbessern.

Basierend auf der geografischen Lage generieren die Instrumente zur Bewertung des Wasserrisikos Daten zu Wasserrisiken über Einzugsgebiete und Teileinzugsgebiete. Anschließend werden die Anlagerisiken zusammengefasst, um die gesamte Wasserrisikoexposition eines Unternehmens einzustufen. Diese Analyse kann durch operative Daten wie Produktionsdaten oder Wasserentnahmen ergänzt und auf die Wertschöpfungskette eines Unternehmens ausgeweitet werden. Branchenverbände wie das CEO Water Mandate (CEO Water Mandate, 2019) empfehlen dann ein tieferes Eintauchen in lokale/betriebliche Wasserrisiken, gefolgt von einer Analyse der sechs gemeinsamen Herausforderungen im Bereich Wasser, die mit den Zielen für nachhaltige Entwicklung (SDGs) 6, 11.5 und 13.1 übereinstimmen: 1) Zugang zu sicherem Wasser, sanitären Einrichtungen und Hygiene (WASH); 2) Wasserqualität; 3) Wassermenge; 4) Wasserbewirtschaftung; 5) wichtige wasserbezogene Ökosysteme; und 6) extreme Wetterereignisse (CEO Water Mandate, 2019).

Wasserrisikobewertungen sind nicht nur für Unternehmen wertvoll, um ihre Risiken und Auswirkungen zu verstehen, sondern auch für andere lokale Interessenträger in denselben Regionen. Dazu können NGOs, Regierungen, Stadtwerke, indigene Völker und lokale Gemeinschaften gehören, die ebenfalls auf die Gesundheit gemeinsamer Wasserbecken angewiesen sind.

„Die Analysten von Barclays schätzen, dass 19-27 % der Industrieabnahmen aus Gebieten mit hohem oder extrem hohem Wasserrisiko stammen" (Klein, 2022). Hier zahlt die Industrie oft einen enorm subventionierten Preis für Wasser. Es überrascht nicht, dass Investoren die Unternehmen zu mehr Transparenz und Maßnahmen in Bezug auf diese Risiken auffordern. Im Jahr 2021 forderten mehr als 590 Investoren mit einem Vermögen von über 110 Billionen US-Dollar Unternehmen auf, über die CDP-Plattform (CDP, 2021a, 2021b) Informationen über die Auswirkungen, Risiken und Maßnahmen im Zusammenhang mit der Wassersicherheit zu veröffentlichen.

Folglich sind widerstandsfähige Unternehmen selbst angesichts des Klimawandels diejenigen, die wasserbezogene Risiken auf kostenverhältnismäßige Weise identifizieren, monetarisieren und mindern und zugleich anerkennen, dass Wasser eine grundlegende Voraussetzung für die Wertschöpfung ist. Entscheidend für den Aufbau einer solchen Wiederstandsfähigkeit ist es, sicherzustellen, dass die Auswirkungen auf die Wasserressourcen innerhalb der Kapazität des lokalen Einzugsgebiets liegen. Dies ist von entscheidender Bedeutung, da die Maßnahmen zur Wasserreduzierung bisher weitgehend selbstbestimmt durchgeführt wurden und keine robusten und sinnvollen Wasserziele festgelegt wurden, die den einzigartigen lokalen Gegebenheiten in den Einzugsgebieten, in denen die Unternehmen tätig sind, Rechnung tragen. Diese so genannten „kontextbasierten Wasserziele" (Context Based Water Targets, CBWT) gelten als der glaubwürdigste Indikator für die nachhaltige Wassernutzung und damit für den Grad der Gefährdung an einem bestimmten Ort.

Das Setzen von kontextbasierten Wasserzielen ist kein schneller Prozess, wie der WWF kürzlich betonte (Dobson & Morgan, 2018), aber sie sind möglicherweise die letzten Ziele, die festgelegt werden müssen, da sie die Ziellinie hervorheben, nicht den nächsten Richtwert.
Sobald das Ziel bekannt ist, kann man mit der Planung der Reise beginnen, die Rahmenbedingungen schaffen und die Technologien einsetzen, die sicherstellen, dass die Leistung eines Produktionsstandortes innerhalb der Kapazität der erneuerbaren Wasserversorgung des Einzugsgebiets und der Fähigkeit zur Aufnahme von Schadstoffen liegt.
„In einer Welt, die vor anhaltenden Herausforderungen in Bezug auf Wasserquantität und -qualität steht, geht es bei CBWTs vor allem darum, auf einen Endzustand hinzuarbeiten, der die langfristige Wirtschaftlichkeit für den Betrieb und die Lieferketten sicherstellt" (Dobson & Morgan, 2018).

Die derzeitige Unfähigkeit, die nachhaltige Nutzung von Wasser an einem bestimmten Ort angemessen zu bestimmen, stellt eines der größten Hindernisse für den Fortschritt in der Wasserverwaltung und -wirtschaft dar. Meistens haben Unternehmen keine Ahnung, was erreicht werden soll. Es gibt keinen klaren „Endpunkt" der Nachhaltigkeit. In Ermangelung dessen hören wir immer wieder: „Unser Ziel ist es, 20 % effizienter zu sein" – etwa für immer? Das wird nicht funktionieren!

Dieses Fehlen eines klaren Verfahrens zur Quantifizierung der nachhaltigen Wassernutzung verschärft die verschiedenen Herausforderungen, denen sich die Industrie gegenübersieht, wie „Mangel an etablierten Steuersystemen, schwache partizipatorische Prozesse und die Schwierigkeit, interne Verpflichtungen auf hoher Ebene" und Investitionen zur Sicherung ihrer Wasserzukunft zu erhalten (WBCSD, 2013).

Diese Faktoren dienen dazu, die Komplexität des Wassers als lokale, endliche und gemeinsame Ressource hervorzuheben. Darüber hinaus kann es eine hohe zeitliche Variabilität haben, seine Qualität kann sich sehr schnell ändern, und es hat „soziale, ökologische und wirtschaftliche Verwendungszwecke, die von seinen Nutzern unterschiedlich bewertet werden" (Dobson & Morgan, 2018).

Zusätzlich zu den Herausforderungen bei der Feststellung, ob die Wassernutzung nachhaltig ist oder nicht, kann diese Komplexität es auch schwierig machen, zu einem Zeitpunkt zu beurteilen, wie die Leistung von Wasser maximiert werden kann. Dies ist sehr relevant für die industrielle Wassernutzung, wo wir „Wasser zum Arbeiten" als Prozessflüssigkeit zum Heizen und Kühlen, etc. einsetzen.

Das enorme Ausmaß und die Komplexität dieser Herausforderungen wird nur durch das Tempo der technologischen Entwicklung gemildert. Deshalb ist die Entwicklung und Umsetzung einer Digitalisierungsstrategie für Wasser so wichtig. Die raschen technologischen Fortschritte zu nutzen, ist unsere einzige Hoffnung, der Komplexität des Wassers als gemeinsamer Ressource angemessen zu begegnen.

Da die Wasserkrise droht, besteht die Gefahr, dass man sich zu sehr auf Lösungen konzentriert, ohne in der Lage zu sein, den Grad der Wasserleistung zu beschreiben, der jetzt und in Zukunft erreicht werden muss. Innovationen, die eine robuste Quantifizierung nachhaltiger Wassernutzung unterstützen, werden wiederum die bahnbrechenden Innovationen in den Bereichen Wassereinsparung oder Grundlagentechnologien vorantreiben, die wir noch immer brauchen. Das eine folgt aus dem anderen.

Solange wir das Ausmaß der Kluft zwischen tatsächlicher und nachhaltiger Wassernutzung nicht vollständig begreifen, können wir weder feststellen, ob wir zu wenig oder zu viel in Grundlagentechnologien investieren, noch werden wir in der Lage sein, den Wert, den sie schaffen, und ihre Rendite wirklich zu berechnen.
Die wichtigste Voraussetzung für all dies ist Vertrauen. Vertrauen in den Rahmen, die Algorithmen, die wirtschaftlichen Bewertungen des „Mehrwerts" und natürlich die Daten.

Ohne ein hohes Maß an Vertrauen werden die für eine nachhaltige Wassernutzung erforderlichen erheblichen Investitionen zur Verringerung, Wiederverwendung und/oder Wiederaufbereitung der Wassermengen nicht möglich sein. Dieser Zusammenhang zwischen Vertrauen und nachhaltiger Wassernutzung ist klar.

Was sind diese Innovationen, die für unser Verständnis der nachhaltigen Wassernutzung und unsere Fähigkeit, sie zu erreichen, so entscheidend sind?

An erster Stelle steht die Notwendigkeit von Einblicken auf Einzugsgebietsebene, um Wasserrisiken zu bewältigen. Es wird empfohlen, einen so genannten „mehrschichtigen Ansatz" zu wählen, da dies auf jeder Ebene Inklusivität und Erweiterbarkeit ermöglichen sollte. Die grundlegende „Schicht" ist eine Karte des Einzugsgebiets, auf der Abstraktionspunkte positioniert werden können, die möglicherweise das „Untereinzugsgebiet" pro Abstraktionspunkt hervorheben. Auf diese Weise lassen sich aktuelle Niederschlagsdaten aus der Vielzahl der bereits mit dem Internet verbundenen Wetterstationen einblenden. Gegebenenfalls kann ein ähnlicher Ansatz zur Erfassung des Grundwasserspiegels angewandt werden.
Satellitenbilder und andere Formen der Erdbeobachtung in Kombination mit Fernerkundung, dem Internet der Dinge, künstlicher Intelligenz (KI) und anderen fortschrittlichen Technologien können zunehmend eine genaue Quantifizierung der mit der Landnutzung verbundenen

Verdunstungsraten sowie der Bodenfeuchtigkeit ermöglichen (WEF, 2018). Derartige Technologien ermöglichen es uns, Risiken in Wassereinzugsgebieten viel früher zu erkennen. So gibt es beispielsweise bereits Satellitenmodelle, die die Bodenfeuchtigkeit mit den jüngsten Niederschlägen in Beziehung setzen, um Überbewässerungsgebiete zu ermitteln.

Zweitens werden eine Vielzahl von Instrumenten entwickelt, die die Quantifizierung und Kommunikation von Wasserrisiken ermöglichen (Ecolab, 2022) und dann Lösungen für das entsprechende Vorgehen identifizieren und und umsetzen. Dazu gehören Technologien, die gemeinsame Ziele für Einzugsgebiete verbreiten und so dazu beitragen, die Ambitionen des lokalen Wassermanagements zu kommunizieren. Dies wiederum kann dazu beitragen, die Kooperation und Zusammenarbeit zwischen lokalen Interessenträgern voranzutreiben – ein wesentlicher Bestandteil einer robusten Strategie für die Wasserwirtschaft, insbesondere in wasserarmen Gebieten.

Drittens „könnte Blockchain-basierte Technologie die Art und Weise, wie Wasserressourcen verwaltet und gehandelt werden, grundlegend verändern" (WEF, 2018), indem sie ein sicheres, transparentes und verteiltes Register zur Erfassung von Transaktionen zwischen Parteien bereitstellt (Stinson, 2018, WEF 2018).

Eine derart radikale Transparenz ist dringend erforderlich, um das Korruptionsrisiko zu verringern und möglicherweise die Informationsasymmetrie zu verringern, die das Wassermanagement beeinträchtigen kann. Entscheidend dabei ist, dass dies allen und jedem – von Einzelpersonen, Landwirten, Industriekunden, Wassermanagern und politischen Entscheidungsträgern – den Zugang zu denselben Daten über Wasserqualität und -quantität ermöglichen würde und diese fundiertere Entscheidungen treffen könnten (Stinson, 2018).

„Die Blockchain-Technologie könnte auch den Peer-to-Peer-Handel von Wasserrechten/Zuteilungen in einem bestimmten Einzugsgebiet unterstützen. Wassernutzer, die über genügend Wasser verfügen oder bereit sind, ihre überschüssigen Ressourcen mit anderen in der Region zu teilen, könnten dies jederzeit tun, ohne sich auf eine zentrale Behörde verlassen zu müssen" (Stinson, 2018, WEF 2018). Dies entspricht in hohem Maße dem Stakeholder-Inclusive-Prozess, der den Prinzipien der Wasserwirtschaft zugrunde liegt.

„Ein solcher transparenter Echtzeitansatz für die Wasserbewirtschaftung könnte die Spannungen innerhalb und zwischen bestimmten Orten erheblich verringern, indem der Zugang zu Informationen demokratisiert und die Manipulation von Daten verhindert wird" (WEF 2018).

Viertens können Innovationen, die die so genannten „3 Rs" (Englisch: reduce, reuse, recycle) unterstützen – Technologien, die Wasser reduzieren, wiederverwenden oder recyceln – dezentralisiert werden oder Teil eines integrierten Wasserwiederverwendungssystems sein. In jedem Fall sollte ihr Einsatz den internen Effizienz- oder Qualitätszielen entsprechen, die erforderlich sind, um die kontextbezogenen Ziele für das lokale Einzugsgebiet zu erreichen. Entscheidend ist, dass diese Technologien zuverlässig sind und trotz der mit der Wasseraufbereitung verbundenen Herausforderungen stets die erforderliche Leistung liefern.

Auf dem Weg zu einer Kreislaufwirtschaft muss Abwasser als wertvolle Ressource und nicht als Belastung betrachtet werden. Der Erfolg basiert auf dem Verständnis des wahren Wertes von Wasser, sei es in Form von Energie, Metallen oder Nährstoffen.

Nur 3 % des Abwassers werden derzeit aufbereitet – eine Erhöhung auf 10 % hätte enorme Auswirkungen. Neue Technologien ermöglichen die direkte Nutzung von Abwasser in Kühlsystemen. Ohne eine ordnungsgemäße Bewirtschaftung kann Abwasser jedoch das Risiko einer Beeinträchtigung der Zuverlässigkeit solcher Systeme erhöhen – sei es durch örtliche Korrosion oder übermäßiges mikrobiologisches Wachstum. Dies verdeutlicht, wie wichtig es ist, die Zusammenhänge zwischen Effizienz und Zuverlässigkeit zu verstehen, wie auch die folgende Grafik zeigt (siehe Abbildung 2).

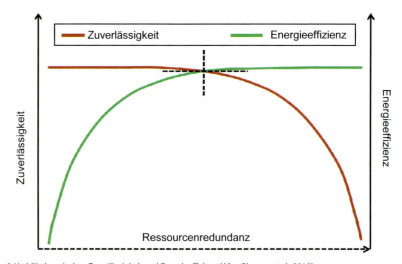

Abbildung 2. Verhältnis zwischen Zuverlässigkeit und Energieeffizienz (After Sharma et al., 2016).

Hier ist das „Optimum" in der Regel ein bewegliches Ziel, da die treibenden Kräfte für beide Faktoren oft beträchtlich variieren.

Die 3D-TRASAR™-Technologie von Ecolab erfasst die notwendigen Erkenntnisse, um dieses Optimum konsequent zu erreichen (Ecolab, 2021). Sie überwacht und steuert kontinuierlich wasserintensive Prozesse, erfasst und analysiert die Daten in Echtzeit und liefert so verwertbare Informationen, die zur Leistungsbewertung und zur kontinuierlichen Verbesserung verwendet werden können. Fast 40.000 dieser Systeme wurden weltweit in Kühlsystemen eingesetzt, sammeln und analysieren Echtzeit-Daten zum Wasserverbrauch, um die Effizienz zu verbessern und Wasser-, Energie- und Betriebskosten zu senken. Die 3D-TRASAR-Technologie hat so viel Wasser gespart, dass ein Zähler auf der Webseite eingerichtet wurde, um diese Einsparungen zu verfolgen. Im Jahr 2021 konnten so 605.422.725 m³ Wasser eingespart werden, was dem jährlichen Trinkwasserbedarf von mehr als 552,2 Millionen Menschen entspricht.

Jede Einheit ist an einen Standort gebunden, der einen wichtigen lokalen Kontext für diese Systeme bietet, da sie in der Regel die größten Wassernutzer an Industriestandorten sind. Die

Daten werden über die Cloud geteilt und sind für Ecolab-Servicemitarbeiter damit über mobile Geräte zugänglich.

Nicht zuletzt bedarf es innovativer Finanzierungslösungen und Geschäftsmodelle, die digitale Technologien nutzen, um sie in großem Maßstab einzusetzen und die damit verbundene kollektive Widerstandsfähigkeit zu erreichen.

Zusammenfassend lässt sich sagen: Wenn es uns nicht gelingt, die standortspezifische nachhaltige Wassernutzung zu quantifizieren und ihren Wert sozial, ökologisch und wirtschaftlich zu bestimmen, wie können wir dann ein angemessenes Verständnis der Auswirkungen von Bevölkerungswachstum, Klimawandel, Urbanisierung, Landnutzungsänderungen oder der dringend benötigten Erkenntnisse in den Zusammenhang zwischen Wasser, Energie und Lebensmittel entwickeln?

Die Maßnahmen zur Bewältigung dieser Probleme entsprechen noch nicht der Dringlichkeit oder dem Ausmaß der Herausforderungen. Ein anderer Ansatz ist erforderlich. Rylan Dobson und Alexis Morgan (WWF) bringen das auf den Punkt: „Die globalen/lokalen Trends des Ungleichgewichts von Angebot und Nachfrage, mit denen die meisten Einzugsgebiete konfrontiert sind, werden nicht durch ‚ehrgeizigere‘ Effizienzziele gelöst. Wir stehen gemeinsam vor der Wahl: 1) Unternehmen setzen sich weiterhin inkrementelle interne Effizienzziele und gefährden die Vermögenswerte aller, oder 2) Unternehmen nehmen diese neue Realität an und engagieren sich für einen grundlegenden Paradigmenwechsel bei der Festlegung von Wasserzielen, wodurch wichtige Schwellenwerte der Nachhaltigkeit aufrechterhalten werden und alle profitieren" (Dobson & Morgan, 2018).

QUELLENANGABEN

Andrews D, Newton E, Adibi N, Chenadec J und Bienge K (2021). A Circular Economy for the Data Centre Industry: Using Design Methods to Address the Challenge of Whole System Sustainability in a Unique Industrial Sector. Sustainability 2021, 13, 6319.

Burley H (2015). Mind your step – The land and water footprints of everyday products. Friends of the Earth.

Butler RA (2007), https://news.mongabay.com/2007/12/10-of-global-co2-emissions-result-from-swamp-destruction/ 10. Dezember 2007.

CDP (2021a). Carbon Disclosure Project. Cost of water risks to business five times higher than cost of taking action. Carbon Disclosure Project, 19. März 2021.

CDP (2021b). Carbon Disclosure Project. 2% of companies worldwide worth $12 trillion named on CDP's A List of environmental leaders. Carbon Disclosure Project, 19. März 2021.

CEO Water Mandate (2019). Setting Site Water Targets Informed by Catchment Context: A Guide for Companies. CEO Water Mandate von UN Global Compact, Pacific Institute, CDP, The Nature Conservancy, World Resources Institute, WWF, UNEP-DHI Partnership – Centre on Water and Environment. 2019.

Dobson R und Morgan A (2018). Context-Based Water Targets: Why should business care? 20. August 2018. https://wwf.medium.com/context-based-water-targets-why-should-business-care-561bd82a90f7

EEA (2017). Europäische Umweltagentur. Use of freshwater resources in Europe. https://www.eea.europa.eu/data-and-maps/indicators/use-of-freshwater-resources-3/assessment-4.

EEB (2021). Face to face with hydrogen – The reality behind the hype. Europäisches Umweltbüro, Mai 2021.

Ecolab Inc. (2018). CH2061E – Nalco Water's OMNI offering helps a Northern European customer save 3 Million Euros per year.

Ecolab Inc. (2021). https://en-uk.ecolab.com/offerings/3d-trasar-technology-for-cooling-water

Ecolab Inc. (2022). https://en-uk.ecolab.com/corporate-responsibility/environment/water-stewardship/smart-water-navigator

Elser J, Bracken M, Cleland E, Gruner D, Harpole W, Hillebrand H, Ngai J, Seabloom E, Shurin J und Smith J (2007). „Global analysis of nitrogen and phosphorus limitation of primary producers in freshwater, marine and terrestrial ecosystems". Ecology Letters. 10 (12): 1135–1142.

EPA (2022). U.S. Environmental Protection Agency. https://www.epa.gov/gmi/importance-methane 9. Juni 2022.

Europäische Kommission (2021). https://ec.europa.eu/research-and-innovation/en/horizon-magazine/climate-change-and-biodiversity-loss-should-be-tackled-together.

FAO (2018). Ernährungs- und Landwirtschaftsorganisation der Vereinten Nationen, AQUASTAT-Datenbank, 2018.

GIZ (2020). Stop Floating, Start Swimming. Deutsche Gesellschaft für Internationale Zusammenarbeit (GIZ) GmbH.

Google. Umweltbericht 2019. Tech. Rep., Google. https://services.google.com/fh/files/misc/google_2019-environmental-report.pdf (2020).

Hoekstra A (2015). Switching to biofuels could place unsustainable demands on water use. Guardian Sustainable Business, 28. Mai 2015.

IEA (2016). Internationale Energieagentur. A delicate balance between water demand and the low-carbon energy transition, 15. November 2016. https://www.iea.org/news/a-delicate-balance-between-water-demand-and-the-low-carbon-energy-transition.

Klein J (2022). Will water pricing be the next carbon pricing? GreenBiz 101. https://www.greenbiz.com/article/will-water-pricing-be-next-carbon-pricing

Luck M, Landis M und Gassert F (2015). „Aqueduct Water Stress Projections: Decadal Projections of Water Supply and Demand Using CMIP5 GCMs". Technical Note. Washington, D.C.: World Resources Institute.

Lynagh C (2020). Industrial Equipment & Technology industries. https://www.morganstanley.com/ideas/water-scarcity-causes-and-solutions

OECD. OECD Environmental Outlook to 2050 (OECD-Publikation, 2012). https://doi.org/10.1787/9789264122246-en.

Le Moal M, Gascuel-Odoux C, Ménesguen A, Souchon Y, Étrillard C, Levain A, Moatar F, Pannard A, Souchu P, Lefebvre A und Pinay G (2019). „Eutrophication: A new wine in an old bottle?" Science of the Total Environment. 651 (Pt. 1): 1-11.

Reuters Events (2020). https://www.reutersevents.com/sustainability/connecting-drops-battle-against-climate-change

Schindler D und Vallentyne J (2008). The Algal Bowl: Overfertilization of the World's Freshwaters and Estuaries, University of Alberta Press, ISBN 0-88864-484-1.

Sharma Y, Javadi B, Si W und Sun DW (2016). Reliability and energy efficiency in cloud computing systems: Survey and taxonomy. J. Netw. Comput. Appl., 74, 66-85.

Smedley T (2013). Securing a sustainable future. The Guardian Sustainable Food. Nexus Live Debates. 22. Feb. 2013.

Stinson C (2018). How blockchain, AI and other emerging technologies could end water insecurity. GreenBiz, 2. April 2018. https://www.greenbiz.com/article/how-blockchain-ai-and-other-emerging-technologies-could-end-water-insecurity

Waughray D (2010). Why worry about water? A quick global overview. Guardian Sustainable Business, 10. November 2010.

WBCSD (2013). The World Business Council for Sustainable Development. Sharing Water: Engaging Business, 11. April 2013.

Wikipedia (2022). https://en.wikipedia.org/wiki?curid=54840

WEF (2018). Weltwirtschaftsforum. 5 ways the Fourth Industrial Revolution could end water insecurity, 22. März 2018.

Weltwirtschaftsforum (2010). Thirsty Energy: Water and Energy in the 21st Century. Veröffentlicht am 24. Oktober 2010.

World Pumps (2015). Energy efficient pumps help fight climate change. 20. Aug. 2015. https://www.worldpumps.com/content/features/energy-efficient-pumps-help-fight-climate-change

WWF (2007). World Wildlife Fund. Allocating Scarce Water. April 2007.

WWF (2020). World Wildlife Fund. 84% collapse in Freshwater species populations since 1970. 10. September 2020. https://wwf.panda.org/wwf_news/?804991/84-collapse-in-Freshwater-species-populations-since-1970

WWT (2019). Wildfowl & Wetlands Trust. Climate change and wetlands – How wetlands could help solve the climate change problem. https://www.wwt.org.uk/our-work/threats-to-wetlands/climate-change-and-wetlands/, Mai 2019.

WWT (2020a). Wildfowl & Wetlands Trust. Why wetlands? Incredible things happen when land and water meet, Juni 2020. https://www.wwt.org.uk/our-work/why-wetlands/

WWT (2020b). Wildfowl & Wetlands Trust. https://www.wwt.org.uk/our-work/threats-to-wetlands

WWT (2021). Wildfowl & Wetlands Trust. Wetlands for nature and people – Creating a world where healthy wetland nature thrives and enriches lives, Juni 2021.

WASSER & VOLKSGESUNDHEIT

Cristian Carboni (Industrie De Nora S.p.a.), Marianna Brichese

Wasser ist lebenswichtig für die menschliche Gesundheit. Im Jahr 2010 erkannte die UN-Generalversammlung das Menschenrecht auf Wasser und Sanitäreinrichtungen[1] ausdrücklich an und am 28. Juli 2022 erklärte die UN-Generalversammlung den Zugang zu einer sauberen, gesunden und nachhaltigen Umwelt zu einem universellen Menschenrecht[2]. Die lebensnotwendige Mindestmenge an Wasser beträgt rund 2,3 Liter pro Tag. Das bedeutet, dass der Zugang zu dieser Wassermenge gewährleistet sein sollte. Doch um die Gesundheit und das Wohlergehen der Bevölkerung zu gewährleisten, sollte der Zugang zu Wasser breiter angelegt sein. Neben der Menge muss auch die Wasserqualität gewährleistet werden.

Wasser und die damit verbundenen guten Hygienegewohnheiten ermöglichen es, die Ausbreitung bestimmter Krankheiten einzudämmen: So haben wir beispielsweise weltweit gesehen, wie wichtig es ist, sich die Hände zu waschen und zu desinfizieren, um der Ausbreitung von SARS-CoV-2 entgegenzuwirken oder Durchfallerkrankungen in Entwicklungsländern zu verringern. Wasser beeinflusst das menschliche Leben jedoch auch indirekt durch seine Nutzung zur Herstellung von Nahrungsmitteln und Energie sowie zur Verarbeitung von Waren und Materialien. Darüber hinaus ist Wasser eng mit den Ökosystemen verbunden, in denen wir leben und mit denen wir miteinander verbunden sind, und ist daher auch für unsere Gesundheit und das Ökosystem von entscheidender Bedeutung.
Viele Menschen sind jedoch auch heute noch von der Verfügbarkeit von sauberem und sicherem Wasser ausgeschlossen. Zur Gewährleistung der öffentlichen Gesundheit sind die größten Herausforderungen Wasserknappheit, mikrobiologische Bedrohungen und das Vorhandensein von Rückständen. Diese Probleme werden durch den Klimawandel noch verschärft: Die langfristigen Auswirkungen des Klimawandels mit stärkeren Niederschlägen können das Ausmaß der Umweltauswirkungen beeinflussen, die durch die intermittierenden Einleitungen und Abflüsse verursacht werden. Verschmutzungsereignisse können häufiger auftreten und

---

1   Weltgesundheitsorganisation 2019: Sicheres Wasser, bessere Gesundheit. 2019 aktualisiert
2   WHO, UNICEF: Fortschritte bei Trinkwasser, Sanitärversorgung und Hygiene

größere Mengen ausstoßen. Die generelle Herausforderung besteht darin, den Zugang zu sicherem Wasser für alle sicherzustellen, allerdings auf ökologisch nachhaltige Weise.

Fragen der Wasserknappheit wurden bereits in früheren Kapiteln behandelt; wir werden uns auf die wichtigsten Aspekte im Zusammenhang mit der Wasserqualität konzentrieren.

MIKROBIOLOGISCHES RISIKO

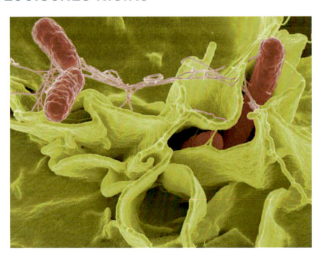

Infektionskrankheiten, die durch mikrobiologisch schlechtes Wasser verursacht werden, können Ausbrüche hervorrufen. Dies ist der Ausgangspunkt für schwere Epidemien, wenn die Ausbreitung nicht kontrolliert werden kann. 2016 wurde ein großer Teil der gesamten Krankheitslast – 3,3 % der weltweiten Todesfälle und 4,6 % der weltweiten behinderungsbereinigten Lebensjahre (DALYs) – quantifizierbaren Auswirkungen unzureichender Wasser-, Sanitär- und Hygienefaktoren (WASH) zugeschrieben[3]. Dies entspricht jährlich fast 2 Millionen vermeidbaren Todesfällen und 123 Millionen vermeidbaren DALYs. Sogar in Industrieländern werden Infektionen durch Erreger verursacht, die über das Wasser übertragen werden, und es treten Probleme mit der Resistenz gegen Desinfektionsmittel und Antibiotika auf. Zu den durch Wasser übertragenen Krankheiten gehören virale Hepatitis, Typhus, Cholera, Ruhr und andere Krankheiten, die Durchfallerkrankungen verursachen. Campylobacteriose, Giardiasis, Hepatitis A und Shigellose sind die am häufigsten gemeldeten Infektionskrankheiten des Gastrointestinaltrakts in der Europäischen Region der WHO; Krankheiten mit der höchsten Anzahl gemeldeter Ausbrüche sind virale Gastroenteritis, Hepatitis A, E. coli, Diarrhöe und Legionellose. (WHO 2016). Insbesondere *Legionella*-Bakterien können sich in Rohrleitungen ausbreiten, wenn diese nicht genutzt werden, und dann durch Aerosole in Duschen, Verdunstungstürmen, Bewässerungs- und Klimaanlagen verbreitet werden und schwere Krankheiten verursachen. Wasserbedingte Krankheiten und vektorübertragene Krankheiten können durch

---

3   Weltgesundheitsorganisation 2016: Die Lage der wasserbedingten Infektionskrankheiten in der gesamteuropäischen Region

Wasserversorgungsprojekte wie Dämme und Bewässerungsanlagen entstehen, die unbeabsichtigt Lebensräume für Mücken und Schnecken schaffen, die Zwischenwirte der Parasiten sind, die Malaria, Schistosomiasis, lymphatische Filariose, Onchozerkose und Japanische Enzephalitis verursachen.

Mikroorganismen im Wasser verursachen jedoch nicht nur direkte Schäden, sondern können auch Giftstoffe produzieren, wie sie von einigen Algenarten produziert werden. Überschüssige Nährstoffeinträge können zu Eutrophierung in Oberflächengewässern führen – ein Prozess, der durch vermehrtes Pflanzenwachstum, problematische Algenblüte, Verlust von Leben im Grundwasser und eine unerwünschte Störung des Gleichgewichts der im Wasser vorhandenen Organismen gekennzeichnet ist.

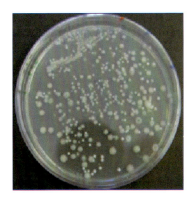

Darüber hinaus wird das mikrobiologische Risiko durch Wasserknappheit und extreme Wetterphänomene aufgrund des Klimawandels verschärft: Versorgungsstörungen sowie Überschwemmungen und Überflutungen können den idealen Nährboden für Bakterien und Krankheitserreger bieten.

Der letzte, aber sehr wichtige Punkt ist auch das Vorhandensein einer hohen Menge von Antibiotika im Abwasser, was das Problem der Antibiotikaresistenz verschärft. Antibiotikaresistenz gilt als der nächste globale Notfall (UN 2019)[4].

WASSERVERUNREINIGUNGEN UND NEU AUFTRETENDE SCHADSTOFFE

Eine weitere große Herausforderung, der wir uns stellen müssen, um allen den Zugang zu sicherem Wasser zu garantieren, sind neu entstehende Schadstoffe, das heißt Chemikalien und Verbindungen, die vor kurzem als gefährlich für die Umwelt und damit für die Gesundheit des Menschen identifiziert wurden.

Um das Ziel 6.3 des SDG6 – Verbesserung der Wasserqualität durch Verringerung der Verschmutzung, Halbierung des Anteils unbehandelter Abwässer und eine deutliche Steigerung des Recyclings und der sicheren Wiederverwendung von Wasser – zu erreichen, müssen Wasserschadstoffe gemessen und auf ein sicheres Niveau reduziert werden.

---

4   Erklärung von WHO-Chef Tedros Adhanom Ghebreyesus, 18. Juni 2019

Beispiele für Verunreinigungen sind Desinfektionsnebenprodukte, Medikamente, endokrine Disruptoren, Toxine, Schwermetalle und synthetische Chemikalien, einschließlich Düngemittel und Pestizide. Trinkwasservorräte, die große Mengen bestimmter Chemikalien wie Arsen und Nitrate enthalten, können schwere Krankheiten verursachen. Arsen ist zusammen mit anderen Schadstoffen wie Fluorid, Nitraten und Perfluoralkyl-Chemikalien (PFAS) in vielen Ländern, wie beispielsweise in Italien, noch immer ein großes Problem. Auch Nährstoffe können eine Wasserverschmutzung verursachen. Die wichtigsten Quellen für den biochemischen Sauerstoffbedarf (BSB) sind häusliche Abwässer und Industrieabwässer (z. B. aus der Papier- oder Lebensmittelindustrie) sowie die Landwirtschaft mit Siloabwässern und Gülle. Neben der Verschmutzung durch Nährstoffe und organische Stoffe gibt es viele neu entstehende Schadstoffe (Emerging Pollutants, EP), auch bekannt als zunehmend besorgniserregende Kontaminanten (Contaminants of Emerging Concern, CECs), die in die Umwelt freigesetzt werden und für die derzeit keine Vorschriften gelten. Es handelt sich um viele organische Verbindungen, die als Arzneimittel und Körperpflegeprodukte, Hormone, Lebensmittelzusatzstoffe, Pestizide, Weichmacher, Holzschutzmittel, Waschmittel, Desinfektionsmittel, Tenside, Flammschutzmittel und andere organische Verbindungen in Wasser vorkommen und hauptsächlich durch menschliche Aktivitäten entstehen.

Darüber werden die Probleme im Zusammenhang mit Mikroplastik immer drängender. Mikroplastik ist Kunststoff mit einer Größe von 0,1 Mikrometer bis 5 Millimeter und kann in zwei Arten unterteilt werden: Primäres Mikroplastik, das in dieser Größe in die Umwelt gelangt, wie bei Rückständen von Waschmaschinen oder dem Verbrauch von Pneumatikgeräten, und sekundäres Mikroplastik, das durch Erosion von größeren Kunststoffgegenständen in die Umwelt gelangt. In beiden Fällen ist die Ausbreitung von Mikroplastik im Meer oder in anderen Wasserquellen eines der gefährlichsten Ereignisse. Techniken zur Rückgewinnung und Wiederverwertung dieses Materials werden derzeit von der Forschung untersucht.

MÖGLICHE LÖSUNGEN

Natürlich ist es nicht möglich, ein allgemein gültiges Behandlungsranking zu formulieren. Jede Lösung hat Vor- und Nachteile, die im spezifischen Anwendungskontext unter Berücksichtigung mehrerer Faktoren bewertet werden müssen, um eine präventive Risikoanalyse und eine technisch-ökonomisch-ökologische Analyse zu ermöglichen. Umgekehrt steht fest, dass nur durch die Integration mehrerer Prozesse und mit einem komplementären Wirkungsspektrum ein zufriedenstellendes Niveau der Entfernung von Mikroverunreinigungen aus Abwässern erreicht werden kann.

Die Wahl der Verfahren und die Reihenfolge ihrer Anordnung hängen von mehreren Faktoren ab: den chemischen und physikalischen Eigenschaften der zu entfernenden Verunreinigungen, dem typischen Entfernungsprinzip jedes Verfahrens, der Vielzahl der vorhandenen Verunreinigungen und ihrer relativen Konzentration, was zu Wechselwirkungen führen kann, die die Effizienz der Verfahren selbst verringern.

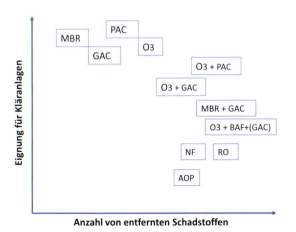

AOP: Erweiterter Oxidationsprozess
(Advanced Oxidation Process)

BAF: Biologisch aktivierter Filter
(Biologically Activated Filter)

GAC: Aktivkohle in Granulatform
(Granular Activated Carbon)

MBR: Membranbelebungsanlage
(Membrane Biofilm Reactor)

NF: Nanofiltration

O3: Ozon

PAC: Aktivkohle in Pulverform
(Powdered Activated Carbon)

RO: Umkehrosmose
(Reverse Osmosis)

Neben primären mechanischen Behandlungen wurden auch effektive sekundäre biologische Behandlungen entwickelt. Die biologische Abwasserbehandlung reduziert die biologisch abbaubare Verschmutzung in Abwässern signifikant und hat damit einen direkten Einfluss auf die Qualität des Oberflächenwassers. Eine sekundäre Behandlung kann eine verfügbare und effektive Lösung für Probleme im Zusammenhang mit hohen BSB-Werten sein, und aus diesem Grund ist es notwendig, sekundäre Behandlungssysteme zu entwickeln und so viele Menschen wie möglich anzuschließen, auch bei dezentralen Systemen in ländlichen Gebieten.

Tertiäre Behandlungen werden manchmal als „Abwasserschönung" bezeichnet und sind fortschrittliche Filtersysteme, die zur Entfernung von Feinstaub eingesetzt werden können. Abwasser kann noch hohe Gehalte an Nährstoffen wie Stickstoff und Phosphor, Farbstoffe, Tenside, EPs oder andere Stoffe aufweisen, die durch sekundäre Behandlungssysteme schwer abbaubar sind. Phosphor und Stickstoff können biologisch mithilfe eines Verfahrens entfernt werden, das als erweiterte biologische Phosphorelimination, Nitrifikation und Denitrifikation bezeichnet wird. Es gibt auch physikalische/chemische Verfahren zur Leistungssteigerung. Hier werden Phosphor und Feststoffe in einem einstufigen Verfahren entfernt. Die Entfernung von Arsen kann stattdessen mit einem Medium zur Arsenentfernung aus Eisenoxid erfolgen. Das Medium adsorbiert auch Antimon, Cadmium, Chromat, Blei, Molybdän, Selen und Vanadium. Andere Systeme können Fluorid auf festem aktiviertem Aluminiumoxid entfernen.

Bei der Entfernung unerwünschter Farbstoffe, Gerüche, Aromen und des hartnäckigen chemischen Sauerstoffbedarfs (CSB) im Wasser wurden mit fortschrittlichen Ozonierungs- oder Oxidationsverfahren hervorragende Ergebnisse erzielt.

Ozonerzeuger

Es sollte betont werden, dass die Mehrzahl der Anlagen, sowohl die Potabilisierungs- als auch die Kläranlagen, nicht speziell für die Entfernung von neu entstehenden Mikroschadstoffen (Emerging Micropollutants, EMs) konzipiert wurden.

Die am häufigsten untersuchten Verfahren der letzten Jahrzehnte, die in vollem Umfang anwendbar sind und nachweislich geeignet sind, EMs zu entfernen, sind:
– Trennung auf Druckmembranen: Nanofiltration (NF) und Umkehrosmose (Reverse Osmosis, RO)
– Adsorption auf Aktivkohle, entweder in Granulatform (granulierte Aktivkohle, GAC) oder in Pulverform oder als Austauschharze (pulverförmige Aktivkohle, PAC);
– Oxidation durch Ozon oder durch erweiterte Oxidationsprozesse (Advanced Oxidation Processes, AOP).

Bei Membrantrennsystemen müssen dann die Konzentrate entsorgt werden, und es kann die Installation von Vorbehandlungssystemen erforderlich sein, um Verschmutzungen und Ablagerungen zu reduzieren. Membrantrennsysteme unter Druck entfernen nicht nur EPs, sondern auch Salze und sollten daher mit Remineralisierungssystemen gekoppelt werden, insbesondere in der Trinkwasseraufbereitung. Darüber hinaus sind die Betriebskosten für große Wassermengen sehr hoch.

Aktivkohleverfahren erfordern die Regenerierung oder Entsorgung von GAC und haben eine schlechte Selektivität gegenüber EPs, wenn sie mit anderen organischen Verbindungen konkurrieren. In diesem Sinne (verringerte Entsorgung) werden Elektrooxidationsverfahren zur Zerstörung einiger Schadstoffe und zur Regenerierung einiger Harze untersucht. AOP können zur Entstehung nicht messbarer oder nicht gemessener Nebenprodukte führen, weshalb deren Kombination mit Adsorptionssystemen (wie Aktivkohle) oder Membransystemen häufig empfohlen wird.
Eine wirksame Kombination ist Ozon und biologische Aktivkohle (BAC), was zu einer gleichzeitigen Adsorption und einem biologischen Abbau organischer Verbindungen führt, oder Kombinationen von Ozon mit biologischen Aktivfiltern (BAF).

Diese Lösung ist wirksam, wenn die Ozonierungsstufe gut verwaltet wird, da es zwei gegensätzliche Effekte gibt:
– Die Oxidation durch Ozon erhöht in der Regel die biologische Abbaubarkeit von Molekülen, indem ihr biologischer Abbau durch die an das Aktivkohlegranulat gebundene Biomasse verstärkt wird, was besonders nützlich ist, um die Konkurrenz der organischen Substanz um aktive Standorte zu verringern;
– Die Erhöhung der biologischen Abbaubarkeit entspricht in der Regel einer Abnahme der Affinität zwischen Molekülen und Aktivkohle, wodurch das Ausmaß der Adsorption verringert und die Lebensdauer der Aktivkohle verlängert wird.

Diese Art von System ist eines der vielversprechendsten und nachhaltigsten.
Wie man sieht, sind die Lösungen oft eine Kombination aus mehreren Technologien.

Mikroverunreinigungen: Kombination der am häufigsten verwendeten Technologien

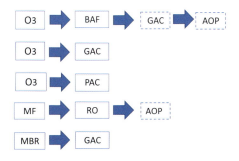

AOP: Erweiterter Oxidationsprozess
(Advanced Oxidation Process)

BAF: Biologisch aktivierter Filter
(Biologically Activated Filter)

GAC: Aktivkohle in Granulatform
(Granular Activated Carbon)

MBR: Membranbelebungsanlage
(Membrane Biofilm Reactor)

MF: Mikrofiltration

O3: Ozon

PAC: Aktivkohle in Pulverform
(Powdered Activated Carbon)

RO: Umkehrosmose
(Reverse Osmosis)

Bisher hat sich die Adsorption auf Aktivkohle und die Ozonierung neben der biologischen Behandlung unter wirtschaftlichen Gesichtspunkten als wirksam und nachhaltig erwiesen, wie die Anlagen in der Schweiz und in Deutschland zeigen (letztere mit der größten Zahl von Anlagen zur Entfernung von Mikroverunreinigungen: etwa 20 Anlagen). In Österreich laufen Pilotversuche zur Ozonierung, denen ein biologischer Aktivkohlefilter folgt, in Erwartung einer in naher Zukunft breiteren Anwendung. Auch in anderen Ländern wie Frankreich und den Niederlanden wird die Möglichkeit in Betracht gezogen, bestehende Anlagen mit Ozonierungs- oder Aktivkohleadsorptionsbehandlungen auszustatten.

Was die Kontrolle der Desinfektionsnebenprodukte und insbesondere die in der Trinkwasser- richtlinie genannten (wie Chlorite und Chlorate) betrifft, so gibt es auf dem Markt Lösungen, die die Wirkstoffe vor Ort produzieren können und nur wenige Chlorate produzieren. Es gibt auch Kombinationen von Technologien, die es ermöglichen, die Desinfektionsnebenprodukte zu reduzieren, z. B. durch Einwirkung auf organische Substanzen und deren Reaktion mit Oxi- dationsmitteln. Wir glauben, dass diese Lösungen gültig sind, weil sie die vollständige Modi- fizierung der heute zur Reinigung verwendeten Wirkstoffe (hauptsächlich auf Chlorbasis) erst dann ermöglichen, wenn vollständige Daten über die Möglichkeit der Verwendung anderer Arten von Wirkstoffen im realen Maßstab vorliegen.
Wenn beim Chlorierungsprozess Trihalogenmethane oder Halogenessigsäuren entstehen, kann der Umstieg auf Chlordioxid, das Einwirken auf organische Belastung, die Einrichtung mehrerer Injektionsstellen und andere Möglichkeiten zur Lösung dieses Problems beitragen. Chlorate, die unter Verwendung von großen Mengen Hypochlorit hergestellt werden, können reduziert werden, indem auf eine chloratarme Hypochloritbildung vor Ort umgestellt wird.

Die Abwasserbewirtschaftung ist jedoch nicht nur eine Aufgabe und Verpflichtung im Bereich der öffentlichen Gesundheit, sondern auch eine Gelegenheit, andere Probleme zu vermeiden und den Gesundheitszustand der Bevölkerung im Detail zu kennen. In jüngster Zeit haben die

Techniken der Abwasseranalyse neue Grenzen im Bereich der Epidemiologie geöffnet. Wasser kann als Indikator für den Gesundheitszustand der Bevölkerung dienen. Die Abwasseranalyse ist ein vielversprechendes Instrument zur Erkennung von Krankheitserregern wie dem Virus SARS-CoV-2 und zur Überwachung des Konsums von Drogen, Medikamenten usw. Wasser ist daher für die Prävention und das Verständnis von Gesundheitsproblemen von strategischer Bedeutung. Die Europäische Union zeigt zunehmendes Interesse an diesen neuen Möglichkeiten, beispielsweise mit dem COVID-19-Sentinel-Programm der Europäischen Kommission.

AUF DEM WEG ZU EINEM KULTURELLEN WANDEL

Es zeigt sich, dass viele Problemlösungstechnologien bereits verfügbar sind, dennoch bleibt die Forschungsaufgabe, immer nachhaltigere Lösungen zu entwickeln, wichtig. Die verfügbaren Technologien wurden mangels regulatorischer Verpflichtungen und aus Kostengründen nicht umgesetzt, wie in den nächsten Kapiteln klarer dargelegt wird. Daher ist es notwendig, auf regulatorischer Ebene tätig zu werden und die Akteure mit angemessenen finanziellen Ressourcen auszustatten – entweder durch öffentliche Mittel oder durch Änderungen der Tarifpolitik. Die Förderung einer nachhaltigen Finanzierung zur Bereitstellung und Erhaltung von Infrastrukturen und Dienstleistungen wird ein wirksames Instrument sein. Die Wassersicherheit ist nicht nur eine Frage der Förderung von Technologien, sondern es müssen auch die Investitionen der Regierungen in diese Technologien vorangetrieben werden, wobei die zentrale Rolle der Wasserproblematik und die Nachhaltigkeit aller beteiligten Prozesse zu berücksichtigen sind. Nationale, europäische und internationale Bestimmungen sollten diese Richtung beibehalten, um die Verteilung von Wasser guter Qualität überall zu vereinfachen, zu harmonisieren und zu erleichtern.

Auch bedarf es einer radikalen Veränderung der Sichtweise, um von der bloßen Umsetzung regulatorischer Parameter zur punktuellen Risikoanalyse überzugehen. Nur so wird es möglich sein, spezifische Risiken und Lösungen zu identifizieren und jede Lösung innerhalb eines bestimmten Ökosystems zu kontextualisieren. Dabei wird auch das Exposomkonzept bei der Bewertung und Entscheidungsfindung eine zentrale Rolle spielen müssen. Die Wissenschaft hat das Exposom als einen wichtigen Weg identifiziert, die Gründe für bestimmte Krankheiten herauszufinden und somit die menschliche Gesundheit zu schützen. Das Exposom ist die Analyse aller Umweltkomponenten, mit denen Menschen im Laufe ihres Lebens in Kontakt kommen. Die Erfassung der Orte, an denen ein Mensch lebte, Luft atmete und Wasser trank, zusammen mit den natürlichen oder synthetischen darin enthaltenen Substanzen, trägt dazu bei, den Ursprung gesundheitlicher Probleme zu finden und vervollständigt, zusammen mit der Analyse von Genkarten, das Rätsel einiger spezifischer Krankheiten. Es ist wichtig, dass bei diesem personalisierten Ansatz auch geschlechterspezifische Unterschiede und Behinderungen berücksichtigt werden, insbesondere bei der Gestaltung der Sanitär- und Desinfektionsleistungen.

Die Sicherstellung des Zugangs zu sauberem Wasser und Gesundheit erfordert auch die Einbeziehung aller Beteiligten, einschließlich der Endnutzer. Die Erfahrung zeigt, dass der Bau von Wasserversorgungs- und Abwasserentsorgungseinrichtungen nicht ausreicht, um die

Gesundheit zu verbessern; die Förderung der Abwasserentsorgung und Hygiene muss mit Infrastrukturinvestitionen einhergehen, um ihr volles Potenzial als öffentliche Gesundheitsmaßnahme auszuschöpfen. Wasser wird von allen verwendet, und wenn wir seine Probleme angehen, strukturell lösen und bewährte – auch hygienische – Praktiken verbreiten wollen, müssen wir alle einbeziehen und weit verbreitet Verantwortung und Führung schaffen. Verantwortungsbewusste Bürger, die sich der Kostbarkeit des Wassers bewusst sind, die an der Reduzierung von Verbrauch und Verschmutzung sowie an Sensibilisierung und Bildung arbeiten, sind die wahre Goldgrube der Zukunft.

Im Sinne der „Montessori-Philosophie" beginnt die Erziehung der Bürger damit, den Kindern von klein auf Verantwortungsbewusstsein zu vermitteln, ihnen zu zeigen, wie wichtig es ist, Schäden zu reparieren, und sie darauf vorzubereiten, in der realen Welt zu interagieren. Bisher haben zu viele Menschen gedacht, dass sie in einer „kostenlosen Welt" leben, in der das, was sie tun, keine Auswirkungen auf andere hat.

Gesundheitsprogramme an Schulen sind ein guter Ausgangspunkt für eine verbesserte Wasserversorgung und sanitäre Einrichtungen sowie für die Förderung der Hygiene in den Gemeinden. Aber es sind noch strukturiertere und ehrgeizigere Projekte möglich: Ein Beispiel dafür könnte das von der Social Engagement Platform (SEP) vorgeschlagene Modell sein, einer Arbeitsgruppe der UN-World Water Quality Alliance, die sich für die Förderung transparenter Multi-Stakeholder-Prozesse für die Wasserwirtschaft einsetzt. Ziel ist es, gegenseitiges Vertrauen zwischen allen sozialen Sektoren zu schaffen, um ein breites Bewusstsein für globale und lokale Wasserprobleme zu schaffen. Die Arbeitsgruppe plant, einen Ansatz zu verwenden, der einen einfachen, realistischen und wirtschaftlich bescheidenen Fahrplan bietet; und mit dem für globale Probleme supranationale, nationale, regionale und lokale Lösungen gefunden werden, die alle Mitglieder der Gesellschaft einbeziehen. Komplexe Systeme werden in einfache Sprache übersetzt, Daten in Wissen und Wissen in Maßnahmen umgewandelt. Das wird durch das Quintuple-Helix-Paradigma und das systemische Konzept des Multi-Akteur-Engagements, Wissensaustausch, Produktion und Kapitalbeschaffung erreicht. Die Arbeitsgruppe arbeitet über Unterausschüsse und zielt darauf ab, durch die Einrichtung von lokalen Wasserforen (LWF) die lokale Zusammenarbeit aufzubauen und gemeinsam relevante Maßnahmen zu erarbeiten.

1 + 1 = 3 (UND SOGAR NOCH MEHR...)

WASSERVERWALTUNGSMASSNAHMEN
IN DER GETRÄNKEINDUSTRIE

Michael Dickstein (Leiter Nachhaltigkeit/ESG)

WASSERWIRTSCHAFT | IM MITTELPUNKT VON SDG6

Der Privatsektor trägt eine zentrale Verantwortung für die Verfügbarkeit und nachhaltige Bewirtschaftung von „sauberem Wasser und sanitären Einrichtungen für alle", wie es im sechsten Ziel für nachhaltige Entwicklung (SDG6) dargelegt ist. Führende Unternehmen – insbesondere im Getränkesektor – engagieren sich allmählich, um wasserbezogene Ökosysteme zu schützen und wiederherzustellen. Durch innovative Partnerschaften mit den Vereinten Nationen, Nichtregierungsorganisationen und lokalen Interessenträgern starten sie Initiativen, um nachhaltige Entnahmen und die Versorgung ihrer Gemeinschaften mit Süßwasser sicherzustellen und damit auch sich selbst zu schützen.

Darüber hinaus könnte sich die aktuelle Netto-Null-Entwicklung des Privatsektors auch positiv auf die Nachhaltigkeit der Einzugsgebiete auswirken.

WASSERMANGEL | EIN ZUNEHMENDES PROBLEM FÜR DEN PRIVATSEKTOR

> **„Der Planet wird überleben, egal was passiert. Das Leben wird mit uns oder ohne uns weitergehen. Was wir tun müssen, ist unsere Spezies zu retten."**
> **© Simon Sinek[1]**

Bereits 1985 warnte der ehemalige UN-Generalsekretär Boutros Boutros-Ghali, dass der nächste Krieg im Nahen Osten nicht um Politik, sondern um Wasser geführt würde. Leider gab ihm der Ausbruch des Bürgerkriegs in Syrien vor zehn Jahren recht. Die schlimmste Dürre seit 900 Jahren traf das Land und zwang die Landbevölkerung, in die Städte zu ziehen, um Arbeit zu suchen. Die Spannungen nahmen zu, was zu Protesten gegen die Regierung führte, und dann direkt zu dem bewaffneten Konflikt, der bis heute andauert.

Spätestens seit dem Krieg in der Ukraine herrscht breiter Konsens über die geopolitische Bedeutung der ESG[2]-Agenda. Der Große Äthiopische Renaissancedamm am Nil ist Gegenstand einer andauernden Kontroverse inmitten von Behauptungen über steigende Wasserknappheit in Ägypten, seit die erste von 13 Turbinen im letzten Februar begonnen hat, Strom für Äthiopien zu erzeugen.[3] Unterdessen wurden in diesem Jahr bereits 32 Wasseranlagen in Burkina

---

1 Touchton, M. (2020): „Simon Sinek Says We Got Global Warming Wrong" [Online]. Verfügbar unter: https://medium.com/climate-conscious/simon-sinek-says-we-got-global-warming-wrong-22522b6d3484 (Abruf am 26. April 2022).

2 Der Autor verwendet das Akronym für Umwelt-, Sozial- und Unternehmenssteuerung (Environmental, Social, and Corporate Governance, ESG), das den vorherigen Begriff der unternehmerischen Gesellschaftsverantwortung (Corporate Social Responsibility, CSR) abgelöst hat – alle beziehen sich auf die eine oder andere Weise auf den Begriff der Nachhaltigkeit.

3 Schenk, A. (2022), „Streit am Nil" [Online]. Verfügbar unter: https://www.zeit.de/2022/18/wasserversorgung-aegypten-aethiopien-nil?utm_referrer=https%3A%2F%2Fwww.bing.com%2F (Abruf am 3. Mai 2022).

Faso zerstört, wovon 300.000 Zivilisten im Rahmen eines gewaltsamen Konflikts betroffen sind.[4]

Die aktuellen Prognosen sind düster. Ohne Verbesserungen beim Wassermanagement wird die Welt bis 2030 mit einem Defizit von 40 % zwischen dem prognostizierten Bedarf und dem verfügbaren Wasserangebot konfrontiert sein.[5] Insgesamt prognostizieren Wissenschaftler, dass das Potenzial für dürrebedingte Migration im aktuellen internationalen Politikszenario (entsprechend den aktuellen Zielen des Pariser Abkommens) um etwa 200 Prozent zunehmen wird.[6]

Die Verfügbarkeit von Wasser ist für unsere Gemeinschaften, aber auch für eine Vielzahl von Branchen im Produktionsprozess von entscheidender Bedeutung. Von Textilien und Papier bis hin zu Chemikalien und Grundmetallen wird Wasser für die Herstellung, Verarbeitung, das Waschen, Verdünnen, Kühlen oder den Transport eines Produkts benötigt. Globale Unternehmen sind erheblichen Risiken durch erschöpfte und verunreinigte Wasservorräte ausgesetzt; der potenzielle Wert des Risikos liegt bei erschütternden 225 Milliarden US-Dollar.[7]

Insbesondere für den Getränkesektor ist Wasser ein zentraler Bestandteil, d. h. der wichtigste Bestandteil der Produkte und ein wichtiger Rohstoff, der in der gesamten Lieferkette verwendet wird. Die Lebensader der Getränkeindustrie hängt buchstäblich von der kontinuierlichen Verfügbarkeit von Wasser in den nächsten Jahren und sogar Jahrzehnten ab.

---

4   Norwegian Refugee Council (2022) „Burkina Faso: Over a quarter million people victims of new "water war" in peak dry season" [Online]. Verfügbar unter: https://www.nrc.no/news/2022/may/burkina-faso-over-a-quarter-million-people-victims-of-new-water-war-in-peak-dry-season/ (Abruf am 3. Mai 2022).

5   Die Weltbank (2017), „Water Resources Management" [Online]. Verfügbar unter: https://www.worldbank.org/en/topic/waterresourcesmanagement#1 (Abruf am 26. April 2022).

6   Smirnov O. et al. (2022): „Climate Change, Drought, and Potential Environmental Migration Flows Under Different Policy Scenarios" [Online]. Verfügbar unter: https://journals.sagepub.com/doi/10.1177/01979183221079850 (Abruf am 9. Mai 2022).

7   Lamb C. et al. (2022): „High and Dry. How Water Issues Are Stranding Assets" [Online]. Verfügbar unter: https://cdn.cdp.net/cdp-production/cms/reports/documents/000/006/321/original/High_and_Dry_Report_Final.pdf?1651652748 (Abruf am 6. Mai 2022).

GESCHÄFTLICHE NOTWENDIGKEIT | DER UNTERNEHMENSANSATZ

Die gute Nachricht ist, dass Getränkehersteller in den letzten Jahren ihre Aktivitäten zur Wasserwirtschaft beschleunigt haben, um ihren eigenen Wasserverbrauch mit den Bedürfnissen der Gemeinden und der Umwelt in Einklang zu bringen. Dieser Branchentrend entstand im Windschatten eines allgemeinen Bewusstseinswandels in Richtung ESG, d. h. von Wohltätigkeitsorganisationen und philanthropischen Einzelaktionen hin zu einer strukturierten, drängenden Geschäftsagenda. Das neue Unternehmenssprichwort lautet: „Alles, was wir in Sachen Nachhaltigkeit tun, trägt entweder direkt oder indirekt zu unseren zentralen Prioritäten bei." Im Rahmen des Risikominderungsprozesses sind die Initiativen darauf ausgerichtet, die Widerstandsfähigkeit der eigenen Abläufe und die der breiteren Lieferkette zu verbessern. Darüber hinaus zielen Ökoeffizienzprojekte darauf ab, weniger Wasser (sowie Energie usw.) zu verbrauchen. Die ESG strebt sogar neue Geschäftsmöglichkeiten an, z. B. durch nachhaltige Produktinnovationen oder Social-Marketing-Kampagnen.

Weltweit führende Getränkekonzerne verfolgen ihre Pläne zur Wasserwirtschaft, da sie die Notwendigkeit einer „gesellschaftlichen Betriebslizenz" anerkennen, um ihr Geschäft zu erhalten und weiter auszubauen. Die ESG-Strategien der Unternehmen umfassen öffentliche Zusagen zur Verringerung des Wasserverbrauchs, zur Erforschung von Kreislaufmöglichkeiten in Einzugsgebieten und zur Sicherung des Zugangs zu Wasser und Sanitäreinrichtungen für lokale Gemeinschaften.

Einige führende Unternehmen haben sich vor etwa 20 Jahren auf den Weg in die Wasserwirtschaft gemacht, als sie begannen, die eigenen Angelegenheiten zu ordnen. Sie verfolgten die Ziele der Wassereffizienz, indem sie entweder absolut oder relativ gesehen den Verbrauch im Verhältnis zur produzierten Getränkemenge senkten. Nach und nach wurden diese Verpflichtungen kontextbezogen, d. h. der Fokus lag auf wasserarmen Gebieten wie z. B. Südeuropa, Teilen Afrikas, Lateinamerika oder Asien. Gleichzeitig investierte der Sektor erhebliche Summen in die Umwandlung von Abwasser in ein Produkt, das in den Wasserkreislauf zurückgeführt werden konnte.

In der nächsten Phase begannen die Unternehmen, die zukünftige Verfügbarkeit von Wasser in ihren Betrieben zu bewerten und die damit verbundenen ökologischen und sozialen Risiken zu reduzieren. Heute sind Bewertungen der Quellenanfälligkeit und entsprechende Wasserschutzpläne in der Industrie üblich, um das Versorgungsrisiko zu bewerten und die Geschäftskontinuität zu gewährleisten. Nach und nach beginnen die Getränkehersteller, mit Lieferanten am Wasserfußabdruck relevanter (landwirtschaftlicher) Rohstoffe zu arbeiten. Die fortschrittlichsten Unternehmen führen lokale und internationale Partnerschaftsprogramme ein, um sich in Gemeinden für einen bewussteren Umgang mit den Wasserressourcen und deren Schutz einzusetzen. Darüber hinaus tragen Global Player in enger Zusammenarbeit mit den wichtigsten Interessenträgern zur Entwicklung von Wasserstandards und -politiken bei.

EINBEZIEHUNG DER INTERESSENTRÄGER | VOM VERGESSEN ZUR PARTNERSCHAFT

Interessenträger haben die Wasserverfügbarkeit regelmäßig zu den wichtigsten Themen für Getränkehersteller gezählt. Umgekehrt musste die Branche jedoch „auf die harte Tour" lernen, wie wichtig der Kontakt zu den Gemeinschaften (und darüber hinaus) ist.

Im Jahr 2004 musste die Coca-Cola-Abfüllfirma in Indien ein Werk im Gebiet Kerala schließen, nachdem es zu großen Protesten aufgrund des Wasserverbrauchs gekommen war. Lokale Gruppierungen hatten behauptet, dass das Einzugsgebiet übermäßig ausgebeutet werde, was die landwirtschaftlichen Nutzflächen in dem Gebiet beeinträchtigte.[8] Anscheinend hatte Coca-Cola bei der Einrichtung ihrer Niederlassung in Kerala nicht an die Auswirkungen auf die Umwelt gedacht; jetzt mussten sie sich mit den (finanziellen und rufschädigenden) Folgen auseinander setzen.

Vor dem Hintergrund dieses Falles musste die Industrie natürlich ihr Vorgehen korrigieren. Getränkehersteller haben verschiedene Initiativen zur Wasserwirtschaft mit Interessenträgern gestartet, die nicht zur Gruppe der „üblichen Verdächtigen" gehören. – Wer hätte gedacht, dass globale Brauereien mit den Vereinten Nationen bei lokalen Projekten in Äthiopien oder Indonesien zusammenarbeiten würden? Dass sie Filmstars zeigen würden, um das Bewusstsein für wassertragende Frauen in Indien zu schärfen? Oder dass Hersteller von Limonaden mit globalen Organisationen und NGOs zusammenarbeiten würden, um Projekte zur Wiederherstellung und den Zugang zu Süßwasser zu erhalten? – Nachstehend einige Beispiele aus der Branche:

2015 kündigte Heineken eine strategische ESG-Partnerschaft mit der Organisation der Vereinten Nationen für industrielle Entwicklung an. Das Hauptziel war die Umsetzung von Initiativen zur Wasserwirtschaft in elf Regionen, die als „wasserarm" eingestuft wurden.[9] Daraufhin wurden in Äthiopien und Nigeria Workshops für Interessenträger eingeleitet. In Indonesien schloss sich Heineken einer Wasserallianz an, die aus Regierung, NGOs, anderen Unternehmen und der lokalen Bevölkerung bestand. Das Ziel ist, die Verschmutzung im Einzugsgebiet des Brantas zu verringern und die Wasserscheide wiederherzustellen. Anfang 2022 wurde eine Initiative zur Aufstockung der Mittel bewilligt, für die 1,8 Millionen US-Dollar aus der Globalen Umweltfazilität bereitgestellt wurden.[10]

---

8 Weitere Informationen finden Sie im Artikel „Plachimada Coca-Cola Struggle" [Online]. Verfügbar unter: https://en.wikipedia. org/wiki/Plachimada_Coca-Cola_struggle (Abruf am 26. April 2022).

9 Richie H. (2015): „Heineken, UNIDO Team Up to Drive Sustainability Efforts in Water-Scarce Developing Markets" [Online]. Verfügbar unter: https://sustainablebrands.com/read/supply-chain/heineken-unido-team-up-to-drive-sustainability-efforts-in-water-scarce-developing-markets (Abruf am 26. April 2022).

10 Susan C. (2022): „Maintaining and Enhancing Water Yield through Land & Forest Rehabilitation" [Online]. Verfügbar unter: https://open.unido.org/projects/ID/projects/200181 (Abruf am 26. April 2022).

Über die Vorzeigemarke Stella Artois engagiert sich AB InBev auch im Bereich Wasser mit water.org – einer globalen gemeinnützigen Organisation, die sich auf Wasser und Sanitärversorgung konzentriert. In einer Reihe von Marketingkampagnen mit Matt Damon, einem bekannten Schauspieler, fördern sie den Zugang zu sauberem Wasser in Indien und anderen Teilen der Welt. In einem Interview erklärte Damon kürzlich, dass die NGO allein durch diese Partnerschaft in den vergangenen Jahren über drei Millionen Menschen mit sicherem Wasser und sanitären Einrichtungen versorgt habe.[11]

Procter & Gamble hat in einer Reihe von neuen Unternehmenszielen für die Wasserwirtschaft angekündigt, mit dem Wasserprogramm des World Resources Institute zusammenzuarbeiten, um sicherzustellen, dass die neuen Wasserziele mit wissenschaftlich fundierten Anforderungen übereinstimmen.[12] Das Gesamtziel besteht darin, in den wichtigsten Regionen, in denen das Unternehmen tätig ist, mehr Wasser wiederherzustellen als verloren geht.

In der Zwischenzeit hat Coca-Cola sein Programm zur Wasserwirtschaft mit verschiedenen Partnerschaften weltweit beschleunigt. Sie arbeiten mit dem WWF zusammen, um die Gesundheit von Süßwasserbecken und die Umweltleistung der Lieferkette, der Emissionen und der Verpackung von Coca-Cola zu verbessern. In Nigeria haben sie sich mit dem staatlichen Wasserverband und lokalen Gruppierungen im Gebiet Kano zusammengetan, um ein Wasserversorgungsprojekt voranzutreiben, das die Grundwasserexploration erleichtern wird. Coca-Cola hat flexible Hochdruckrohre installiert, die Wasser vom Fluss Challawa in die Produktionsanlage leiten. Dort wird es für die Bevölkerung auf Trinkqualität aufbereitet.[13] Im Jahr 2020 kündigte Coca-Cola eine weitere Initiative für effektive Wasser-, Sanitär- und Hygienedienste in Nigeria mit der US-Agentur für internationale Entwicklung sowie Partnerschaften mit anderen internationalen Hilfsorganisationen an.[14]

Basierend auf persönlichen Erfahrungen zeichnen sich in erfolgreichen, interessensübergreifenden Partnerschaften drei Schlüsselkriterien aus:
1. ***Schaffung gleicher Ausgangsbedingungen***. Die Partner müssen zusammen ein Ziel anstreben, das weit über das hinausgeht, was sie erreichen würden, wenn sie „nur" nebeneinander arbeiten würden.

---

11 Fitzgerald A. (2021): „Matt Damon X Stella Artois Join Forces to Give Back" [Online]. Verfügbar unter: https://www.forbes.com/sites/alissafitzgerald/2021/11/05/matt-damon-x-stella-artois-join-forces-to-give-back/?sh=7d9ecd8e69ae (Abruf am 27. April 2022).

12 Mace M. (2022): „P&G to restore more water than used across key manufacturing locations" [Online]. Verfügbar unter: https://www.edie.net/pg-to-restore-more-water-than-used-across-key-manufacturing-locations/ (Abruf am 20. Juni 2022).

13 „Water project in Challawa" [Online]. Verfügbar unter: https://www.coca-colahellenic.com/en/a-more-sustainable-future/performance/case-studies (Abruf am 26. April 2022).

14 Aliogo U. (2021): „Nigeria: Coca-Cola System's Holistic Approach to Water Stewardship" [Online]. Verfügbar unter: https://allafrica.com/stories/202111090086.html (Abruf am 26. April 2022).

2. ***Stereotypen hinter sich lassen***. NGOs sind nicht nur idealistische oder weltfremde Philanthropen. Vielmehr bringen Sie viel pragmatisches, wirtschaftliches Gespür und Erfahrung mit an den Tisch. Unternehmen wiederum sind nicht nur ein Goldesel, sondern sie bieten Wissen über Märkte, (Verbraucher-)Verhalten, logistische Fragen usw.

3. ***Lassen Sie zu, dass sich die Beziehung mit der Zeit entwickelt***. Kulturelle Dispositionen unterscheiden sich erheblich von einem Unternehmen zum anderen, ganz zu schweigen von bestimmten Interessengruppen. Die Partner sollten sich die Zeit für echtes gegenseitiges Verständnis nehmen. Eine offene, ehrliche und transparente Plattform, die sich mit Fragen wie Tempo, Prozessen, interner Steuerung, Mentalität und Kultur befasst, wird dies erleichtern.

DEN KREIS SCHLIESSEN | WASSER-ENERGIE-ERNÄHRUNG-NEXUS

Nachhaltige Bewirtschaftung der Wasserressourcen ist eine Schlüsselpriorität für die Zukunft unseres Planeten oder, genauer gesagt, für die Zukunft der Menschheit auf diesem Planeten. Die Klimadebatte und das weltweite Streben nach Emissionsverringerungen in den letzten Jahren haben jedoch die Bedeutung von sauberem Wasser und Sanitäreinrichtungen für alle scheinbar überschattet.

In letzter Zeit wird die Wasseragenda genau aus diesem Blickwinkel unterstützt. Als Teil des so genannten Nexus-Denkens werden die komplexen Wechselbeziehungen zwischen Wasser, Energie und Ernährung immer deutlicher. Es wird nur eine Frage der Zeit sein, bis sektorale Entwicklungsmaßnahmen durch einen integrierten Ansatz der Ressourcennutzung ersetzt werden.

Inmitten der aktuellen Welle der Netto-Null-Entwicklung erkennen die Unternehmen, dass 100 % der Kohlenstoffemissionsziele nur durch ein bestimmtes (begrenztes) Maß an Kompensationsmaßnahmen erreicht werden können, d. h. um die Auswirkungen von Restemissionen zu neutralisieren, die nicht durch mehr Energieeffizienz oder erneuerbare Energiequellen wirksam beseitigt werden können. Diese Schlussfolgerung stellt eine wichtige Verbindung zwischen Klimaschutz und Wasserwirtschaft dar, da ein Schlüsselbereich für den Kohlenstoffausgleich die Wiederherstellung (vor allem die Aufforstung[15]) von Flüssen, Feuchtgebieten, Torfmooren und anderen Orten für die Kohlenstoffbindung ist.

Universitäten und andere akademische Experten untersuchen derzeit gemeinsam mit dem privaten Sektor Methoden, um den Einfluss von wasserbezogenen Initiativen in Einzugsgebieten auf die Agenda zum Ausgleich von Kohlenstoffemissionen zu quantifizieren. Die Ergebnisse werden einen zusätzlichen Impuls für SDG6 und die Versorgung mit Süßwasser für uns alle geben.

---

15 Einen Überblick erhalten Sie bei Bhatia V. (2022): „Explainer: Carbon insetting vs offsetting" [Online]. Verfügbar unter: https://www.weforum.org/agenda/2022/03/carbon-insetting-vs-offsetting-an-explainer/ (Abruf am 27. April 2022).

AUFBAU EFFEKTIVER WASSERDIALOGE UND -ALLIANZEN

ERFOLGREICHE INTERNATIONALE ZUSAMMENARBEIT IM BEREICH WASSERINNOVATION

Gaetano Casale et al. (IHE Delft Institute for Water Education)

Die Autoren, Koautoren und Mitwirkenden sind Kernmitglieder der Arbeitsgruppe „Water Beyond Europe":

Gaetano Casale (Herausgeber, IHE Delft Institute for Water Education); David Smith (Water, Environment and Business for Development); Dominique Darmendrail (BRGM), Lars Skov Andersen (China Resources Management), Inês Breda (Grundfos), Richard Elelman (EURECAT), Véronique Briquet-Laugier (ANR)

Mit Beiträgen von:

Antonio Lo Porto (CNR IRSA); Paul Campling (VITO); Uta Wehn (IHE Delft); Diana Chavarro Rincon (ITC Enschede)

KURZFASSUNG

Dieser Artikel basiert auf dem Weißbuch der Arbeitsgruppe „Water Beyond Europe". Der Artikel stellt klar, dass Wasser – wenn es nicht in einer Weise behandelt wird, die über Eigeninteresse hinausgeht – gemeinsam mit den Auswirkungen des Klimawandels die größte gesellschaftliche Herausforderung dieses Jahrhunderts darstellen wird. Dieser Artikel ist auch ein Beitrag, um die Bedeutung von SDG17 („Stärkung der Mittel zur Umsetzung und Neubelebung der globalen Partnerschaft für nachhaltige Entwicklung") als übergeordnetes Ziel anzuerkennen, dessen Erfolg als Schlüsselvoraussetzung für die beschleunigte Implementierung von SDG6 („Gewährleistung der Verfügbarkeit und nachhaltigen Bewirtschaftung von Wasser und sanitärer Versorgung für alle") an sich und im weiteren Kontext der SDG-Agenda dienen wird, da Wasserressourcen für viele andere SDGs von entscheidender Bedeutung sind. Dies erfordert, dass sich die Menschen bewusst dafür entscheiden, die vielen Werte des Wassers in unterschiedlichen SDGs zu erforschen. Darüber hinaus wird argumentiert, dass die Verbindung zwischen SDG6 und den übrigen SDGs in erster Linie mit der menschlichen Verbindung beginnen muss, die in SDG17 verkörpert ist.

KERNAUSSAGEN

Dieser Artikel baut auf den Hauptkonzepten der globalen Agenden und Strategien auf, wie der Agenda 2030 der Vereinten Nationen zu den Zielen für nachhaltige Entwicklung (SDGs), den Empfehlungen des Zwischenstaatlichen Ausschusses für Klimaänderungen (IPCC) und der Dubliner Erklärung von 1992 zur Entwicklung des internationalen Wassersektors. Die Kernaussagen der Arbeitsgruppe gliedern sich in drei Hauptbereiche: Modalitäten, Finanzierung und Implementierung.

Kernaussagen – zu Modalitäten

Kernaussage 1: Die Zusammenarbeit im Rahmen von Water Beyond Europe verlagert sich allmählich von Top-Down-Konzepten zu Partnerschaften, die auf gleichberechtigten partizipativen Ansätzen basieren.

Kernaussage 2: Eine bewusste Beteiligung der Interessengruppen ist für eine nachhaltige Entwicklung unerlässlich.

Kernaussagen – zur Finanzierung

Kernaussage 3: Die Förderfähigkeit der internationalen Zusammenarbeit im Bereich Forschung und Innovation (FuI) innerhalb der europäischen Forschungsrahmenprogramme ist von entscheidender Bedeutung.

Kernaussage 4: Die Beteiligung des Wirtschaftssektors muss anerkannt und gesteigert werden, um die SDGs zu erreichen und eine signifikante gesellschaftliche Wirkung zu erzielen.

Kernaussagen – zur Implementierung

Kernaussage 5: Die Wege zur Wirkung sind lang und gehen oft über einzelne Programme und Projekte hinaus.

Kernaussage 6: Living Labs und Knowledge Hubs sind wichtige Mechanismen, in denen Forscher und Praktiker aus Industrie, Sozial- und Naturwissenschaften in realen Umgebungen zusammenarbeiten können.

1. EINFÜHRUNG

In diesem Artikel werden die Modalitäten und der Ansatz der EU-Zusammenarbeit im Rahmen von Water Beyond Europe als einzigartiger Beitrag zur Gestaltung der EU-Strategien und -Maßnahmen im Rahmen von SDG17 „Stärkung der Mittel zur Umsetzung und Neubelebung der globalen Partnerschaft für nachhaltige Entwicklung" behandelt, die eine Voraussetzung für die Umsetzung aller anderen SDGs ist.

Die Zielgruppe des Weißbuchs der Arbeitsgruppe sind politische Entscheidungsträger, insbesondere Mitglieder und Mitarbeiter des Europäischen Parlaments und der Kommission sowie der Europäischen Mitgliedstaaten, die für die Gestaltung der derzeitigen und künftigen EU-Politik der internationalen Zusammenarbeit zuständig sind, um die wirksame und wirkungsvolle Implementierung der von der EU unterstützten FuI zur Bewältigung globaler Herausforderungen zu unterstützen. Darüber hinaus müssen Organisationen des Wassersektors Neugründungen und die Ausweitung ihrer internationalen Kooperationsbemühungen unterstützen, und zwar auf eine Weise, die eine nachhaltige Gesellschaft fördert.

Die Notwendigkeit einer neu belebten internationalen Zusammenarbeit hat sich in den letzten Jahrzehnten als ein neues Paradigma zur Förderung innovativer Lösungen erwiesen, da die globalen Herausforderungen so miteinander verwoben und so gewaltig sind, dass sie nicht von einzelnen Ländern oder Sektoren allein bewältigt werden können. Sie erfordern ein nie dagewesenes Maß an wechselseitigem Lernen und Zusammenarbeit zwischen verschiedenen Akteuren mit unterschiedlichen Perspektiven über Themen, Sektoren und Regionen hinweg.

Zunächst diskutieren wir die globalen Herausforderungen im Bereich Wasser und plädieren für eine effektivere und wirkungsvollere globale Partnerschaft und Zusammenarbeit. Anschließend beleuchten wir bewährte Verfahren und und Mängel, auf deren Grundlage wichtige Empfehlungen für die Stärkung der internationalen Zusammenarbeit mit dem letztendlichen Ziel gegeben werden, greifbare Beiträge zu den SDGs vor Ort zu liefern.

2. WASSER UND DIE SDGS

Neben dem Weltklimarat (Intergovernmental Panel on Climate Change, IPCC) gestalten die Ziele für nachhaltige Entwicklung zunehmend die politischen Agenden der EU und der Welt. SDG6 befasst sich mit Wasser und ist eines der wichtigsten SDGs, da Wasser auch als Katalysator für die Verwirklichung aller verbleibenden 16 SDGs[1] fungiert, wie sich in einer Reihe jüngster Gemeinschaftspolitiken[2][3] widerspiegelt. Der neueste Bericht von UN-Water betont, dass SDG6 vom Kurs abweicht und daher beispiellose Maßnahmen erforderlich sind, um das Erreichen von SDG6 zu beschleunigen[4]. Ein wichtiger zugrunde liegender Faktor besteht darin, sicherzustellen, dass die Maßnahmen besser koordiniert werden und dass globale Zusammenarbeit und Komplementarität zur Norm werden. Daher ist es wichtig, SDG17 und den damit verbundenen Zielen mehr Bedeutung beizumessen, um SDG6 und andere wasserbezogene SDGs zu erreichen.

Wasser ist auch ein Schlüsselelement des Klimawandels. Seine Rolle bei der Eindämmung, Prävention und beim Schutz vor dem Klimawandel ist auf globaler Ebene von Bedeutung. Nach Angaben des IPCC betreffen 80 % der Maßnahmen zur Anpassung an den Klimawandel das Wasser[5].

Wissenschaft, Technologie und Innovation (Science, Technology and Innovation, STI) sowie der Aufbau effektiver Partnerschaften und die Entwicklung von Kapazitäten als bereichsübergreifende Prozesse werden eindeutig als wesentlich betrachtet, um die SDGs zu erreichen und unterstreichen die Bedeutung der Zusammenarbeit verschiedener Interessenträger im Bereich STI für die SDG zwischen den Mitgliedstaaten, der Zivilgesellschaft, dem Wirtschaftssektor, der wissenschaftlichen Gemeinschaft und Einrichtungen der Vereinten Nationen. Die Bedeutung dieser Aspekte wird auch im Gesamtansatz der EU für Forschung und Innovation

---

1   UN-Water, Verknüpfungen von Wasser und Sanitärversorgung in der Agenda 2030 für nachhaltige Entwicklung [Online] Verfügbar unter: https://www.unwater.org/publications/water-sanitation-interlinkages-across-2030-agenda-sustainable-development/

2   Rat der Europäischen Union, Schlussfolgerungen des Rats der EU zur Diplomatie zum Thema Wasser 2021 [Online]. Verfügbar unter: https://www.consilium.europa.eu/en/press/press-releases/2021/11/19/water-in-diplomacy-council-confirms-eu-s-commitment-to-enhanced-eu-engagement/

3   Water and Beyond: Elements for a strategic approach on global and EU external action in the water sector 2021 [Online]. Verfügbar unter: https://op.europa.eu/en/publication-detail/-/publication/4c8df458-df93-11eb-895a-01aa75ed71a1/language-en

4   UN Water, The SDG6 Global Acceleration Framework [Online]. Verfügbar unter: https://www.unwater.org/publications/the-sdg-6-global-acceleration-framework/

5   IPCC, Climate Change 2022: Impacts, Adaptation and Vulnerability [Online]. Verfügbar unter: https://www.ipcc.ch/report/sixth-assessment-report-working-group-ii/

– EU-Strategie für die internationale **Zusammenarbeit in einer Welt im Wandel**[6] – sowie im breiteren Kontext des Grünen Deals der EU dargelegt[7].

3. DIE GLOBALEN HERAUSFORDERUNGEN IM BEREICH WASSER

Alle gesellschaftlichen Herausforderungen und damit auch die Erreichung der SDGs sind stark vom Wasser abhängig – Wasser wird in jedem SDG explizit oder implizit erwähnt. Insbesondere die Rolle des SDG17 als **gemeinsames Fundament wird unterschätzt**. Die Aufmerksamkeit und Anerkennung von SDG17, das die menschliche Dimension, eine effektive Zusammenarbeit und das Engagement für das Gemeinwohl umfasst, muss erhöht werden.

Wenn wir über Wasserprobleme sprechen, müssen wir uns darüber im Klaren sein, dass der Nutzen von Wasser und die Risiken im Zusammenhang mit Wasser normalerweise **von außerhalb des Wassersektors** gemessen werden, was zu einem Mangel an Rechenschaftspflicht[8] führt. Die Bedeutung von Wasser wird auf politischer Ebene nicht ausreichend anerkannt, und daher wurden Wasserprobleme in der FuI-Politik nicht angemessen berücksichtigt. Darüber hinaus wird internationale Zusammenarbeit (die eng mit SDG17 verbunden ist) als eigenständiges Element auf nationaler oder europäischer Ebene häufig als selbstverständlich angesehen, vage „gefördert", aber selten konkret angegangen, um größere langfristige Auswirkungen zu erzielen. Eine effektive internationale Zusammenarbeit schafft einen einzigartigen zusätzlichen Wert für die Erreichung der SDGs.[9]

Wasser ist die führende Komponente des Nexus **Wasser-Energie-Ernährung-Ökosysteme-Gesundheit**, und die für seine Verwaltung Verantwortlichen müssen einen kohärenten und permanenten nationalen und internationalen Dialog mit ihren Partnern in anderen Sektoren etablieren und außerdem die Führung bei der Schaffung solcher Initiativen übernehmen, indem sie die bestehende inter- und intrasektoriale Fragmentierung überwinden, um sicherzustellen, dass globale, soziale und ökologische Probleme korrekt angegangen werden.

---

6   Europäische Kommission, Mitteilung der Kommission an das Europäische Parlament, den Rat, den Europäischen Wirtschafts- und Sozialausschuss und den Ausschuss der Regionen „Der globale Ansatz für Forschung und Innovation" [Online]. Verfügbar unter: https://eur-lex.europa.eu/legal-content/EN/TXT/?uri=COM:2021:252:FIN

7   Europäische Kommission, Mitteilung der Kommission an das Europäische Parlament, den Europäischen Rat, den Rat, den Europäischen Wirtschafts- und Sozialausschuss und den Ausschuss der Regionen „Der europäische Grüne Deal" [Online]. Verfügbar unter: https://eur-lex.europa.eu/legal-content/EN/TXT/?qid=1576150542719&uri=COM%3A2019%3A640%3AFIN

8   Beitrag „Wassersicherheit für alle" (2019)

9   United Nations Department of Economic and Social Affairs (UNDESA): „Maximizing the impact of partnerships for the SDGs" [Online]. Verfügbar unter: https://sustainabledevelopment.un.org/partnerships/guidebook Weltwasserbericht 2022: „Grundwasser, das Unsichtbare sichtbar machen" (UN Water – UNESCO).

Möglicherweise sind die meisten wasserbezogenen **gesundheitlichen** Auswirkungen negativ und resultieren aus direkten Expositionen (z. B. extreme Wetterereignisse) und weniger aus direkten Einflüssen aufgrund von sinkenden Lebensmittelerträgen, Süßwasserströmen und -qualität, der Stabilität von Infektionskrankheitsmustern, Familieneinkommen und Lebensgrundlagen.

Migration geht einher mit a) häufigeren Dürreperioden, die die landwirtschaftliche Produktion beeinträchtigen, die Lebensgrundlagen verringern und den Zugang zu sauberem Wasser vermindern; b) extremen Wetterereignissen wie häufigen Überschwemmungen, die Häuser oder Ackerland zerstören und die Menschen zwingen, umzusiedeln; c) steigenden Meeresspiegeln, die Küstengebiete unbewohnbar machen, und d) dem Wettbewerb um natürliche Ressourcen, der zu Konflikten führen kann, was wiederum die Migration verschärft.[10]
Wasser hat in vielen Fällen ein fast heiliges **grenzüberschreitendes** Element dargestellt. Flüsse wie der Nil, die Donau, der Tigris, der Euphrat oder der Amazonas, die über menschengemachte Grenzen verlaufen, waren in der Vergangenheit immun gegen die Auswirkungen internationaler Rivalitäten und Konflikte. Doch es zeichnet sich eine einseitige, flussaufwärts gerichtete Entwicklung ab – zum Beispiel in der Region Mittlerer Osten und Nordafrika (Middle East and North Africa, MENA).[11] Dies birgt die Gefahr interregionaler und internationaler **Konflikte**, eingesetzt als proaktives Zwangsmittel (beispielsweise die unausgesprochene Fähigkeit eines Staates, die Wasserversorgung eines anderen zu behindern) und gleichzeitig passives Opfer eines Konflikts.

Die Herausforderungen, die als Folge der COVID-19-Pandemie identifiziert wurden, wurden durch die Krise in der Ukraine noch deutlicher. Die entsetzlichen Folgen des Konflikts zeigen noch dramatischer, wie sich lokale Krisen global und auf die Interdependenz von Nationalstaaten weltweit auswirken können. Die Unfähigkeit der Ukraine und Russlands, Getreide und Saatgut zu exportieren, und die Unterbrechung der Energieversorgung haben zu einem sofortigen politischen Kurswechsel auf Seiten supranationaler Behörden geführt, die ihre Bemühungen auf Lebensmittel- und Energiesicherheit konzentrieren. Wasser spielt in beiden Kontexten eine Schlüsselrolle bei der Bekämpfung weit verbreiteter Hungersnöte, Energiearmut und einer zunehmend instabilen wirtschaftlichen Situation, wie sowohl die Weltbank[12] als auch das Weltwirtschaftsforum betont haben (letzteres seit 2015 an der Spitze der globalen Risiken und 2022 während des jüngsten Davos-Forums[13]).

---

10 Ebbe und Flut, Band 1: Wasser, Migration und Entwicklung

11 SIWI World Water Week: Sowers, J. University of New Hamphire und das Crown Center for Middle Eastern Studies, Brandeis University

12 The Guardian: „Ukraine war 'will mean high food and energy prices for three years" [Online]. Verfügbar unter: https://www. theguardian.com/business/2022/apr/26/ukraine-war-food-energy-prices-world-bank

13 Weltwirtschaftsforum, Davos 2022 – What just happened? 9 things to know [Online]. Verfügbar unter: https://www.weforum. org/agenda/2022/05/the-story-of-davos-2022/?utm_source=sfmc&utm_medium=email&utm_campaign=2778141_ Agenda_weekly-27May2022&utm_term=&emailType=Agenda%20Weekly

Die Vereinten Nationen haben deutlich gemacht, dass (...) eine der größten Herausforderungen, denen sich die Weltgemeinschaft bei ihrem Versuch, nicht nachhaltige Entwicklungsmuster durch eine umweltverträgliche und nachhaltige Entwicklung zu ersetzen, gegenübersieht, die Notwendigkeit ist, in allen Bereichen der Gesellschaft ein gemeinsames Zielbewusstsein zu aktivieren".[14] Die Wahrscheinlichkeit, ein solches Zielbewusstsein zu bilden, wird von der Bereitschaft aller Sektoren abhängen, sich an einer echten sozialen Partnerschaft und einem Dialog zu beteiligen, in dem die unabhängigen Rollen, Verantwortlichkeiten und besonderen Kapazitäten jeder Partei anerkannt werden. Ereignisse wie der Konflikt in der Ukraine zeigen die Notwendigkeit einer globalen Reaktion, die die Bedeutung der grenzüberschreitenden Zusammenarbeit unterstreicht. Aus der tragischen Asche des Krieges kann sich, wenn schnell gehandelt wird, eine breitere Unterstützung für eine echte Zusammenarbeit über nationale Grenzen hinweg zur Verbesserung der Nachhaltigkeit ergeben.[15]

4. CHANCEN DURCH INTERNATIONALE FUI-ZUSAMMENARBEIT

Wissen und Information

Bewusstsein führt zu Besorgnis, Besorgnis führt zu Engagement, Engagement führt zu sozialem Konsens, und sozialer Konsens führt zu politischer Kontinuität, selbst auf der internationalen Bühne.[16] Eine neue Ära der internationalen Aufklärung auf der Grundlage transparenter und dokumentierter **Informationen** ist erforderlich, um ein breites, internationales, heterogenes soziales Publikum mit einem ausgeprägten Maß an **technischem Verständnis** zu sensibilisieren, das vom betroffenen Laien über Studenten, den professionellen Interessenträger, den politischen Entscheidungsträger und den spezialisierten wissenschaftlichen und technischen Experten reicht.

Die Befürworter effizienterer internationaler Wasserstrategien und -kooperationen verfügen über eine breite Palette spannender Mechanismen zur Verbesserung der Transparenz und der öffentlichen Wahrnehmung, z. B. partizipative Wissenschaft für die Datenerhebung, digitale soziale Plattformen und Augmented Reality, die in der Lage sind, sowohl finanzielle als auch praktische Vorteile auf klare und zugängliche Weise aufzuzeigen und so ein gemeinsames Zielbewusstsein zu aktivieren. Ein breites Wissen führt zu einem besseren Engagement der Bürger, was zu einer **proaktiven Beteiligung** an der gemeinsamen Gestaltung, Entwicklung und anschließenden Implementierung der internationalen Wasserpolitik führen wird.

---

14 Beschluss des Umweltprogramms der Vereinten Nationen: 27.2.

15 Nature: „What the war in Ukraine means for energy, climate and food" [Online]. Verfügbar unter: https://www.nature.com/articles/d41586-022-00969-9

16 Elelman R, Feldman DL (2018): The future of citizen engagement in cities – The council of citizen engagement in sustainable urban strategies (ConCensus). Futures Band 101, August 2018, Seiten 80-91. https://doi.org/10.1016/j.futures.2018.06.012

Diese praktische Kommunikation und die nicht-professionelle Beteiligung führen zu einem viel breiteren gesellschaftlichen Konsens auf internationaler Ebene, der eine viel solidere Grundlage für politische Kontinuität bietet. Das Europäische Parlament, die Kommission und die Mitgliedstaaten der Europäischen Union müssen handeln, um sicherzustellen, dass alle Akteure in solchen sozialorientierten Aktivitäten geschult werden, um sie konkret umzusetzen.[17]

Einbeziehung der betroffenen Interessengruppen

Eine wirksame internationale Zusammenarbeit auf dem Gebiet der Wasserpolitik beruht auf dem menschlichen Element des **Vertrauens**. Vertrauen ist ein unverzichtbares und dennoch hoch vernachlässigtes Gut. Vertrauen, das für jede Form von gesellschaftspolitischer Einigung unerlässlich ist, kann nur bestehen, wenn a) alle Parteien von Anfang an umfassend über alle Vor- und Nachteile und die daraus resultierenden Ergebnisse einer Initiative informiert werden und b) alle sozialen Sektoren innerhalb der betroffenen Gemeinschaften wirklich einbezogen werden.

Es ist notwendig, in allen Bereichen der Gesellschaft ein Gefühl für ein **gemeinsames Ziel** zu entwickeln. Sowohl der Bottom-up-Ansatz als auch der Top-down-Ansatz müssen eingehalten werden, um den notwendigen globalen und gesellschaftlichen Konsens zu erreichen, der eine effektive intra- und supranationale politische Kontinuität garantiert, die in lokalen Gemeinschaften umgesetzt wird. Die Wahrscheinlichkeit, ein solches Zielbewusstsein zu bilden, wird von der Bereitschaft aller Sektoren abhängen, sich an einer echten sozialen Partnerschaft und einem Dialog zu beteiligen, in dem die unabhängigen Rollen, Verantwortlichkeiten und besonderen Kapazitäten jeder Partei anerkannt werden.[18]

5. INTERNATIONALE ZUSAMMENARBEIT ZUR FÖRDERUNG VON WASSERINNOVATION

Um die in den SDGs zum Ausdruck gebrachten globalen Wasserprobleme zu lösen und ihre globalen Verbindungen zu verbessern, bedarf es internationaler Zusammenarbeit. Weltweit sollten gemeinsame transnationale Aktivitäten durchgeführt werden, um die großen gesellschaftlichen Herausforderungen anzugehen und Wertschöpfung und Arbeitsplätze zu schaffen. SDG17 fordert eine verstärkte globale Zusammenarbeit in Bereichen wie Wissenschaft, Technologie, Innovation und Kapazitätsentwicklung und rückt sie in den Mittelpunkt nachhaltiger Entwicklung.

---

17 Weitere Quellen:
    United Nations Environment Program (UNEP). „Livelihood Security: Climate Change, Migration and Conflict in the Sahel"
    [Online]. Verfügbar unter: http://www.unep.org/pdf/UNEP_Sahel_EN.pdf (Abruf am 22. März 2021).
    „Human Tide: The Real Migration Crisis" [Online]. Verfügbar unter: https://www.christianaid.org.uk/Images/human-tide.pdf
    (Abruf am 12. März 2021).
    Werz M und Hoffmann M (2016): „Europe's twenty-first century challenge: climate change, migration and security". European
    View (2016). 15:145-154. DOI: 10.1007/s12290-016-0385-7
18 Chen A, Elelman R et al. (2021): „The need for digital water in a green Europe" [Online]. Verfügbar unter: https://op.europa.eu/
    en/publication-detail/-/publication/f68e3f26-821a-11eb-9ac9-01aa75ed71a1/language-en/format-PDF/source-search#

Allerdings sind sowohl regionale als auch nationale Interessen, die auf Parteiinteressen beruhen, und rassische, religiöse und nationale Voreingenommenheit Hindernisse, die der internationalen Zusammenarbeit im Wege stehen. Es müssen realistische Wege gefunden werden, die es ermöglichen, **supranationale Strategien in lokale Aktionen umzusetzen.** Kommunale wie ländliche Anliegen müssen im Europäischen Parlament, in der Kommission und in der Umweltversammlung der Vereinten Nationen gehört werden. Die Arbeit der von UNEP koordinierten Plattform der World Water Quality Alliance der Vereinten Nationen für soziales Engagement beruht beispielsweise auf dieser Philosophie. Durch die Schaffung lokaler Wasserforen[19] wenden sich die für die Umsetzung der Ziele von SDG6 zuständigen Verwaltungen an lokale Gemeinschaften, um als deren Vertreter zu fungieren und gleichzeitig einen Weg in Richtung internationale Zusammenarbeit zu schaffen, was undenkbar wäre, wenn die Verantwortung auf den Schultern der nationalen Regierungen läge.

Eingriffsmechanismen

Der allgemeine Grundsatz des effektiven Engagements besteht darin, dass sich Interessenträger auf lokaler, regionaler, nationaler und internationaler Ebene, sofern relevant, an einem transparenten Prozess der Mitgestaltung, Umsetzung und Überprüfung einer breiten Palette von wasserbezogenen politischen Maßnahmen beteiligen, die ihre Bedürfnisse und Visionen in den Bereichen Behörden, Unternehmen und Forschung sowie die Perspektiven der Zivilgesellschaft und der natürlichen Umwelt widerspiegeln.[20] [21]

Es gibt fünf wesentliche Eingriffsmechanismen, die eingerichtet und koordiniert werden können, um sowohl die Ziele supranationaler als auch lokaler Einrichtungen zu erreichen, die ihrerseits in perfekter Übereinstimmung mit dem Grünen Deal der EU[22] handeln und die Absichten der Vereinten Nationen erfüllen:

1. **Ein wirklich sektorübergreifender kollaborativer Ansatz** zwischen allen Sektoren einer nachhaltigen Gemeinschaft: Wasser, Energie, Ernährung, Abfall, Verkehr, Gesundheit, soziale Dienste, Beschäftigung usw.
2. **Supranationale Strategien, einschließlich Nachhaltigkeitsaspekten**, müssen von regionalen und lokalen Interessenträgern umgesetzt werden, um eine langfristige Bewusstseinsbildung, politische Mitgestaltung und politische Kontinuität zu gewährleisten.

---

19 UNEP, World Water Quality Alliance, [Online]. Verfügbar unter: https://communities.unep.org/display/WWQA

20 Die Dublin-Erklärung von 1992

21 Europäische Kommission: „Digital single market" [Online]. Verfügbar unter: https://ec.europa.eu/digital-single-market/en/open-innovation-20

22 Europäische Kommission: „A European Green Deal striving to be the first climate-neutral continent" [Online]. Verfügbar unter: https://ec.europa.eu/info/strategy/priorities-2019-2024/european-green-deal_en

3. Die **Fünffach-Innovations-Helix**, d. h. der öffentliche Sektor, der Wirtschaftssektor, der Forschungssektor, die Bürger und Vertreter soziokultureller Einrichtungen (in denen Wissen der Hauptbestandteil ist), müssen in alle Phasen der Politikgestaltung und der daraus resultierenden Implementierung einbezogen werden.

4. **Die Einbindung neuen Wissens oder neuer Innovationen und ihre Verbreitung an lokalen Schulen, Hochschulen und Universitäten** ist ebenso von großer Bedeutung wie eine allgemeine Herangehensweise an die Jugend.

5. Es muss ein **besseres Verständnis der Verbindungen zwischen den verschiedenen Organisationen/Institutionen** geben, die den Einfluss, die Vernetzungsfähigkeit und die Macht haben, innerhalb der verschiedenen Netzwerke und Gemeinschaften die Führung zu übernehmen.

6. **Kommunikation und Wissensaustausch** sollten sich an Gemeinden, Regionen und Flussgebietsbehörden sowie an den Wirtschaftssektor richten. Dies wird unter anderem die Einrichtung einer frei zugänglichen Best-Practice-Sammlung umfassen, um die Ziele und Maßnahmen internationaler Organisationen allen sozialen Sektoren und allen Altersgruppen unabhängig von ihrem geografischen Standort zugänglich zu machen.

Besondere Aufmerksamkeit sollte der Verwendung und Definition des Konzepts der Beteiligung geschenkt werden, damit es in politischen Rahmenwerken sinnvoll bleibt, wo es ein breites Spektrum an Erfahrungen und unterschiedliche Grade der Einbeziehung von Interessenträgern abdecken kann (z. B. die partizipatorische Leiter der Konsultation, Partnerschaft, delegierten Befugnis, Bürgerkontrolle).

6. FINANZIERUNG DER ENTWICKLUNG UND DURCHFÜHRUNG VON FUI

Um die internationale Zusammenarbeit in Forschung und Innovation im Bereich der Wasserproblematik auszuweiten, wurden in den letzten Jahrzehnten spezifische Instrumente und ein gegenseitiges Verständnis entwickelt. Die internationale FuI-Zusammenarbeit wird je nach Tätigkeit und Wirtschaftsstatus des Empfängerlandes über verschiedene Mechanismen finanziert.

- **Für Länder mit niedrigem Einkommen** kann die Zusammenarbeit mit europäischen Partnern eine Herausforderung darstellen. Entwicklungshilfeprogramme, die sich auf die gemeinsame Zusammenarbeit konzentrieren, können eine Lösung sein, auch wenn sie nicht auf Forschung und Innovation abzielen. Die neue Generaldirektion Internationale Partnerschaft (GD-INTPA[23]) der Europäischen Kommission (ehemalige GD Entwicklungszusammenarbeit) erstellt derzeit Finanzierungsprogramme, mit denen der Mangel an Mitteln in Ländern mit niedrigem Einkommen ausgeglichen werden soll. Die FuI-Rahmenprogramme der EU ermöglichen die Beteiligung von Rechtspersonen aus assoziierten Ländern unter gleichen Bedingungen wie für Rechtspersonen aus den EU-Mitgliedstaaten, sofern im Ar-

---

23   GD INTPA, Internationale Partnerschaften [online]. Verfügbar unter: „International Partnerships | European Commission" (europa.eu)

beitsprogramm keine spezifischen Beschränkungen oder Bedingungen festgelegt sind. Teilnehmer aus vielen Ländern niedrigen bis mittleren Einkommens kommen automatisch für eine Förderung in Frage.

- **Für Länder, die sich im Übergang von einem niedrigen zu einem mittleren Einkommensstatus** befinden, wird die Entwicklungszusammenarbeit von der Entwicklungshilfe zu Peer-to-Peer-Partnerschaften übergehen. Dies ist ein geeigneterer Mechanismus, um die bestehende Zusammenarbeit zum gegenseitigen Nutzen auf der Grundlage früherer Bemühungen zum Kapazitätsaufbau aufrechtzuerhalten. Dies wurde bei der Unterstützung der Wasserpolitik und der Finanzierung von FuI auf EU-Ebene angewandt: Die Europäische Kommission hat „bilaterale Programme" für Wasser entwickelt – beispielsweise mit Indien[24] und China[25] – in deren Rahmen diese Länder Forschungs- und Innovationsträger in ihren jeweiligen Ländern direkt unterstützen.

- **Finanzierungsmechanismen nach Win-Win-Art, bei denen sich alle Länder an der Finanzierung beteiligen**: Das typischste Instrument ist eine Aufforderung zur Einreichung von Vorschlägen mit einem virtuellen gemeinsamen Topf. Alle teilnehmenden Länder unterzeichnen eine Absichtserklärung mit einem bestimmten Budget zur Finanzierung der Forschungsgruppen ihres Landes. Ein ausgezeichnetes Beispiel ist die Partnerschaft zwischen Horizon Europe und Water4All, die EU-Mitgliedstaaten und anderen Partnern außerhalb der EU (z. B. Israel, Moldau oder Südafrika) offen steht.

- **Es wurden auch spezifische Instrumente** entwickelt, um die Teilnahme weniger erfahrener Länder an FuI-Programmen zu erleichtern:
  - *Thematische jährliche Programmplanung (Thematic Annual Programming, TAP) für eine gemeinsame Forschungspriorität.* Die TAP-Aktion umfasst eine Reihe von FuI-Projekten, die aus kürzlich finanzierten Projekten auf nationaler Ebene oder nach Veröffentlichung eines von den Geldgebern vereinbarten, gemeinsamen Aufrufs ausgewählt wurden.
  - *Wissensdrehscheiben (Knowledge Hub, KH) für Wissensaustausch, -transfer und -verbreitung* sind ein Netzwerk ausgewählter Forscher in einem bestimmten Wissenschaftsbereich, die an FuI-Projekten beteiligt sind, die im Rahmen der Initiative „Water JPI"[26] oder auf nationaler Ebene finanziert werden.
  - *Living Labs* sind ein wesentlicher Ansatz, der die gemeinsame Konzeption, die gemeinsame Gestaltung und die Übernahme von Forschung und Innovation aus der Forschung in die Praxis ermöglicht, indem neue Technologien oder innovative Ansätze von Partnern innerhalb und außerhalb Europas demonstriert werden.

Die Finanzierung der internationalen Zusammenarbeit im Rahmen der oben genannten Modalitäten erfolgt unter anderem durch eine Reihe verschiedener Institutionen und Instrumente:
- Globale Zusammenarbeit mit den europäischen Rahmenprogrammen für Forschung und Innovation (derzeit Horizon Europe)
- Multilaterale Länderkooperation (gemeinsame Entwicklung und gleichberechtigte Zusammenarbeit in JPIs oder Partnerschaften)

---

24 Wasserpartnerschaft Indien-EU, Homepage [online]. Verfügbar unter: „IEWP | India-EU Water Partnership"

25 Wasserplattform China-Europe, Homepage [online]. Verfügbar unter: „Home | CEWP"

26 Bisher wurden sieben Aufforderungen zur Einreichung von Vorschlägen im Rahmen der Initiative „Water JPI" (Programmplanungsinitiative Wasser) veröffentlicht (www.waterjpi.eu).

- Bilaterale Länderkooperation über die Europäische Kommission (INTPA) oder einzelne Mitgliedstaaten (Entwicklungshilfe, Forschungsförderung)
- Stiftungen großer Unternehmen (z. B. Veolia, Danone, Grundfos)
- Wohltätigkeitsorganisationen (z. B. Bill and Melinda Gates Foundation)
- Investmentfonds und internationale Finanzinstitutionen (z. B. Europäische Investitionsbank und Nordische Investitionsbank)

Zusammenfassend lässt sich sagen, dass es eine Reihe finanzieller Vereinbarungen zur Unterstützung von Forschung, Innovation und Demonstration im Bereich Wasser gibt. Diese Programme sind jedoch sehr dynamisch und müssen genau überwacht werden, da möglicherweise mehr Finanzierungsakteure und -instrumente auf globaler Ebene verfügbar werden. Darüber hinaus **wird dem SDG17 in der Diskussion um wasserbezogene Herausforderungen im Bereich der Finanzierung zu wenig Aufmerksamkeit geschenkt. Eine spezifische finanzielle Unterstützung von (neuen Formen der) internationalen Zusammenarbeit und Innovationsfähigkeit könnte in Zukunft beispiellose Ergebnisse erzielen.**

7. ERGEBNISSE UND EMPFEHLUNGEN

In diesem Beitrag haben wir das Potenzial erörtert, das SDG17 als Hauptinstrument zur Bewältigung aller wasserbezogenen SDGs zu erreichen. Wir haben die Bedeutung und Schwere der Wasserprobleme und die Chancen, die insbesondere Forschung, Wissenstransfer und internationale Zusammenarbeit bieten, sowie auch den Schlüsselaspekt der Finanzierung internationaler Zusammenarbeit aufgezeigt.

SDG17 ist in all seinen verschiedenen Aspekten der Ressourcenmobilisierung (national, europäisch und international), der Finanzierung und Investition aus verschiedenen Quellen, der Politikkohärenz und der verstärkten Zusammenarbeit in Schlüsselbereichen wie Wissenschaft, Technologie, Innovation und Kapazitätsentwicklung von entscheidender Bedeutung, um das SDG6 und andere damit verbundene SDGs der Agenda 2030 zu erreichen.

Die wichtigsten Ergebnisse und Empfehlungen für das weitere Vorgehen lassen sich wie folgt zusammenfassen.

- **Alle derzeitigen Finanzierungsmechanismen sind notwendig, da wichtige globale gesellschaftliche Herausforderungen nicht von jedem Land oder Geldgeber einzeln** angegangen werden können, was im Einklang mit den Kernaussagen von SDG17 und insbesondere den Zielen in Bezug auf die Mobilisierung von Ressourcen steht. Insbesondere die Komplementarität der Finanzierungsmechanismen ist ein großer Mehrwert bei der Bewältigung globaler Wasserprobleme.
- In der globalen Zusammenarbeit ist **die Förderfähigkeit innerhalb der europäischen Rahmenprogramme von entscheidender Bedeutung.** Mehrere Drittländer sind durch EU-FuI-Rahmenprogramme förderfähig. Daher unterstützt die Europäische Union Maßnahmen in den für jedes Land spezifischen vorrangigen Bereichen, um die Zusammenarbeit in allen Bereichen der Wasserwirtschaft zu fördern. Die ausgewogene multilaterale Zusammenarbeit, wie das von Water JPI in den letzten zehn Jahren entwickelte Modell, scheint weitere

Vorteile zu bieten[27], z. B. die gemeinsame Entwicklung einer strategischen Forschungs- und Innovationsagenda und von Umsetzungsinstrumenten, eine stärkere Beteiligung von Förderorganisationen an gemeinsamen Ausschreibungen, eine größere Zahl von FuI-Entwicklungsteams an geförderten Projekten sowie Vielfalt und Relevanz gemeinsamer Maßnahmen.

- **Die Beteiligung des Wirtschaftssektors muss gefördert und gesteigert werden, um die globalen Ziele zu erreichen und signifikante gesellschaftliche Wirkung zu erzielen.** Folglich müssen FuI-Bedürfnisse und die Kapazität des Wirtschaftssektors so bald wie möglich berücksichtigt werden und private Unternehmen sowie kleine, mittlere und große Unternehmen in die strategischen Agenden einbezogen werden. Die **Auswahl der thematischen Prioritäten und der Zielgebiete** weltweit sollte der Anreiz dafür sein, dass der Wirtschaftssektor sich an der Finanzierung von FuI-Projekten beteiligt, und zwar auf der Grundlage nachfrageorientierter und nicht angebotsorientierter Ansätze.
- **Erleichterung von gemeinsamer Konzeption und Gestaltung**: Die Einbindung lokaler/regionaler Partner und Unternehmen von Anfang an und während des gesamten Projektzyklus ist notwendig und wichtig, um die Lücke zwischen den kulturellen Unterschieden zu schließen.
- **Förderung von Living Labs und Knowledge Hubs, in denen Forscher** aus Unternehmen, Sozial- und Naturwissenschaften **mit relevanten Endnutzern in einer realen Umgebung zusammenarbeiten.** Diese Instrumente ermöglichen gezielte Interventionen mit einem sektorübergreifenden Nexus-Ansatz.
- **Steigerung der Flexibilität der Kooperationsformen, um die Anzahl gemeinsamer Aktivitäten zwischen Ländern zu erhöhen**: In EU- oder Nicht-EU-Ländern gelten unterschiedliche nationale Förderkriterien, die die Durchführung gemeinsamer Aktivitäten behindern können. Eine stärkere **Angleichung der Vorschriften und Praktiken** ist erforderlich, um die Wirkung zu steigern.
- **Unterstützung eines langfristigen Engagements**, um angemessene Ergebnisse sicherzustellen und nachteilige „Stopp-and-Go"-Effekte und Ressourcenverschwendung zu verhindern.
- **Aufforderungen zur Einreichung von FuI-Projekten** sind nach wie vor sehr wichtige Mittel zur Einführung und Stärkung internationaler Zusammenarbeit, insbesondere in Bezug auf Vorschläge, die auf bestehenden Projekten und/oder Vorschlägen basieren, die bestehende Netzwerke und Allianzen unterstützen.
- **Wege zur Wirksamkeit sind lang**: Die Messung der Forschungswirkung ist von entscheidender Bedeutung für die Forschungsförderer, die sicherstellen wollen, dass die von ihnen geförderte Forschung sowohl wissenschaftlich exzellent ist als auch einen bedeutsamen Einfluss auf die großen Herausforderungen, die sie anstreben, und andere Ergebnisse hat. Jedoch wird der Nachweis und die Vermittlung des Forschungswertes durch viele Faktoren erschwert.[28]

---

27 Siehe ERALEARN Workshop zum Thema Globalisierung, April 2021

28 Darmendrail D, Wemaere A. (2021): „Water Research and Innovation Partnership addressing Sustainable Development Goals". In: Leal Filho W, Azul AM, Brandli L, Lange Salvia A, Wall T (Hrsg.): Clean Water and Sanitation. Encyclopedia of the UN Sustainable Development Goals. Springer, Cham. DOI: 10.1007/978-3-319-70061-8_124-1

- **Aufbau von Verbindungen zwischen Forschung und damit zusammenhängenden Hilfskapazitäten für Entwicklungsländer**: Einige Netzwerke haben starke Verbindungen aufgebaut, die auch den Aufbau von Kapazitäten zur Durchführung von Forschungsarbeiten mit Ländern außerhalb Europas unterstützen. So hat beispielsweise die Initiative „Water JPI" enge Verbindungen zu Südafrika (dem ersten nichteuropäischen Land, das sich der Initiative „Water JPI" angeschlossen hat) aufgebaut.
- **Fokussierung auf das Engagement der Zivilgesellschaft**: Das Engagement muss sich auf alle Bereiche der Gesellschaft erstrecken. Weder Rasse noch Religion, wirtschaftlicher Status, soziale Klasse, Geschlecht oder Alter sollten ein Hindernis für die Teilnahme sein. Die Qualifizierung für die Beteiligung und nicht die Mitgliedschaft in professionellen Netzwerken sollte das Interesse und Anliegen des Teilnehmers sein.
- **Der Einsatz von Vermittlern** zwischen Kapitalanlegern, Unternehmen, politischen Entscheidungsträgern und Forschungseinrichtungen sollte gefördert werden, um die verschiedenen beteiligten Parteien besser zu vernetzen. Geld selbst ist nicht das **Hauptproblem, wichtiger sind die Anreize**, Wasser-FuI durch verschiedene Interessenträger durchzuführen, wobei jeder sein eigenes Interesse an einer Teilnahme hat.
- **Diversitätsfaktor**: Die Türen sollten für die nächste Generation offener sein, wobei nicht nur Kultur und Geschlecht, sondern auch das Alter als Diversitätsfaktor zu berücksichtigen sind. Um die Werte des Wassers zu diskutieren, ist eine kulturelle und geschlechterdifferenzierte Jugendvertretung in Entscheidungspositionen (Lenkungsgruppen und Vorstände) erforderlich, die auf einem aktuellen Verständnis der Wasserkrisen und dem Zugang zu neuesten Erkenntnissen basiert. Das **generationenübergreifende Engagement (das durch die Vertrautheit der nächsten Generation mit sozialen Plattformen beschleunigt werden kann) ermöglicht einen neuartigen Weg der Diskussion über Wasser** und schafft engagierte Beziehungen zwischen den Anführern von heute und denen von morgen. Das bedeutet kontinuierliches Engagement, basierend auf einem ehrlichen Gespräch über Wasserwerte und die Entwicklung einer bewussten strategischen Reaktion auf die Wasserkrisen.

Wir unterstützen die Förderung der oben genannten Ergebnisse und Empfehlungen und sind entschlossen, uns für die Bedeutung der Botschaften in den übrigen Teilen der Agenda 2030 für nachhaltige Entwicklung der Vereinten Nationen einzusetzen, beispielsweise in dem Prozess, der zur UN-Wasserkonferenz 2023, einem Meilenstein, und zur zweiten UN-Wasserkonferenz überhaupt nach der ersten UN-Wasserkonferenz in Mar del Plata (Argentinien) 1977 führt.

INTEGRIERTE ANSÄTZE UND STRATEGIEN ZUR BEWÄLTIGUNG DER ABWASSERKRISE IN NICHT KANALISIERTEN SLUMGEBIETEN IN AFRIKANISCHEN MEGASTÄDTEN

*Jan Willem Foppen (IHE Delft),
Piet N.L. Lens (National University of Ireland, Galway)*

ABWASSERENTSORGUNG IN STÄDTISCHEN SLUMS IN ENTWICKLUNGSLÄNDERN

Es wird geschätzt, dass die Urbanisierungsrate und das Wachstum städtischer Slums in Entwicklungsländern – insbesondere in Subsahara-Afrika, Südamerika und Asien – schneller voranschreiten als der Ausbau der städtischen Infrastruktur und die Bereitstellung von Dienstleistungen (Isunju et al., 2011). Städtische Slums zeichnen sich durch hohe Bevölkerungsdichte, Bevölkerungsdynamik, schlechte städtische Infrastruktur und fehlenden Rechtsstatus aus (Katukiza et al., 2010). Diese Faktoren erschweren die Bereitstellung nachhaltiger sanitärer Dienstleistungen, was auch zu einer Zunahme der städtischen Bevölkerung ohne Zugang zu verbesserten sanitären Einrichtungen in den wichtigsten städtischen Zentren in Entwicklungsländern geführt hat (Cairncross, 2006). Darüber hinaus werden die für den Bereich Wasserversorgung und Abwasserentsorgung veranschlagten Mittel zum Beispiel hauptsächlich für die Wasserversorgungsinfrastruktur ausgegeben, wodurch der Teilsektor Abwasserentsorgung weiter geschwächt wurde, was dazu führte, dass die Abwasserziele von den meisten Entwicklungsländern nicht erreicht wurden (Joyce et al., 2010).

Im Allgemeinen stellen die unzureichende Sammlung und Behandlung der Abfallströme (Ausscheidungen, Grauwasser und feste Abfälle) und die sichere Entsorgung oder Wiederverwendung der Endprodukte eine Gefahr für die Umwelt und ein Risiko für die öffentliche Gesundheit dar. In städtischen Slums sind Boden- und Wasserquellen (wie Bohrlöcher, flache Brunnen, Quellen und Bäche) mit Krankheitserregern (Bakterien und Viren), Nährstoffen (Nitrat, NO_3^-; Ammonium, NH_4^+ und Phosphat, PO_4^{3-}) und Mikroschadstoffen kontaminiert (Katukiza et al., 2013; Nyenje et al., 2013). Insbesondere Grubenlatrinen in Slums verunreinigen Grundwasserquellen (Graham und Polizzotto, 2013; Nyenje et al., 2013), was negative Auswirkungen auf die Gesundheit der Slumbewohner haben kann. Darüber hinaus werden hohe Kindersterblichkeitsraten und krankheitsbedingte Arbeitsausfälle in städtischen Armutsgebieten auf unzureichende sanitäre Einrichtungen und schlechte hygienische Praktiken zurückgeführt (Genser et al., 2008). Die Bereitstellung angemessener und verbesserter sanitärer Einrichtungen in Slums wird daher durch die Notwendigkeit angetrieben, die Lebensqualität durch den Schutz der exponierten Bevölkerung vor Infektionskrankheiten zu verbessern, die Verschlechterung der Wasserquellen zu verringern, das Ökosystem unterhalb der städtischen Slums zu schützen und Abfälle für wirtschaftliche Vorteile in Form von erneuerbarer Energie, aufbereitetem Wasser und wiederverwertbaren Feststoffen zu verwerten (Katukiza et al., 2012).

FALLSTUDIE IM SLUM BWAISE III (KAMPALA, UGANDA)

Im Rahmen des interdisziplinären Forschungsprojekts *Sanitation Crisis in Unsewered Slum Areas in African Mega-Cities* (SCUSA) wurde eine Studie durchgeführt. Ziel des SCUSA-Projekts war es, zur Verbesserung der sanitären Bedingungen in städtischen Slums beizutragen, indem die technischen, sozioökonomischen und hydrologischen Aspekte integriert wurden. Das Studiengebiet des SCUSA-Projekts war Bwaise III in Kampala, Uganda (Abbildung 1).

Die spezifischen Ziele dieser Studie:

- Bewertung der Sanitärsituation im städtischen Slum von Bwaise III in Kampala (Uganda) und Entwicklung einer Methode für die Auswahl nachhaltiger Sanitärtechnologien.
- Einblick in das Ausmaß der mikrobiellen Risiken für die öffentliche Gesundheit zu geben, die durch Krankheitserreger über verschiedene Expositionswege in typischen städtischen Slums verursacht werden, wie etwa Bwaise III in Kampala (Uganda).
- Entwurf, Implementierung und Bewertung der Leistung einer Grauwasseraufbereitungs- technologie (Prototyp) in einem städtischen Slum.

GRUNDWASSERVERSCHMUTZUNG IN NICHT KANALISIERTEN SLUMS

Die Mehrzahl der sanitären Einrichtungen im Slum sind so genannte erhöhte Grubenlatrinen (Abbildung 1b). Sie sind erhöht, da sich der größte Teil der Grube unter dem Aufbau über der Bodenoberfläche befindet, um einen Kontakt mit dem sehr flachen Grundwasser (10-50 cm unter der Oberfläche) zu vermeiden. Die Auswirkung von Fäkalschlamm in den Senkgruben wurde sowohl unterirdisch als auch oberirdisch bewertet. Unterirdisch, im flachen Grund- wasserleiter, wurde eine erhebliche Verschmutzung des Grundwassers durch Grubenlatrinen festgestellt. Schätzungsweise gingen etwa 2-20 % des gesamten N- und weniger als 1 % des gesamten P-Masseneintrags aus den Grubenlatrinen in das Grundwasser verloren (Nyenje et al., 2013). Dies deutet darauf hin, dass in Bwaise III Grubenlatrinen sehr wirksam für die Entfernung von Nährstoffen waren.

In einem nächsten Schritt wurden im gesamten Bwaise-III-Slum Grundwasserbeobachtungs- brunnen installiert, um den Grundwasserfluss und die Grundwasserqualität zu untersuchen. Das Grundwasser war mit hohen EC-Werten, hohen Cl-Konzentrationen und hohen Alkalini- tätskonzentrationen stark mineralisiert. Außerdem war Ammonium ($NH4+$) die dominieren- de N-Art, während zu unserer Überraschung Orthophosphat ($o-PO43-$) im Allgemeinen fehlte. Die Schadstofffahne stammt aus Sickerabwasser aus Grubenlatrinen. Es wurden unterschied- liche Redoxzonen in Fließrichtung des Grundwassers beobachtet, die von nitratreduzierenden Zonen stromaufwärts von Bwaise III zu stark eisenreduzierenden Zonen stromabwärts von Bwaise III wechselten. Diese Redoxveränderungen wurden sowohl auf die langen Verweilzei- ten des Grundwassers von etwa 20 Jahren zurückgeführt als auch auf den kontinuierlichen Abbau von beweglichem organischem Material aus den Senkgruben, der für die stark redu- zierenden Bedingungen in der flachen Grundwasserschicht verantwortlich gemacht wurde. Dies deutet darauf hin, dass lateritische Schwemmsandgrundwasserleiter aufgrund der stark Fe-reduzierenden Bedingungen, die den N-Abbau durch Denitrifikation und den PO43-Abbau durch chemische Fällung begünstigten, eine effektive Senke für abwasserrelevante Nährstoffe sind.

QUANTITATIVE MIKROBIELLE RISIKOBEWERTUNG

Als festgestellt wurde, dass die meisten Oberflächengewässer in dem Gebiet verdünntes Grauwasser sind, das mit etwas Fäkalschlamm vermischt ist, wurde die pathogene Viruslast in verschiedenen Oberflächengewässern, Grundwasser und Quellen, die für Trinkwasser verwendet werden, bestimmt (Katukiza et al., 2013; 2015). Unsere Ergebnisse zeigten, dass verschiedene pathogene Viren (Rotavirus, Adenovirus und Hepatitis A) in der Slumumgebung vorhanden waren und dass ihre Konzentrationen ziemlich hoch waren. Mit diesen Daten wurde als alternativer Ansatz zur Priorisierung von Sanitärmaßnahmen eine quantitative mikrobielle Risikobewertung durchgeführt (Katukiza et al., 2013). Wir fanden heraus, dass die gesamte Krankheitslast 9.549 behinderungsbereinigte Lebensjahre (disability-adjusted life years, DALYs) pro Jahr betrug. Die höchste Krankheitslast betrug 5.043 DALYs pro Jahr durch die Exposition gegenüber Bakterien und Viren in offenen Abflusskanälen, was 53 % der gesamten Krankheitslast entsprach. Es sei darauf hingewiesen, dass diese Ergebnisse zeigten, dass die Krankheitslast bei allen Expositionswegen viel höher war als das von der WHO tolerierbare Risiko von 0,000001 DALY pro Person und Jahr (Cookey et al., 2016).

FÄKALSCHLAMM

Oberirdisch haben wir untersucht, wie die Senkgruben geleert wurden. Wir stellten fest, dass einzelne private Senkgrubenbetreiber oder die Stadtverwaltung von Kampala (Kampala City Council Authority, KCCA) entweder zu teuer für Slumbewohner waren oder einfach keinen Zugang zum Slum hatten. Durch die Befragung von Slumbewohnern stellten wir fest, dass es eine lebhafte manuelle Entleerungsindustrie gibt, die ihre Dienstleistungen für weniger als die Hälfte des Preises der Senkgruben-Entleerungswagen anbot. Diese manuellen Entleerer entsorgen den Fäkalschlamm aus den Senkgruben in einen nahegelegenen Abflusskanal – eine Grube, die neben der zu entleerenden Senkgrube gegraben wird – oder einfach auf „offenem Boden". Natürlich hat jede Entsorgungsmethode ihren Preis. Aufgrund der unzulänglichen Entsorgungspraktiken (Abbildung 1d) gelten manuelle Entleerungsdienste als illegal. Während der Leerung hielten sie also stets nach Gesundheitsinspektoren und/oder Stadtverwaltungsmitgliedern Ausschau, um nicht wegen unsachgemäßer Schlammbeseitigung verhaftet zu werden. Diese Art von Arbeitsumfeld bot ihnen keinen Raum für die effektive Erbringung ihrer Dienstleistungen.

Im Slum hat Fäkalschlamm keinen Mehrwert. Nicht für Slumbewohner, nicht für manuelle Entleerer, und nicht für LKW-Entleerer. Wir sind jedoch überzeugt, dass eine Änderung dieser Haltung Teil der Lösung ist. Das heißt, im Hinblick auf eine Reduzierung der Nährstoffe, die in den Slum gelangen, aber wahrscheinlich auch im Hinblick auf eine gesündere Umwelt im Slum. Die Umwandlung von organischen Abfällen oder Fäkalschlamm durch das Verfahren der hydrothermalen Karbonisierung (hydrothermal carbonisation, HTC), auch bekannt als wässrige Inkohlung (Chung et al., 2014), führt zu einer Art schwarzem Kohlenstoff, der, wenn er einfachen Sandsäulen zugesetzt wird, in der Lage ist, große Mengen der toxischen Metallionen Cadmium (Minani et al., 2014), Kupfer (Spataru et al., 2016) und Arsen (Wongrod et al., 2019) zu entfernen. Außerdem ist HTC in der Lage, die Konzentrationen von *Escherichia coli* (Chung et al., 2017) sowie Rotaviren und Adenoviren (Chung et al., 2015; 2016) in Wasser drastisch zu reduzieren, die in Laborversuchen durch Säulen aus mit Sand vermischtem HTC geleitet wurden. Obwohl weitere Forschungsarbeiten erforderlich sind, ist HTC ein gutes Beispiel für die Wertsteigerung von Fäkalschlamm (Abbildung 3). Der Brennwert von Fäkalschlamm aus Senkgruben in Slums ist höher als der von Kaffeeschalen, die als Brennstoff für Öfen in der Ziegelindustrie verwendet werden (Muspratt et al., 2014). Alternativ kann getrockneter Fäkalschlamm zur Herstellung von Ziegeln verwendet werden (Muspratt et al., 2014). Dies ist ein weiteres Beispiel für die Umwandlung von Fäkalschlamm in ein wertvolles Gut, das ein oder mehrere lokal verbreitete industrielle Verfahren effizienter und/oder kostengünstiger machen kann.

GRAUWASSER

Mindestens 50 % des Oberflächenwassers in Bwaise ist Grauwasser, das aus der Küche, aus der Wäsche oder aus dem Badezimmer stammt und sehr hohe Stickstoff- und Phosphorbelastungen aufweist (Katikuza et al. 2013; 2015). Nur ein Bruchteil dieser Konzentrationen ist notwendig, um eine Eutrophierung zu verursachen. Wir schätzten das Grauwasservolumen im Slum auf etwa 200-300 mm jährlich, was im selben Bereich lag wie der jährliche Niederschlagsüberschuss (Niederschlag minus Evapotranspiration) von etwa 300 mm.

Angesichts der Bedeutung von Grauwasser wurde ein Grauwasserfilter gebaut, mit dem Hauptziel, die Verschmutzung zu reduzieren. Dazu wurden im Labor der Universität Makerere verschiedene Setups mit lokal verfügbaren und kostengünstigen Filtermaterialien getestet (Katikuza et al., 2014b; 2014c). Anschließend wurde ein zweistufiges Filtersystem aus zerkleinertem Lavagestein für den Einsatz in einem Haushalt im Slum Bwaise III in Kampala entworfen und implementiert (Abbildung 4). Katikuza et al. (2014c) erreichten eine Abscheideeffizienz des chemischen Sauerstoffbedarfs (CSB), des Gesamtphosphorgehalts (TP) und des Gesamtstickstoffs nach Kjeldahl (TKN) von 91 %, 60 % bzw. 69 %. Die log-Entfernung von *E. coli*, *Salmonella* spp. und der Gesamtcoliforme betrug 3,9, 3,5 bzw. 3,9. Diese Ergebnisse deuteten darauf hin, dass der Einsatz des 2-Stufen-Filters erfolgreich war und so funktionierte, wie er ursprünglich im Labor konzipiert worden war.

EMPFEHLUNGEN FÜR MASSNAHMEN

Basierend auf unserer Arbeit im Slum Bwaise III können verschiedene Vorgehensweisen vorgeschlagen werden, um die Umweltverschmutzung im flussabwärts gelegenen Einzugsgebiet auf kostengünstige und nachhaltige Weise zu verringern:
- Aktive Behandlung des Grauwassers aus den Haushalten
- Manuelle Entleerungsorganisationen spielen eine Schlüsselrolle bei der Verhinderung der Verschmutzung der Abflüsse durch Fäkalien, da sie die Senkgruben entleeren und den Fäkalschlamm in die Abflüsse entsorgen. Die Legalisierung ihrer Arbeit und die gleichzeitige Erleichterung der Verbindung zwischen manuellen Entleerern und privaten oder öffentlichen LKW-Entleerungsdiensten scheinen wichtige Bestandteile der Vermeidung von Umweltverschmutzung zu sein. Gleichzeitig gehen wir davon aus, dass ein aktives Kanalreini-

gungsprogramm, das von öffentlichen Einrichtungen wie der KCCA durchgeführt wird, um die Kanäle frei von festen Abfällen zu halten, dazu beitragen könnte, die Verschmutzung in Abflüssen durch Fäkalien zu verringern.

- Umwandlung von Fäkalschlamm in ein wertvolles Gut, das in der Lage ist, ein oder mehrere lokal verbreitete industrielle Verfahren effizienter und/oder billiger zu machen. Dadurch wird die verschwenderische Entsorgung von Fäkalschlamm in Abwasserkanäle verhindert und somit nicht nur die industriellen Prozesse verbilligt, sondern auch die Verschmutzung des Oberflächenwassers stromabwärts des Slums im Einzugsgebiet verhindert.

DANKSAGUNGEN

Diese Arbeit wurde im Rahmen eines Forschungsprojekts durchgeführt, das vom niederländischen Ministerium für Entwicklungszusammenarbeit (DGIS) über den UNESCO-IHE-Partnerschafts-Forschungsfonds finanziert wurde. Sie wurde gemeinsam mit der UNESCO-IHE, der Universität Makerere und der Stadtverwaltung von Kampala im Rahmen des Forschungsprojekts „Addressing the Sanitation Crisis in Unsewered Slum Areas of African Mega-Cities" (SCUSA) durchgeführt. Die Einzelheiten des Projekts wurden auf der Website *scusa.un-ihe.org* veröffentlicht. Im Rahmen des SCUSA-Projekts hat Alex Katukiza eine Dissertation mit dem Titel *„Sanitation in unsewered urban poor areas: technology selection, quantitative microbial risk assessment and gray water treatment"* verfasst. Dieses Kapitel wurde nicht von der DGIS begutachtet und gibt daher nicht notwendigerweise die Meinung der DGIS wieder.

QUELLENANGABEN

Cairncross S, 2006. Sanitation and water supply: practical lessons from the decade. UNDP – World Bank Water and Sanitation Program, Die Internationale Bank für Wiederaufbau und Entwicklung/Die Weltbank, Washington, D.C.

Chung JW, Foppen JW, Izquierdo M und Lens PNL, 2014. Removal of *Escherichia coli* from saturated sand columns supplemented with hydrochar produced from maize. Journal of Environmental Quality 43(6):2096-2103 DOI: 10.2134/jeq2014.05.0199.

Chung JW, Foppen JW, Gerner G, Krebs R und Lens PNL, 2015. Removal of rotavirus and adenovirus from artificial ground water using hydrochar derived from sewage sludge. Journal of Applied Microbiology 119(3):876-884. DOI: 10.1111/jam.12863.

Chung JW, Breulmann M, Clemens A, Fühner C, Foppen JW und Lens PNL, 2016. Simultaneous removal of rotavirus and adenovirus from artificial ground water using hydrochar derived from swine feces. Journal of Water and Health 14(5):754-767. DOI: 10.2166/wh.2016.010.

Chung JW, Edewi OC, Foppen JW, Gerner G, Krebs R und Lens PNL, 2017. Removal of *Escherichia coli* by intermittent operation of saturated sand columns supplemented with hydrochar derived from sewage sludge. Applied Sciences (Schweiz) 7(8). DOI: 10.3390/app7080839.

Cookey PE, Koottatep T, van der Steen P und Lens PNL, 2016. Public health risk assessment tool: Strategy to improve public policy framework for onsite wastewater treatment systems (OWTS). Journal of Water Sanitation and Hygiene for Development 6(1):74-88. DOI: 10.2166/washdev.2016.081.

Genser B, Strina A, dos Santos LA, Teles CA, Prado MS, Cairncross S, Barreto ML, 2008. Impact of a city-wide sanitation intervention in a large urban centre on social, environmental and behavioural determinants of childhood diarrhoea: analysis of two cohort studies. International Journal of Epidemiology 37(4), 831-840.

Graham JP, Polizzotto ML, 2013. Pit latrines and their impacts on groundwater quality: a systematic review. Environmental Health Perspectives 121(5), 521-30.

Isunju JB, Schwartz K, Schouten MA, Johnson WP, van Dijk MP, 2011. Socioeconomic aspects of improved sanitation in slums: A review. Public Health 125, 368-376.

Joyce J, Granit J, Frot E, Hall D, Haarmeyer D, Lindström A, 2010. The Impact of the Global Financial Crisis on Financial Flows to the Water Sector in Sub-Saharan Africa. Stockholm, SIWI.

Katukiza AY, Ronteltap M, Oleja A, Niwagaba CB, Kansiime F & Lens PNL, 2010. Selection of sustainable sanitation technologies for urban slums – A case of Bwaise III in Kampala, Uganda. Science of the Total Environment 409(1):52-62. DOI: 10.1016/j.scitotenv.2010.09.032.

Katukiza AY, Ronteltap M, Niwagaba CB, Foppen JWA, Kansiime F und Lens PNL, 2012. Sustainable sanitation technology options for urban slums. Biotechnology Advances 30(5):964-978. DOI: 10.1016/j.biotechadv.2012.02.007.

Katukiza AY, Temanu H, Chung JW, Foppen JWA & Lens PNL, 2013. Genomic copy concentrations of selected waterborne viruses in a slum environment in Kampala, Uganda. Journal of Water and Health 11(2):358-370. DOI: 10.2166/wh.2013.184.

Katukiza AY, Ronteltap M, Niwagaba CB, Kansiime F und Lens PNL, 2014a. Grey water treatment in urban slums by a filtration system: Optimisation of the filtration medium. Journal of Environmental Management 146:131-141. DOI: 10.1016/j.jenvman.2014.07.033.

Katukiza AY, Ronteltap M, Niwagaba CB, Kansiime F & Lens PNL, 2014b. A two-step crushed lava rock filter unit for grey water treatment at household level in an urban slum. Journal of Environmental Management 133:258-267. DOI: 10.1016/j.jenvman.2013.12.003.

Katukiza AY, Ronteltap M, van der Steen P, Foppen JWA & Lens PNL, 2014c. Quantification of microbial risks to human health caused by waterborne viruses and bacteria in an urban slum. Journal of Applied Microbiology 116(2):447-463. DOI: 10.1111/jam.12368.

Katukiza AY, Ronteltap M, Niwagaba CB, Kansiime F & Lens PNL, 2015. Grey water characterisation and pollutant loads in an urban slum. International Journal of Environmental Science and Technology 12(2):423-436. DOI: 10.1007/s13762-013-0451-5.

Minani JMV, Foppen JW und Lens PNL, 2014. Sorption of cadmium in columns of sand-supported hydrothermally carbonized particles. Water Science and Technology 69(12):2504-2509. DOI: 10.2166/wst.2014.175.

Muspratt AM, Nakato T, Niwagaba C, Dione H, Kang J, Stupin L, Regulinski J, Mbéguéré M, Strande L, 2014. Fuel potential of faecal sludge: Calorific value results from Uganda, Ghana and Senegal. Journal of Water Sanitation and Hygiene for Development 4(2), 223-230. DOI: 10.2166/washdev.2013.055.

Nyenje PM, Foppen JW, Kulabako R, Muwanga A, Uhlenbrook S, 2013. Nutrient pollution in shallow aquifers underlying pit latrines and domestic solid waste dumps in urban slums. Journal of Environmental Management 122, 15-24.

Spataru A, Jain R, Chung JW, Gerner G, Krebs R und Lens PNL, 2016. Enhanced adsorption of orthophosphate and copper onto hydrochar derived from sewage sludge by KOH activation. RSC Advances 6(104):101827-101834. DOI: 10.1039/c6ra22327c.

Wongrod S, Simon S, van Hullebusch ED, Lens PNL und Guibaud G, 2019. Assessing arsenic redox state evolution in solution and solid phase during As(III) sorption onto chemically-treated sewage sludge digestate biochars. Bioresource Technology 275:232-238. DOI: 10.1016/j.biortech.2018.12.056.

Abbildung 1. Bestehende Situation in Bwaise III (Kampala, Uganda). a) Allgemeine Sicht auf den Slum, b) Typische Grubenlatrine, c) Durch feste Abfälle verstopfter Abwasserkanal, und d) Typische manuelle Entleerung der Grube

Abbildung 2. Mikrobielle Risiken für Kinder beim Wasserholen im Slum Bwaise III.

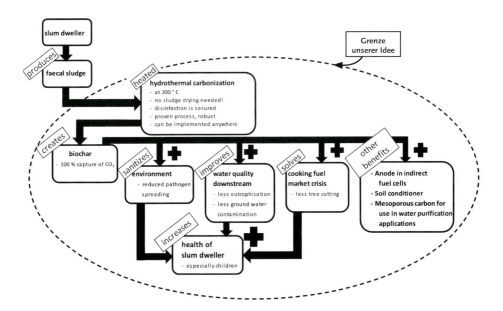

Abbildung 3. Verbesserung der sanitären Verhältnisse in Slums durch Verwendung von Fäkalschlamm als Ausgangsmaterial für die hydrothermale Karbonisierung, wodurch Biokohle entsteht, die viele positive Auswirkungen für die Slumbewohner haben kann. Ausführlich beschrieben bei Katukiza et al. (2012).

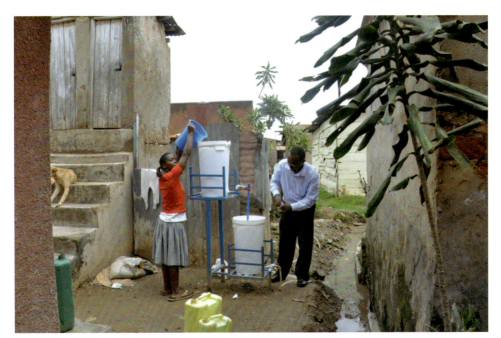

Abbildung 4. Verbesserte sanitäre Einrichtungen in Slums durch Verwendung eines zweistufigen Pilot-Grauwasserfilters für die Entfernung von Nährstoffen (Stickstoff und Phosphor) und Krankheitserregern in den Slums von Bwaise III (Kampala, Uganda). Ausführlich beschrieben bei Katukiza et al. (2014a).

WASSERKRAFT – NACHHALTIGKEIT, VERSORGUNGSSICHERHEIT UND SYSTEMSTABILITÄT

Achim Kaspar (COO der VERBUND AG),
Andreas Kunsch (Berater des COO der VERBUND AG)

Heutzutage verändert sich der gesamte globale Energiemarkt rasant, aber Strom ist bereits das Rückgrat unseres Lebens und wird von Tag zu Tag immer wichtiger. Bis heute sollten sich alle darüber im Klaren sein, dass Energie aus erneuerbaren Quellen unsere Zukunft sein wird und muss und dass Wasserkraft der Weltmeister im Bereich der erneuerbaren Energien ist. Darüber hinaus wird sie der Katalysator unserer Energiewende sein.

Das allgemeine Preisniveau – nicht nur bei den fossilen Brennstoffen – ist massiv angestiegen, sodass der Druck auf unsere Gesellschaft und die Wirtschaft immer mehr zunimmt, und aufgrund der aktuellen negativen Auswirkungen stellt sich die große Frage, wann die notwendige Preisstabilisierung eintreten wird. In der Theorie ist die Transformation unseres Energiesystems zu einem nachhaltigeren und ökologischeren System bereits skizziert worden; die aktuelle Situation wird jedoch immer schwieriger, und die Wahrheit ist, dass wir unter den gegenwärtigen Rahmenbedingungen und Veränderungen nicht mehr genau wissen, wie lange diese Transformation tatsächlich dauern wird.

Wie das untenstehende Diagramm zeigt, betrug die weltweite Stromerzeugung im Jahr 2020 rund 26.800 TWh, wobei jedoch nur etwa 28 % der Stromerzeugung aus regenerativen Ressourcen stammte.

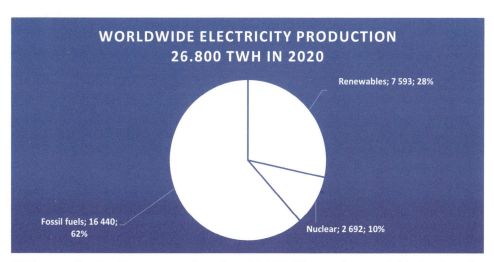

62 % waren fossilen Ursprungs und machten 16.440 TWh aus, darunter Kohle (9.467 TWh), Erdgas (6.257 TWh) und Erdöl (716 TWh). Darüber hinaus wurden 10 % (2.692 TWh) durch Kernkraft erzeugt. Die erneuerbaren Ressourcen gewinnen heute jedoch noch mehr an Bedeutung als bisher.

Von den rund 28 %, die weltweit aus erneuerbaren Energien erzeugt werden (7.593 TWh), stammten 16 % aus Wasserkraft, nur 6 % aus Windkraftanlagen, weitere 3 % aus Solarkraftwerken und 3 % aus Bioenergie. (1)

Damit ist Wasserkraft die wichtigste erneuerbare Technologie für unsere weltweite kohlenstoffarme Stromerzeugung. Im Einzelnen entfiel der größte Teil – 58 % – der weltweiten Stromerzeugung aus erneuerbaren Energiequellen auf Wasserkraft mit einer Leistung von 4.347 TWh. Außerdem wurden 21 % mit Windkraftanlagen (1.596 TWh), 11 % mit Solarkraftwerken (833 TWh) und die restlichen 10 % mit Bioenergie (709 TWh) erzeugt (1).

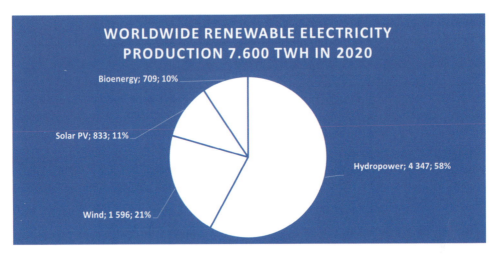

„Im Zeitraum 2021-2030 wird die jährliche Bruttowasserkraftproduktion weltweit voraussichtlich um fast 850 TWh (+19 %) steigen, wobei allein China über 42 % dieses Wachstums ausmacht und Indien, Indonesien, Pakistan, Vietnam und Brasilien zusammen weitere 21 % beitragen.“ (2)

In der Europäischen Union betrug die Stromerzeugung 2019 (2) rund 2.904 TWh. Von dieser Menge wurden nur rund 35 % des Stroms regenerativ erzeugt. Etwa 38 % der gesamten Elektrizitätsmenge (1.112 TWh) entfielen jedoch auf fossile Brennstoffe und etwa 26 % auf Atomenergie (765 TWh). (3)

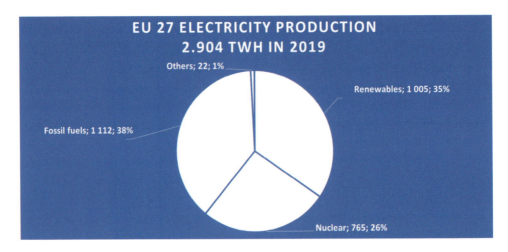

Von der gesamten in der Europäischen Union erzeugten Strommenge (1.005 TWh) stammten nur 13 % aus Windkraft, 12 % aus Wasserkraft, 4 % aus Solarkraft, 4 % aus Bioenergie und 2 % aus Erdwärme. Ein Großteil der Stromerzeugung aus erneuerbaren Energiequellen in der Europäischen Union im Jahr 2019 (1.005 TWh) wurde aus Windkraft erzeugt (367 TWh, 42 % aller erneuerbaren Energien). Weitere 39 % entfielen auf Wasserkraft (345 TWh), 12 % auf Solarkraft (125 TWh) und die restlichen 6 % auf Bioenergie (55 TWh). (4)

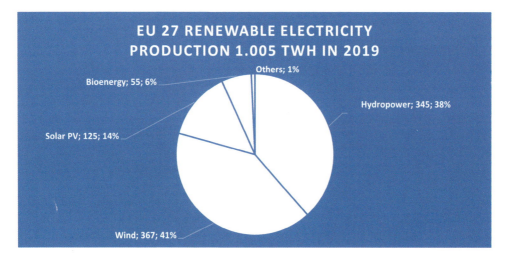

Darüber hinaus ist die Wasserkraft nicht nur die ausgereifteste und beliebteste Technologie für die Stromerzeugung aus erneuerbaren Energiequellen weltweit, sondern ihre Vorteile, Qualitäten und ihr Leistungsspektrum sind vielfältig:

- Wasserkraft ist eine nachhaltige, lokale und nationale Produktionsform mit einem erheblichen globalen Entwicklungspotenzial.
- Sie ist unabdingbar für die Erreichung der Nachhaltigkeitsziele SDG7 „saubere Energie", SDG12 „verantwortungsvolle Produktion" und SDG13 „Klimaschutz", indem sie fossile Brennstoffe kompensiert, aber darüber hinaus auch andere Nachhaltigkeitsziele unterstützt.
- Wasserkraftwerke haben die höchste Effizienz und ein Höchstmaß an Flexibilität innerhalb der Familie der erneuerbaren Energien und sind sehr wichtig für eine echte Unabhängigkeit von fossilen Energien.
- Es gibt drei Arten mit unterschiedlichen Vorteilen: Laufwasserkraftwerke können Strom durch natürlichen Wasserfluss erzeugen; Speicherkraftwerke sind in der Lage, Strom zu speichern, indem sie Wasser mehrere Tage, Monate oder sogar Jahre lang zurückhalten; Pumpspeicherkraftwerke können Strom speichern, indem sie Wasser aus einem niedrigeren Speicher zu einem höheren Speicher pumpen, wenn genügend Strom produziert wird, und daher können sie Strom zu Zeiten hoher Nachfrage erzeugen oder wenn die Versorgung aus anderen Anlagen nicht möglich ist.
- Laufwasser-, Speicher- und Pumpspeicherkraftwerke zusammen gewährleisten die Sicherheit der Stromversorgung durch kohlenstoffarme Stromerzeugung.

- Sie hat eine hohe gesicherte Kapazität (im Vergleich zu Wind- und Solarkraftwerken); je nach Art des Wasserkraftwerks ist eine gesicherte Leistung von 45 bis 90 % zu erwarten. Wenn man das österreichische und deutsche Gebiet zusammen betrachtet, entspricht dies einer Leistung von etwa 70 % (5). Im Gegensatz dazu haben andere erneuerbare Energiequellen deutlich niedrigere gesicherte Leistungswerte, z. B. Windkraft oder Fotovoltaik, da sie von der Verfügbarkeit von Wind und Sonnenschein abhängig sind.
- Sie ist die effizienteste Großtechnologie zur kurz-, mittel- und langfristigen Speicherung von Strom. Speicherkraftwerke werden in unseren künftigen Energiesystemen eine immer wichtigere Rolle spielen, da sie für die Integration erneuerbarer Energien aus Wind- und Solarkraftwerken erforderlich sind.
- Wasserkraft ist die einzige erneuerbare Technologie, die eine signifikante Leistung sowie eine riesige Anzahl von Systemdienstleistungen für die Netzunternehmen liefert: Sicherung der primären Stromversorgung durch Bereitstellung der Grundlast sowie der Spitzenlast-Einspeisung; die Möglichkeit, Unterschiede zwischen Fahrplänen und Prognosen auszugleichen; die Kompensation von Kraftwerksausfällen; die Möglichkeit, Nachfrage- und Angebotsunterschiede auszugleichen und so für Systemstabilität zu sorgen; die Möglichkeit für Schwarzstarts nach einem Blackout, wodurch die Sicherheit der Stromversorgung geschützt wird.
- Wasserkraftbetreiber sind Partner in Regionen und angesehene Arbeitgeber und können eine wichtige Rolle bei der Hochwasserbekämpfung spielen.
- Dem Netto-Null-Emissions-Szenario der Internationalen Energieagentur zufolge ist Wasserkraft das Rückgrat der globalen Stromversorgungssicherheit und die kostengünstigste, planbarste und flexibelste Technologie für kohlenstoffarme Elektrizität, um variable Anteile erneuerbarer Energien zu integrieren.
- Über die Stromerzeugung hinaus werden Wasserspeicher weltweit für wichtige Aufgaben wie das Zurückhalten von Niederschlägen und die Bewässerungen sowie als Trinkwasserspeicher – eines der grundlegendsten Elemente menschlichen Lebens – genutzt.

Die globale Pandemie, unterbrochene Lieferketten und aktuelle Konflikte zeigen uns, wie sensibel unsere globalen Märkte sind, insbesondere der Energiemarkt. Die Wasserkraft ist eine zuverlässige Technologie, die uns helfen kann, in Zukunft eine nachhaltigere Welt zu werden. Es ist klar, dass alle Kraftwerksprojekte nach den geltenden Rechtsgrundsätzen entwickelt werden müssen, aber es ist auch klar, dass es kein Projekt oder keine Anlage gibt, die nicht mindestens eine minimale Auswirkung auf die Natur hat. Natürlich müssen diese Auswirkungen abgemildert werden, um das beste Ergebnis für die Energieversorgung und das Klima zu erzielen. Wir müssen jedoch die Auswirkungen auf die lokale Umwelt und die Vorteile für das Klima im Allgemeinen abwägen und vergleichen, und zwar sowohl für alle in Diskussion befindlichen Projekte als auch für bestehende Kraftwerke.

Im Sonderbericht zur Wasserkraft „Hydropower Special Market Report", einer Veröffentlichung der Internationalen Energieagentur, werden sieben politische Empfehlungen formuliert:

- „Die Wasserkraft in der Energie- und Klimapolitik stärker in den Vordergrund rücken
  Nachhaltig entwickelte Wasserkraftwerke müssen als erneuerbare Energiequellen anerkannt werden. Die Regierungen sollten große und kleine Wasserkraftwerke ebenso in ihre
  langfristigen Entwicklungsziele, Energiepläne und Anreizsysteme für erneuerbare Energien
  einbeziehen, wie variable erneuerbare Energien. ...
- Durchsetzung robuster Nachhaltigkeitsstandards für den gesamten Ausbau der Wasserkraft mit gestrafften Regeln und Vorschriften
  Die Umwelt- und Nachhaltigkeitsvorschriften für neue und bestehende Wasserkraftpro-
  jekte müssen gestrafft werden, um den Entwicklern klare Regeln und vernünftige Umset-
  zungsfristen zu bieten, ohne Abstriche bei der Strenge zu machen. ...
- Anerkennung der entscheidenden Rolle der Wasserkraft für die Stromsicherheit und Berücksichtigung ihres Wertes durch Vergütungsmechanismen
  Die politischen Entscheidungsträger sollten den vollen Wert der Wasserkraft für die Stromversorgungssicherheit und die Netzstabilität bewerten und anerkennen und diese Vorteile
  in Vergütungsprogramme umsetzen, die neue Projekte und Modernisierungsmaßnahmen
  finanzierbar machen. ...
- Maximierung der Flexibilitätskapazitäten bestehender Wasserkraftwerke durch Maßnahmen, die Anreize für deren Modernisierung bieten
  Die Regierungen sollten den Wert der zum Verbrauch verfügbaren erneuerbaren Energi-
  en besser erkennen und Modernisierungs- und Instandhaltungsinvestitionen fördern, beispielsweise durch Darlehensbürgschaften oder durch die Gewährleistung langfristiger Ein-
  nahmensicherheit. ...
- Unterstützung des Ausbaus der Pumpspeicherwasserkraft
  Die Regierungen sollten Pumpspeicheranlagen als integralen Bestandteil ihrer langfristigen strategischen Energiepläne betrachten, abgestimmt auf eine Ausweitung der Wind-
  und Solarenergie-Kapazitäten. Die politischen Entscheidungsträger sollten geeignete
  unerschlossene Standorte ermitteln und sich für Anlagen entscheiden, die die gerings-
  ten Umweltauswirkungen haben, beispielsweise geschlossene Kreislaufsysteme und die
  Erweiterung bestehender Infrastrukturen wie stillgelegte Bergwerke, natürliche Reservoirs
  und bestehende Reservoiranlagen um Pumpspeicherkapazitäten. Ferner ist es wichtig, die
  rechtlichen Rahmenbedingungen für die Speicherung zu klären, indem Definitionen standardisiert und doppelte Netztarife abgeschafft werden. ...
- Mobilisierung erschwinglicher Finanzmittel für die nachhaltige Entwicklung der Wasserkraft in Entwicklungsländern
  Regierungen, internationale Finanzinstitutionen und Entwicklungsagenturen sollten öffentlich-private Partnerschaften unterstützen und kostengünstiges Kapital mobilisieren, um
  das Risiko von Wasserkraftprojekten in Entwicklungsländern zu verringern. ...
- Ergreifung von Maßnahmen, um sicherzustellen, dass der Wert der vielfältigen öffentlichen
  Vorteile von Wasserkraftwerken berücksichtigt wird
  Die Regierungen sollten Messgrößen entwickeln, um den Mehrzweckwert von Wasserkraft-
  dämmen zu bewerten und den wirtschaftlichen und sozialen Nettonutzen der Wasserbewirtschaftung für die lokalen Gemeinschaften anerkennen. (...)" (6)

Da der Stromverbrauch rasant ansteigen wird, ist es notwendig, die bestehenden Wasserkraftwerke zu optimieren und weitere verfügbare Potenziale sowie Möglichkeiten für eine nachhaltige kohlenstoffarme Industrie zu entwickeln. Um dieses Ziel in naher und nicht in ferner Zukunft erreichen zu können, sind Experten, Juristen und Politiker dringend gefordert, die Vielzahl unterschiedlicher Gesetze und Regeln zu bewerten, zu optimieren und anzupassen sowie einen schnelleren Weg für Genehmigungen sicherzustellen. Andernfalls wird es nicht möglich sein, unsere ehrgeizigen Ziele rechtzeitig zu erreichen.

QUELLENANGABEN

(1) World Energy Outlook 2021, 2021, Internationale Energieagentur, Seite 307, Download am 22.04.2022: https://iea.blob.core.windows.net/assets/4ed140c1-c3f3-4fd9-acae-789a4e-14a23c/WorldEnergyOutlook2021.pdf

(2) Hydropower Outlook 2021, 2021, Internationale Energieagentur, Seite 73, Download am 22.04.2022: https://iea.blob.core.windows.net/assets/4d2d4365-08c6-4171-9ea2-8549fabd1c8d/HydropowerSpecialMarketReport_corr.pdf

(3) EU energy in figures – Statistical Pocketbook 2021, 2021, Amt für Veröffentlichungen der Europäischen Union, Seite 94, Download am 22.04.2022: https://op.europa.eu/en/publication-detail/-/publication/41488d59-2032-11ec-bd8e-01aa75ed71a1/language-en

(4) EU energy in figures – Statistical Pocketbook 2021, 2021, Amt für Veröffentlichungen der Europäischen Union, Seite 95, Download am 22.04.2022: https://op.europa.eu/en/publication-detail/-/publication/41488d59-2032-11ec-bd8e-01aa75ed71a1/language-en

(5) Markus Pfleger, Hans-Peter Ernst, Klaus Engels, Rudolf Metzka, 2015: Guaranteed capacity of hydro power plants in Germany and Austria. VGB PowerTech Journal, 9/2015, Seiten 30-33, VGB PowerTech Service GmbH, Deilbachtal 173, 45257 Essen, Deutschland, http://www.vgb.org

(6) Hydropower Outlook 2021, 2021, Internationale Energieagentur, Kapitel 5 – Policy Recommendations, Seiten 113-118, Download am 22.04.2022: https://iea.blob.core.windows.net/assets/4d2d4365-08c6-4171-9ea2-8549fabd1c8d/HydropowerSpecialMarketReport_corr.pdf

POTENZIALE ZUR ENERGIEGEWINNUNG AUS WASSER- UND ABWASSERBEHANDLUNGSANLAGEN

Josef Schnaitl (Gisaqua GmbH)

Wasser und Energie sind heutzutage definitiv die kritischsten Ressourcen auf unserem blauen Planeten. Aufgrund des Bevölkerungswachstums und des Industriebedarfs muss das Wasser zunehmend aufbereitet werden, um einerseits die Verschmutzung zu vermeiden oder zu verringern und andererseits die verschiedenen Anforderungen an die Wasserqualität – am wichtigsten für Trinkwasser – zu erfüllen. Da die Wasseraufbereitung erhebliche Mengen an Energie verbraucht, ist es naheliegend, Möglichkeiten zu suchen und zu nutzen, um diese Energie innerhalb der effektivsten Anlagenbereiche zu sparen oder zu ersetzen, da sie neben der Energieeinsparung auch den infrastrukturellen Bedarf für die Energieversorgung und -verteilung reduziert.

Solche Möglichkeiten sind bereits in gewissem Umfang gegeben und wurden auch erfolgreich umgesetzt, aber nicht in dem Maße, wie es möglich und notwendig erscheint. Die folgenden Kategorien scheinen ausbaufähig:
- Nutzung der in Wasser enthaltenen biologischen Energie
- Nutzung von Energie aus Niveau- oder Druckdifferenz
- Zusätzliche Nutzung von genutztem Raum

Verzeichnis der im Folgenden verwendeten Abkürzungen:
- WWTP (wastewater treatment plant)   Abwasserbehandlungsanlage
- DWTP (drinking water treatment plant)   Trinkwasseraufbereitungsanlage
- PE (people equivalent)   Einwohnergleichgewicht
- TPD (tons per day, plant capacity)   Tonnen pro Tag, Anlagenkapazität
- HEPP (hydroelectric power plant)   Wasserkraftwerk
- CoGen (combined generation unit   Kraft-Wärme-Kopplungsanlage
  (heat & electrical energy))   (Wärme und elektrische Energie)
- PV (photovoltaic)   Fotovoltaik
- kWp (Kilo watt peak (max. module power))   Kilowatt-Peak (maximale Modulleistung)

NUTZUNG DER IN WASSER ENTHALTENEN BIOLOGISCHEN ENERGIE

Dieses Energiepotenzial wird für Kläranlagen genutzt. Die notwendige Reduzierung eines potenziell hohen Kohlenstoffgehalts kann abgetrennt und auf Faulbehälter (Flüssigfermenter) übertragen werden, wo sie in Biogas (Methan) umgewandelt wird. Dieses Verfahren ist gut entwickelt und hat den effektiven und zuverlässigen Betrieb von Kleinanlagen von 10.000 PE bis > 4 Millionen PE bewiesen. Kohlenstoffquellen sind:
- Fett und Öle, die beim Zufluss entfernt werden
- Schlamm aus der Vorbehandlung, bis zu 8 % eingedickt
- Es besteht auch die Möglichkeit, geschredderten biologischen Abfall hinzuzufügen und die Biogasproduktion zu steigern.

Das gewonnene Biogas wird in Gastanks gespeichert und in CoGen-Einheiten entsprechend dem tatsächlichen Bedarf der Anlage in Elektro- und Wärmeenergie umgewandelt. Die Umsetzung hat folgende positive Auswirkungen:

- Wärmeenergie wird zur Erwärmung des Schlamms und im Faulbehälter verwendet und überschüssige Energie kann in Fernwärmenetze eingespeist werden.
- Das Potenzial der elektrischen Energieerzeugung kann den Bedarf der Anlage bis zu 100 % und darüber hinaus decken.
  - Die zu erwartende Leistung beträgt ca. 300 kW pro 100.000 PE

Eine recht große Anwendung dieser Art der Energiegewinnung wurde in der Wiener Hauptkläranlage >4 Millionen PE installiert (2020 fertig gestellt) und ist erfolgreich in Betrieb. Das ist auf der Homepage unter www.ebswien.at/klaeranlage gut dokumentiert.

NUTZUNG VON ENERGIE AUS NIVEAU- ODER DRUCKDIFFERENZ

Dieses Energiegewinnungspotenzial lässt sich in zahlreichen Fällen im Anlagenkonzept umsetzen. Eine gängige Anwendung ist die Energierückgewinnung in Umkehrosmoseanlagen, die durch Druckabbau bei hohem Druck von bis zu 70 bar durch Druckaustauscher oder Turbinen oder Rücklaufpumpen Energie gewinnen. Diese Anwendungen sind obligatorisch, da sie >25 % der Energie zurückliefern.

- Das Prinzip der Energiegewinnung aus Druckunterschieden kann auch in vielen anderen Fällen angewendet werden.

Eine selten genutzte Möglichkeit der Energiegewinnung ist die Nutzung von Niveauunterschieden. Viele Wasserquellen basieren auf Stauseen. Dieses Wasser muss höchstwahrscheinlich in DWTPs behandelt werden, die sich in der Regel auf einem wesentlich niedrigeren Niveau als der Stausee befinden. Eine Niveaudifferenz von 50 m (gleich einem Druck von 5 bar) ist ganz normal.
Da eine DWTP im Zulauf einen Druck von null benötigt, muss der Druck von z. B. 5 bar auf null reduziert werden. Dieses Energiepotenzial kann in einem HEPP durch Turbinen gewonnen werden.

Um das HEPP an die unterschiedlichen Stauniveaus (Trockenzeit und Regenzeit) und die unterschiedlichen Durchflussmengen (hoher und niedriger Wasserverbrauch) anpassen zu können, werden Rücklaufpumpen mit Drehzahlantrieben eingesetzt. Eine Konfiguration kann sein (bereits installiert):

- 3 Pumpen (rücklaufgespeist) mit 1,1 MW Leistung
- 3 Frequenzumrichter 1,2 MW
- Niveau- und Durchflussregelgerät zur Optimierung der Aufbereitungsleistung und Energieerzeugung
- Bypass-Konfiguration für Notfälle

Diese Konfiguration basiert auf marktüblichen Produkten, die einen nachhaltigen Betrieb und bestmögliche Service- und Wartungsunterstützung gewährleisten.

Das Potenzial einer DWTP mit einer Kapazität von 300.000 TPD und einer Niveaudifferenz von durchschnittlich 50 m erreicht eine Kapazität von maximal etwa 3 MW, die den Energiebedarf der Anlage bis zu einem gewissen Grad ersetzen kann.

ZUSÄTZLICHE NUTZUNG VON GENUTZTEM RAUM

Neben dem Bedarf an Energie benötigen Kläranlagen eine relativ große Fläche. Diese Fläche kann und soll auch zur Energiegewinnung aus Fotovoltaik genutzt werden. Üblicherweise werden folgende Flächen genutzt:

- Dächer von Gebäuden
- Carports
- Behandlungsbecken

Die Anwendung auf Dächern und Carports ist gängige Praxis.

Zunehmend wird versucht, die Behandlungsbecken von WWTPs abzudecken, um

- den Geruch zu reduzieren oder zu vermeiden
- die Verbreitung von Viren zu vermeiden (ein seit Covid 19 bekanntes Problem)

Der Sinn, DWTP-Becken abzudecken, könnte darin bestehen, die Erwärmung des Wassers und das Algenwachstum zu vermeiden.

Angesichts der Fakten erscheint es logisch, diese Absichten mit der Umsetzung von Fotovoltaikanlagen zu verbinden.

Die Größe der Becken bei mittelgroßen und größeren Kläranlagen beispielsweise liegt in der Regel im Bereich von 60x10 Metern. Diese Fläche ermöglicht eine PV-Leistung von etwa 60-80 kWp.

- Eine mittelgroße Anlage mit 6 Becken kann 350-500 kWp liefern.
- Dies entspricht einer jährlichen Produktion von 300.000 bis 500.000 kWh.

Bei optimaler Ausrichtung der PV-Module ist die Energieerzeugung im Sommer sehr gut an den Energiebedarf einer Kläranlage angepasst. Auch wenn das Energiepotenzial im Winter recht gering ist, gibt es einen sehr wertvollen Beitrag zum Energiebedarf einer Anlage.

Wie immer müssen einige Herausforderungen behandelt und gelöst werden, um diese Chancen zu nutzen:

- Die korrosive Atmosphäre muss berücksichtigt werden (Ammoniak, H_2S, Chlor)
  - Für dieses Problem gibt es intelligente Lösungen
- Das Potenzial ehemaliger Zonen muss berücksichtigt werden
  - Dies muss zusammen mit korrosiven Atmosphären angegangen werden

- Der Servicezugang zu den Maschinen in den Becken muss ermöglicht werden durch
  – definierte Servicezugangsbereiche
  – ein mobiles PV-Moduldesign, die Module können entnommen werden und die Becken sind voll zugänglich

FAZIT

Neben optimierten Prozesslösungen wird die Notwendigkeit, intelligente und nachhaltige Energiekonzepte zu etablieren, für jede neue und bestehende Kläranlage zur Pflicht. In diesem Zusammenhang sollte berücksichtigt werden, dass es auch weitere Möglichkeiten zur Optimierung der Energiebilanz von Wasserbehandlungsanlagen gibt. Dies ist eine wesentliche Notwendigkeit, um auch die kommenden Generationen mit den Grundbedürfnissen des Lebens zu versorgen – **WASSER und ENERGIE.**

DAS STREBEN NACH EINER ARTENREICHEN WASSERZUKUNFT IN EUROPA

Sara Eeman (Aveco de Bondt, Die Niederlande), Mona Arnold (VTT Technical Research Centre of Finland),
Piia Leskinen (Turku University of Applied Sciences, Finnland), Nataša Mori (National Institute of Biology, Slowenien),
Sanja Gottstein (Universität Zagreb, Kroatien), Sacha de Rijk (Deltares, Die Niederlande)

EUROPÄISCHE GESCHICHTE DES WASSERS

Wasserqualität und biologische Vielfalt stehen in Europa seit Jahrzehnten im Fokus. Im Jahr 1970 verabschiedeten die Europäischen Gemeinschaften das erste Gesetz zum Schutz der Umwelt. Das „Verursacherprinzip" wurde eingeführt. Damals gab es nur sechs Mitgliedstaaten, sodass die Maßnahme kaum Auswirkungen auf die Wasserqualität in ganz Europa hatte. Das hat sich im Laufe der Jahre mit der stetigen Ausweitung dieser Partnerschaft auf die nunmehr 27 Mitgliedstaaten geändert. Der wichtigste Rahmen, der die Wasserqualität in der gesamten EU seit dem Jahr 2000 aktiv gesteuert hat, ist die Wasserrahmenrichtlinie (WRRL). Damit werden die Grundsätze und Ziele des europäischen Wasserqualitätsmanagements detailliert geregelt und unter Aufsicht der Kommission umgesetzt.

KONTEXT

Ziel dieses Kapitels ist es, Antworten auf die Herausforderungen zu finden und Lösungen (technische und nicht-technische Innovationen) sowie bewährte Verfahren im Zusammenhang mit der Wiederherstellung der biologischen Vielfalt in (und am) Wasser zu skizzieren. Der Kontext umfasst die Wasserrahmenrichtlinie (Europa) sowie die UN-Ziele SDG6 und 13: „Sauberes Wasser und Sanitärversorgung" und „Ergreifung dringender Maßnahmen zur Bekämpfung des Klimawandels und seiner Auswirkungen". Wo sich Natu-

Quelle: Deutsche Gesellschaft für die Vereinten Nationen, abrufbar unter: https://dgvn.de/ziele-fuer-nachhaltige-entwicklung

ra-2000-Gebiete mit Wasserkörpern überschneiden, wird der Kontext auf spezifischere Lebensraumziele erweitert, die eine zweckentsprechende Wasserqualität und -quantität erfordern.

WE-VISION

In Europa ist Water Europe die Stimme und Förderin von wasserbezogener Innovation und FTE in Europa. Ziel ist es, den Weg zwischen der Entwicklung neuer Methoden und Techniken und ihrer Markteinführung zugunsten einer besseren Wasserqualität zu verkürzen. Water Europe hat ein Konzept für eine Gesellschaft entworfen, in der „der wahre Wert des Wassers erkannt und realisiert wird, alle verfügbaren Wasserquellen so bewirtschaftet werden, dass Wasserknappheit und Wasserverschmutzung vermieden werden, Wasser- und Ressourcenkreisläufe weitgehend geschlossen werden, um eine Kreislaufwirtschaft und eine optimale Ressourceneffizienz zu fördern" und das Wassersystem gegen die Auswirkungen des Klimawandels widerstandsfähig ist. Die biologische Vielfalt ist ein wichtiger Indikator für das Erreichen dieser Ziele.

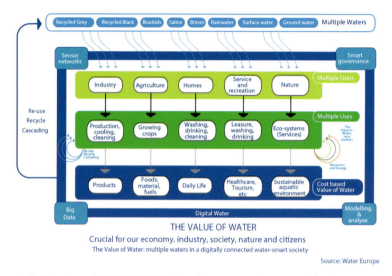

THE VALUE OF WATER
Crucial for our economy, industry, society, nature and citizens
The Value of Water: multiple waters in a digitally connected water-smart society

Source: Water Europe

Quelle: Water Europe, THE VALUE OF WATER: https://watereurope.eu/wp-content/uploads/2020/04/WE-Water-Vision-english_online.pdf.

DIE ROLLEN DER BIODIVERSITÄT

Süßwasserökosysteme weisen eine außergewöhnliche Artenvielfalt auf: Sie decken weniger als 1 % der Erdoberfläche ab und beherbergen mehr als 10 % aller Arten, darunter ein Drittel aller Wirbeltierarten (Strayer und Dudgeon 2010). Eine erhebliche Menge dieser Arten ist bisher unerforscht (Cantonati et al., 2020). Trotz ihrer kritischen Bedeutung hat die Biodiversitätskrise die Süßwasserökosysteme am stärksten getroffen. Ab 1970 schrumpfte die Fläche der natürlichen Feuchtgebiete um 35 % (dreimal so schnell wie der Waldverlust), und die Fortschritte bei der nachhaltigen Bewirtschaftung der Wasserressourcen müssen verdoppelt werden, um die Ziele für 2030 zu erreichen (Bericht 2021 zu SDG6). In den letzten fünf Jahren sind die Fortschritte bei der Erhaltung wichtiger Biodiversitätsgebiete ins Stocken geraten. Nur 42 % der wichtigsten globalen Süßwasserbiodiversitätsgebiete wurden geschützt (Bericht 2021 zu SDG13). Die direkten, unmittelbaren Auswirkungen des Rückgangs der biologischen Vielfalt auf Aquakultur und Fischerei sind sowohl auf die Quantität als auch auf die Qualität des Süßwassers zurückzuführen. Ersteres wirkt sich auch auf die Landwirtschaft aus, da diese von der Bewässerung abhängt. Längerfristig (in Jahrzehnten) gefährden sowohl die Verschmutzung als auch die Übernutzung des Grundwassers – was zu tieferen Grundwasserspiegeln führt – die Primärproduktion als auch die Trinkwasserversorgung. Die Wasserkraft ist eine wichtige saubere Energiequelle, die mit der geringeren Nutzung und Verfügbarkeit fossiler Brennstoffe an Bedeutung gewinnt. Diese Infrastruktur wirkt sich jedoch in zu vielen Fällen stark negativ auf die Biodiversität aus, da sie Hindernisse im Wasser aufweist und die Mindestanforderungen an den Wasserfluss nicht erfüllt (Gracey & Verones, 2016).

Die Biodiversität ist ein Systemindikator, der uns über die tatsächliche Eignung für aquatisches Leben, Wasserqualität und die Gesundheit von Ökosystemen Aufschluss gibt. Der Rückgang der aquatischen Biodiversität ist das Ergebnis einer Kombination von Problemen wie Verschmutzung, Klimawandel, Übernutzung usw. Umgekehrt unterstützen gesunde, vielfältige Süßwasserökosysteme direkt oder indirekt Ökosystemleistungen wie Hochwasserschutz, Wasserrückhaltung, Wasserreinigung, Nährstoffkreislauf, Lebensmittelversorgung (Aquakulturen, Fischerei) usw.

HANDLUNGSRAHMEN

Nach der Wasserrahmenrichtlinie müssen die EU-Mitgliedstaaten bis 2027 in allen Oberflächen- und Grundwasserkörpern einen guten Zustand erreichen. Ein guter Zustand bezieht sich auf den ökologischen und chemischen Zustand der Oberflächengewässer sowie den chemischen und quantitativen Zustand des Grundwassers. Aus diesen Bestandteilen ergibt sich für die ökologische Qualität des Oberflächenwassers nur eine sehr begrenzte Verbesserung. Die WRRL ist das größte zusammenhängende Standardwasserprogramm der Welt, das auf einem Rechtsrahmen beruht, zu dem sich die EU-Mitgliedstaaten verpflichtet haben. Obwohl die WRRL nicht speziell darauf ausgerichtet war, die biologische Vielfalt als solche zu steigern, gibt sie Europa eine starke Waffe in die Hand, um ernsthafte Maßnahmen für wasserbezogene Ökosysteme und die damit verbundene biologische Vielfalt zu ergreifen. Die Maßnahmen sollten sich daher in den kommenden Jahren besonders hierauf konzentrieren. Zur Verbesserung der Biodiversität brauchen wir einen integrierten Ansatz, bei dem die Maßnahmen vor allem systematisch sein sollten (z. B. auf Ebene der Einzugsgebiete).

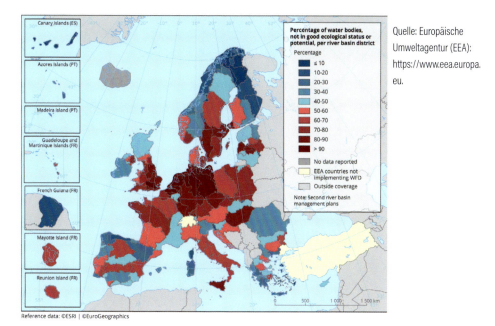

Quelle: Europäische Umweltagentur (EEA): https://www.eea.europa.eu.

EIN EFFEKTIVER ANSATZ

Wir sehen wichtige Lösungen in einem systemorientierten Ansatz für das Problem. Wir unterscheiden vier verschiedene Arten von Instrumenten

- **Instrumente, die die Analyse** des Problems unterstützen und damit einen Einblick in eine mögliche Handlungsperspektive für die Formulierung von Maßnahmen geben.
- **Werkzeuge, die bei der nachhaltigen Lösungsgestaltung** auf Ebene der Abwassersysteme, der Regionen und der Flusseinzugsgebiete helfen.
- **Moderne digitale Wissensmanagement-Tools** (wie digitale Modelle, digitale Schatten oder digitale Zwillinge), die effektive Entscheidungen und Handlungen unterstützen.
- **Innovative Partnerschaften** wie Water-Oriented Living Labs (WoLLs), in deren Rahmen Biodiversitätsziele für Interessenträger in einem Nexus-Kontext effektiv und transparent verfolgt werden können.

HANDLUNGSBEREITSCHAFT

Bei jedem dieser Instrumententypen stehen bereits viele zur Verfügung. Ihre Nutzung und Umsetzung müssen beschleunigt werden, um eine Wirkung zu erzielen. Beispiele für bestehende Technologien, die weiterentwickelt werden können, sind Fernerkundungsmesstechniken, die Informationen über den chemischen/physikalischen Zustand des Wassers liefern, der die biologische Vielfalt beeinflusst, oder e-DNA-Überwachungstechniken, die schnelle und zuverlässige Informationen über die Arten in einem Wasserkörper liefern. Für das digitale Wissensmanagement entstehen mehrere Plattformen, die Daten verknüpfen und den Schritt von Daten zu Informationen und erforderlichem Handeln in großem Maßstab in einer dynamischen Umgebung ermöglichen (z. B. BIOMONDO).

Da all dies bereits verfügbar ist, sollten wir:

- die Vorteile eines verfügbaren Notfallplans nutzen, z. B. eines Notfallplans für die Wiederherstellung der Süßwasserbiodiversität.
- die Gebiete identifizieren, in denen die technischen Hilfsmittel nicht ausreichen, um die Forschung in diese Richtung zu lenken. Wir denken hier an die automatische Quantifizierung von Populationen und an die Unzulänglichkeiten einer groß angelegten Überwachung, die erforderlich ist, um die Entwicklung größerer Gebiete besser in den Griff zu bekommen.
- die Einbeziehung von Führungskräften und Ingenieuren vorschlagen, die für die Umsetzung auf allen Ebenen verantwortlich sind. Hier sind WoLLs ein sehr nützliches Instrument, das sowohl EU-weit als auch stadtweit angewendet werden kann, um das Bewusstsein für den Übergang zur Nachhaltigkeit im weiteren Sinne (Nexus) zu schärfen. Natürlich gibt es auch viele Weiterbildungen, Spiele usw.: Übersichten zu erstellen, was wo und auf welcher Ebene anzuwenden ist, kann die Umsetzung beschleunigen.

Wir können damit beginnen, die verfügbaren Instrumente anzuwenden und Lücken und neue Fragen, die Forschung erfordern, in wirklichen Projekten zu untersuchen. Diese Projekte/Living Labs zielen darauf ab, die aquatische Biodiversität zu verbessern, indem das Lernen am Arbeitsplatz ermöglicht und alle Interessenträger einbezogen werden, wie es beispielsweise im Rahmen des **Projekts Marker Wadden** geschehen ist. Dies wird die Biodiversität sowie das Bewusstsein erhöhen und Entwicklern und Forschern die Informationen und Unterstützung bieten, um das fehlende Wissen und die fehlenden Instrumente zu ergänzen. Diese können schließlich genutzt werden, um die Biodiversität weiter zu beschleunigen, woraus sich ein widerstandsfähiges Wassersystem überall ergibt.

HERAUSFORDERUNGEN UND LÖSUNGEN DER GLOBALEN WASSERSICHERHEIT

Dragan Savić (KWR Water Research Institute, Die Niederlande; Centre for Water Systems, University of Exeter, Großbritannien), Milou M.L. Dingemans (KWR Water Research Institute, Die Niederlande; Institute for Risk Assessment Sciences, Universität Utrecht, Die Niederlande), Ruud P. Bartholomeus (KWR Water Research Institute, Die Niederlande; Soil Physics and Land Management, Wageningen University & Research, Die Niederlande)

EINFÜHRUNG

Die globale Wassersicherheit ist ein mehrdimensionales und dauerhaftes menschliches Ziel. Diese vielfältigen Dimensionen spiegeln die menschliche Bestrebung wider, die mit Wasser verbundenen Risiken zu bewältigen, darunter Dürren, Überschwemmungen, Erdrutsche, Wüstenbildung, Umweltverschmutzung, Epidemien und Krankheiten sowie Streitigkeiten und Konflikte. Da unsere Wasserressourcen immer knapper und verschmutzter werden, ist die Sicherstellung einer ausreichenden Menge an sauberem Wasser eine große globale Herausforderung im Einklang mit dem Ziel der nachhaltigen Entwicklung für sauberes Wasser und Sanitäreinrichtungen (SDG6). Man kann argumentieren, dass Wasser in allen 17 SDGs eine Rolle spielt, aber insbesondere für die folgenden Ziele ist klar, dass sie nicht erreicht werden, wenn nicht ausreichend sauberes Wasser zur Verfügung steht: SDG1 (Keine Armut), SDG2 (Kein Hunger), SDG3 (Gesundheit und Wohlergehen), SDG8 (Menschenwürdige Arbeit und Wirtschaftswachstum), SDG11 (Nachhaltige Städte und Gemeinden), SDG13 (Klimaschutz), SDG14 (Leben unter Wasser) und SDG15 (Leben an Land). Es bedarf tiefgreifender Veränderung, um den Schutz und die nachhaltige Bewirtschaftung unserer Wasserressourcen zu ermöglichen. Dies erfordert Forschung, Innovation, Valorisierung, Governance sowie die Entwicklung von Wissen und Fähigkeiten im globalen Wassersektor.

In diesem Kapitel werden drei miteinander verknüpfte Herausforderungen für die globale Wassersicherheit und potenzielle Lösungen vorgestellt, die zur Erreichung der Ziele für die nachhaltige Entwicklung im Bereich Wasser beitragen können, insbesondere das SDG6.

VERFÜGBARKEIT UND WIEDERVERWENDUNG VON WASSER

Bevölkerungswachstum und wirtschaftliches Wachstum führen zu einem steigenden Bedarf an Wasserressourcen. Darüber hinaus erhöht der Klimawandel die Unsicherheit über die Verfügbarkeit konventioneller Wasserressourcen wie Grundwasser, Oberflächenwasser und Niederschläge (Pronk et al., 2021; Wada & Bierkens, 2014). In vielen Regionen ist die Grundwasserübernutzung ein großes Risiko für die zukünftige Wasserverfügbarkeit (de Graaf et al., 2019; Wada & Bierkens, 2014). Auch in Gebieten mit einem jährlichen Niederschlagsüberschuss sind wir zunehmend mit Dürreschäden in Landwirtschaft und Natur sowie zunehmendem Druck auf die Verfügbarkeit von Wasser für hochwertige Anwendungen wie die Trinkwassergewinnung konfrontiert (Brakkee et al., 2022; Klijn et al., 2012; Pronk et al., 2021). In den gemäßigten Klimazonen werden die Grundwasserressourcen im Allgemeinen nicht erschöpft. Allerdings kann nur ein kleiner Teil des insgesamt gespeicherten Grundwassers nachhaltig genutzt werden, d. h. ohne andere Funktionen wie die Natur zu schädigen.

Selbst hochwassergefährdete Gebiete wie in den Niederlanden, die sich jahrzehntelang auf die Ableitung von Wasser konzentrierten, um Staunässe und Überschwemmungen zu verhindern (de Wit et al., 2022), waren in den Jahren 2018-2020 mit schweren Dürreschäden konfrontiert (Brakkee et al., 2022; Philip et al., 2020; van den Eertwegh et al., 2021). Für Europa wurde die Dürre der Jahre 2018-2020 als neuer Maßstab dafür identifiziert, was wir für das künftige Klima erwarten dürfen (Rakovec et al., 2022). Daher werden Strategien entwickelt, um die

Risiken von Wasserknappheit zu kontrollieren und langfristig die Versorgung aller Sektoren mit sauberem Süßwasser sicherzustellen. Zu solchen Strategien gehören die Steigerung der regionalen Autarkie zur Deckung des Süßwasserbedarfs und die verbesserte Nutzung verfügbarer Wasserquellen, einschließlich der derzeit unkonventionellen Quellen. Zusammen mit dem aktuellen Streben nach einer Kreislaufwirtschaft (Morseletto et al., 2022) drängt dies auf die weitere Erforschung des Potenzials und der Anwendbarkeit von (aufbereitetem) Abwasser als alternative Wasserquelle, d. h. der Wiederverwendung von Abwasser.

Obwohl das natürliche Wassersystem und der kommunale Wasserkreislauf bzw. die Wasserkette traditionell als getrennte Systeme betrachtet werden, sind sie physikalisch stark miteinander verbunden: Das natürliche Wassersystem bildet die Ressource für den anthropogenen Gebrauch, während Abfallprodukte anthropogenen Ursprungs aus dem Wasserkreislauf in das Wassersystem emittiert werden. Chancen für eine höhere Wasserverfügbarkeit ergeben sich jedoch, wenn das natürliche Wassersystem zusammen mit dem kommunalen Wasserkreislauf als ein wirklich integriertes System betrachtet wird (Pronk et al., 2021). Sektorübergreifende Ansätze, bei denen die Wasserkette und das Wassersystem wirklich integriert sind, gewinnen an Aufmerksamkeit, da die sektorübergreifende Wasserwiederverwendung das Potenzial hat, den Bedarf an Grundwasser und Oberflächenwasser erheblich zu reduzieren (Abbildung 1, Pronk et al., 2021). Jedoch müssen Risiken und Zielkonflikte im gesamten Wassersystem identifiziert werden: Wenn Innovationen in den Kontext regionaler Wassersysteme integriert werden, ergeben sich praktische und regulatorische Herausforderungen. Daher muss das Potenzial von Wasserwiederverwendungssystemen, z. B. für Bewässerung und Wasserzuleitung, in einem globalen, nationalen und regionalen Kontext bewertet werden, um i) festzustellen, wie sich wiederverwendetes Wasser im Wassersystem ausbreitet, und ii) den verringerten Druck auf die Wasserressourcen zu quantifizieren. Neben der wassermengenbasierten Analyse müssen Anforderungen an die Wasserqualität, Gesundheits- und Sicherheitsaspekte, technologische Anforderungen, Vorschriften und die öffentliche Wahrnehmung berücksichtigt werden (Dingemans et al., 2020). Ein integrativer Kontext ist daher für die verantwortungsvolle Umsetzung der Wasserwiederverwendung für eine robuste Wasserversorgung unerlässlich.

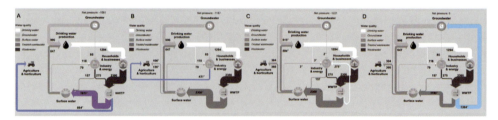

Abbildung 1: Potenzial der sektorübergreifenden Wasserwiederverwendung zur Verringerung der Nutzung von Grundwasserressourcen (Abbildung nach Pronk et al., 2021; http://creativecommons.org/licenses/by/4.0/).

HERAUSFORDERUNGEN FÜR DIE WASSERQUALITÄT, EINSCHLIESSLICH PMT-STOFFE (PERSISTENTE, MOBILE UND TOXISCHE STOFFE)

Neben den Auswirkungen auf die Wasserverfügbarkeit haben Bevölkerungswachstum, eine wachsende Wirtschaft und der Klimawandel auch einen großen Einfluss auf die Qualität der Gewässer und Trinkwasserquellen (Ryberg und Chanat 2022; Sjerps et al., 2017; Wolf und van Vliet 2021). Nährstoffe (Phosphor und Stickstoff) und anthropogene Chemikalien werden weiterhin in die aquatische Umwelt emittiert, und Klimaänderungen können zu günstigen Wachstumsbedingungen für (opportunistische) Erreger führen (Nijhawan und Howard, 2022). Da die Zahl der weltweit verwendeten und produzierten Chemikalien steigt und Chemikalien ständig durch andere ersetzt werden, steigt die Zahl der Chemikalien, die in die Umwelt und das Wassersystem gelangen können, weiter an.

Die Wasserrahmenrichtlinie und die Trinkwasserrichtlinie setzen klare Ziele und Vorgaben, und viele verschiedene Interessenträger und Behörden mit unterschiedlichen Verantwortlichkeiten müssen zusammenarbeiten, um eine bessere ökologische Wasserqualität zu erreichen. Dies erfordert praktische und politische Maßnahmen zum Schutz und zur Verbesserung der Wasserqualität. In den Niederlanden sind aus dem Delta-Ansatz zur Wasserqualität (Delta Aanpak Waterkwaliteit, 2016) mehrere Initiativen hervorgegangen, wie die nationale Arbeitsgruppe zu neu auftretenden Stoffen (Aanpak Opkomende Stoffen) und das Ziel, schädliche Chemikalien (besonders besorgniserregende Stoffe) aus der Umwelt zu verbannen, indem die Freisetzung solcher Chemikalien durch industrielle Aktivitäten reduziert wird. Vor kurzem haben Wasserbehörden und Trinkwasserunternehmen ein Forschungsprogramm ins Leben gerufen, das sich an wissenschaftlichen Erkenntnissen orientiert und benutzerfreundliche Instrumente entwickelt, um die Entscheidungsfindung über Maßnahmen zur Verbesserung der Wasserqualität zu unterstützen (www.kiwk.nl). Diese Art von Maßnahmen in Politik und Praxis muss auf alle EU-Mitgliedstaaten ausgeweitet werden. Da sich Wasserschadstoffe leicht über nationale Grenzen hinweg ausbreiten, ist eine grenzüberschreitende Zusammenarbeit für den Schutz der Qualität von Oberflächengewässern besonders wichtig. Dies hat bereits zur Entwicklung des NORMAN-Netzwerks geführt, einem Netzwerk von Universitäten und Forschungsinstituten, die zusammenarbeiten und politische Entscheidungsträger über Umweltüberwachung einschließlich der Wasserqualität in der EU informieren (Dulio et al., 2020).

Trinkwasserunternehmen garantieren, dass die Mengen an Stoffen und Mikroorganismen die Anforderungen an sicheres und gesundes Trinkwasser erfüllen. Da das Wassersystem von vielen verschiedenen Emissionen beeinflusst werden kann, bemüht sich der Trinkwassersektor sehr, die Qualität seiner Quellen zu verstehen (RIWA-Meuse, 2022; Sjerps et al., 2019; Hartmann et al., 2021). Akademische und angewandte Forschung in gemeinschaftlichen Forschungsprogrammen informieren Wasserversorger über die Qualität der Quellen und die Wirksamkeit von Bewirtschaftungsmaßnahmen, wenn problematische Substanzen entdeckt werden. Dies ist eine gute Grundlage, um Gefahren für die Wasserqualität, Expositionsmuster und potenzielle Risiken – auch im Zusammenhang mit der Nutzung alternativer Wasserquellen und der Wasserwiederverwendung (Dingemans et al., 2020). Analysemethoden, die im Rahmen der risikobasierten Überwachung der Wasserqualität entwickelt werden, können die Bewertung von Umwelt- oder Gesundheitsrisiken unterstützen, die mit der Wasserwiederverwendung und der Verwendung alternativer Wasserquellen verbunden sind, indem sie ihre spezifischen Kontaminationsmuster aufdecken. Chemische Zielanalysen, die quantitative Konzentrationen von Chemikalien liefern, die mit sicheren Werten verglichen werden können, werden ergänzt durch Screening-Ansätze zum Nachweis unbekannter und neuer besorgniserregender Chemikalien (Chemicals of Emerging Concern, CECs); nicht zielgerichtete chemische Analysen (Béen et al., 2021) und wirkungsbasierte Überwachung (Effect-based Monitoring, EBM) von Gemischen niedriger Konzentration (Dingemans et al., 2019; Robitaille et al., 2022). Aufgrund des erhöhten Drucks auf Süßwasserquellen, die für viele verschiedene Anwendungen genutzt werden, kann es hilfreich sein, spezifische und anwendungsgerechte Wasserqualitätsstandards für niedrig- bis hochgradige Anwendungen zu entwickeln.

Die Trinkwasserunternehmen haben Überwachungs- und Behandlungsstrategien entwickelt, um Veränderungen der Wasserqualität in ihren Quellen zu bewältigen. Eine besondere und aktuelle Herausforderung, die auch in einer integrierten Bewertung der Wasserwiederverwendung und der Verwendung alternativer Wasserquellen berücksichtigt werden muss, ist das Auftreten persistenter und mobiler Stoffe, die im Wassersystem zurückgehalten werden und sich dort ausbreiten können (Hale et al., 2022; Sims et al., 2022; Vughs et al., 2019). Mit dem Ziel, die negativen Umweltauswirkungen persistenter bioakkumulierbarer Chemikalien zu verringern, wurde ein Prozess in Gang gesetzt, der mobilere Stoffe für viele Verwendungszwecke produzieren soll. Dies hat zu einer erheblichen Belastung des Wassersystems mit persistenten und mobilen Substanzen, einschließlich Per- und Polyfluoralkylsubstanzen (PFAS), geführt. In den EU-Mitgliedstaaten und im Wassersektor werden derzeit viele Anstrengungen unternommen, um die großflächige Verschmutzung und Sanierung des Wassersystems durch diese Arten von Stoffen zu bewältigen, und ein allgemeines EU-Verbot wurde vorgeschlagen. Für diese besondere und sehr große Gruppe von PMT-Stoffen wird ein gruppenbezogener Ansatz für die Überwachung und Regulierung als angemessen erachtet, da es nicht möglich ist, jeden von ihnen einzeln zu behandeln (Cousins et al., 2020). Daher wurde vorgeschlagen, einen Summenparameter für PFAS in die Wasserrahmenrichtlinie aufzunehmen, und PFAS werden als zwei Gruppenparameter in die überarbeitete Trinkwasserrichtlinie aufgenommen – „PFAS gesamt" und „Summe der PFAS" (EC, 2020a). Bevor diese Parameter angewandt werden können, muss die Europäische Kommission in den kommenden Jahren noch technische Leitlinien für die Analysemethoden zur Überwachung festlegen. In den Niederlanden wurde ein REP-Ansatz vorgeschlagen, der analog zum Äquivalenzansatz für Dioxine die Risikobewertung aller PFAS über alle Expositionsquellen vorsieht (Bil et al., 2021). Die Forschungsanstrengungen zielen auf analytische Methoden ab, die die Reife der REP-Werte für PFAS und die relativen Beiträge der verschiedenen Expositionswege verbessern.

Die gruppenweise Regulierung steht auch im Einklang mit der zunehmenden Berücksichtigung der Tatsache, dass Mensch und Umwelt komplexen, aus verschiedenen Stoffen bestehenden und sich im Laufe der Zeit verändernden, empfindlichen Gemischen ausgesetzt sind. Obwohl Risikobewertungen und Risikocharakterisierungen traditionell von Stoff zu Stoff vorgenommen werden, bemühen sich die europäischen Behörden, die Risikobewertung und Nachhaltigkeit von Chemikalien für die Zulassung zu verbessern, indem sie im Einklang mit der Chemikalienstrategie der EU für Nachhaltigkeit (EC, 2020b) Gesamtexpositionen und Expositionen von Gemischen berücksichtigen.

Zum Schutz der Umwelt sowie zur Erzeugung von sicherem und gesundem Trinkwasser und zur Unterstützung der Entscheidungsfindung bei komplexen gesellschaftlichen und rechtlichen Herausforderungen wie Wasserknappheit, Kreislaufwirtschaft und Energiewende ist es von entscheidender Bedeutung zu wissen, welche Chemikalien im Wassersystem vorhanden sind und ob davon auszugehen ist, dass ihre Konzentration zur Exposition und zu nachteiligen Auswirkungen auf die menschliche Gesundheit oder die Umwelt beitragen kann. In einer Zukunft, in der wir mit vielen Herausforderungen im Wasserbereich konfrontiert sein werden und in der es weiterhin notwendig sein wird, Fragen der Wasserqualität zu überwachen und zu interpretieren, um diesen Herausforderungen zu begegnen, ist es entscheidend, einen europäischen Rahmen zu entwickeln, der aktuelle und zukünftige Expositionsmuster aus verschiedenen Quellen und die potenziellen Risiken von Mischungen mit niedrigen Konzentrationen berücksichtigt (Vermeulen et al., 2020), um Prioritäten im Risikomanagement und in der Risikominderung zu beschließen und so die menschliche Gesundheit und die Umwelt zu schützen.

DIGITALE WASSERTRANSFORMATION VON WASSERDIENSTLEISTUNGEN

In den letzten Jahrzehnten haben moderne digitale Technologien und der „digitale Wandel" fast aller gesellschaftlichen Bereiche (Bankwesen, Verkehr, Tourismus und Unterhaltung) beispiellose Auswirkungen gehabt. Während das digitale Bankwesen, Transportanwendungen (z. B. Uber), Tourismusplattformen (z. B. AirBnB, Booking.com) und Video- und Musikstreaming-Dienste (z. B. Netflix, Spotify) die traditionellen Sektoren auf den Kopf gestellt haben, ist die Verbesserung der Planung und des Managements globaler wasserbezogener Risiken durch digitale Transformation nur langsam erfolgt (Savic, 2022). Die Menge der heute verfügbaren Informationen ist beispiellos in der Geschichte der Menschheit – wobei 90 % davon erst in den letzten zwei Jahren geschaffen wurden. Es gibt fast nichts, was wir nicht messen, erfassen oder überwachen können, einschließlich vieler Aspekte, die für die Wasserverfügbarkeit und Wasserqualität relevant sind. Die Frage ist, wie läuft die digitale Transformation des Wassersektors?

Die digitale Transformation im Wassersektor wurde maßgeblich vom wissenschaftlichen Gebiet der „Hydroinformatik" beeinflusst (Savic, 2022). In der Vergangenheit wurde die Hydroinformatik häufig als eine Technologie bezeichnet, die IKT und künstliche Intelligenz (KI) auf komplexe Herausforderungen im Wasser und in der Gesellschaft anwendet, aber sie ist viel mehr. Die Hydroinformatik kann als Managementphilosophie betrachtet werden, die auf die Bewältigung globaler Wasserprobleme ausgerichtet ist und durch Technologie ermöglicht wird (Savic, 2022).

Das Konzept der Hydroinformatik hat seinen Ursprung in der Computerhydraulik (Abbot, 1991) und geht auf Zeiten zurück, als es noch keine digitalen Computer gab, z. B. elektrischanaloge Grundwassermodelle der späten fünfziger und frühen sechziger Jahre. Seit der Verbreitung von Desktop-Computern in den frühen achtziger Jahren finden hydroinformatische Werkzeuge und Methoden zunehmend ihre Anwendung im Wassersektor, was dazu führt, dass moderne digitale Technologien aktiv zur Unterstützung von Planungs- und Verwaltungsentscheidungen genutzt werden. Im Folgenden werden einige dieser Technologien und Anwendungen beschrieben.

KI- und Machine Learning (Savic, 2022) haben das Leckagemanagement (d. h. die Erkennung und Lokalisierung) in Wasserverteilungssystemen verbessert. Dazu werden zukünftige Bedarfswerte vorhergesagt und mit dem tatsächlichen Verbrauch verglichen, um auf ein potenzielles Leck hinzuweisen (Romano et al., 2010). Naturinspirierte Datenverarbeitung (z. B. genetische Algorithmen, Partikelschwarmoptimierung) ist eine weitere KI-Methodik, die viel Aufmerksamkeit erhalten hat und Lösungen für die Planung und das Management komplexer Wassersysteme bietet (Maier et al., 2014).

Ein *digitaler Zwilling* (Savic, 2022) ist eine Nachbildung eines physischen Systems in digitaler Form. Der Ansatz des digitalen Zwillings hat seinen wesentlichen Ursprung in der Modellierung und Simulation (Conejos Fürtes et al., 2020). Neu an dem digitalen Zwilling sind die Echtzeitinformationen (bzw. nahezu Echtzeitinformationen), mit denen er aktualisiert wird. Dies macht einen digitalen Zwilling zu einer echten Reflexion der Dynamik des physischen Systems. Diese Art der Modellierung hat das Potenzial, die Entscheidungsunterstützung und das Management von Wassersystemen von reaktiv zu proaktiv zu ändern.

Augmented-, Mixed- und/oder Virtual-Reality-Technologien, allgemein bekannt als *Extended Reality* (Savic, 2022), können einen erweiterten Überblick über die unterirdische Wasserinfrastruktur bieten und mögliche Probleme und Lösungen lokalisieren oder zur Schulung von Mitarbeitern in einer sicheren (virtuellen) Umgebung verwendet werden. Das Personal von Versorgungsunternehmen kann sich in dieser sicheren virtuellen Umgebung besser zurechtfinden, die es vor Verletzungen oder Gefahren schützt. Durch die Visualisierung von Daten entfernter Standorte und den einfachen Zugriff auf Qualitätsinformationen an entfernten Standorten über die erweiterte Realität können auch die Betriebskosten gesenkt werden.

Serious Games haben in letzter Zeit Fortschritte bei der Lösung von Problemen in den Bereichen Umwelt- und Wassermanagement erzielt (Savic, 2022). Ihre Anwendungen lassen sich von Trainingsspielen wie Flugsimulatoren oder Bildungs- und Konsensbildungsspielen inspirieren (Savic et al., 2016). Unterhaltung ist zwar nicht der Hauptzweck von Serious Games, aber sie ermöglichen es den Spielern, interaktiv und visuell einige der Herausforderungen zu erleben, vor denen Wassermanager und politische Entscheidungträger bei der Bekämpfung von Dürren, Überschwemmungen oder der Umsetzung von Wasserwiederverwendung und -recycling stehen.

Digitale Portale und Online-Dashboards können dabei helfen, Wassernutzer zu motivieren und zu nachhaltigerem Verhalten zu veranlassen (Savic, 2022). Dieser Ansatz ist nicht nur wichtig, um die Haltung gegenüber Ressourcenverschwendung und Nachfragemanagement zu ändern (Savic et al., 2014), sondern auch, um die Lebensdauer teurer Infrastruktur zu verlängern. Die Leistungsüberwachung und Datenvisualisierung in einem Kontrollraum eines Wasserversorgungsunternehmens könnten auch durch KI/Machine Learning-Technologien verbessert werden, indem prädiktive Analysen bereitgestellt werden (Savic, 2022).

Fernerkundung (Savic, 2022) durch boden-, luft- und weltraumgestützte Sensoren und Plattformen kann eine große Datenmenge für das Wasserressourcenmanagement liefern. Landwirtschaftliche Anwendungen sind das offensichtliche Beispiel, wo die Überwachung der Wassernutzungseffizienz von entscheidender Bedeutung ist (Blatchford et al., 2019). Der übermäßige Wasserverbrauch in der Landwirtschaft ist von besonderem Interesse, da rund 70 % der weltweiten Trinkwasserentnahmen für die Landwirtschaft verwendet werden.

Obwohl **Robotik** in der Fertigung, im Gesundheitswesen und im Katastrophenmanagement Anwendung gefunden hat, ist sie nicht in den Bereich des Wassermanagements vorgedrungen. Es werden jedoch Anstrengungen unternommen, um fortschrittliche Robotertechnologien im Wasserinfrastrukturmanagement einzusetzen (Savic, 2022). Die Idee eines Roboters, der mit verschiedenen Sensoren ausgestattet ist, um Daten von einem Infrastruktursystem zu sammeln, ist nicht neu. Van Thienen et al. (2018) sind jedoch einen Schritt weiter gegangen, indem sie sich einen Roboter vorstellen, der, wenn er einmal in das Rohrsystem eingeführt ist, dauerhaft darin verbleiben kann, aus der Ferne aufgeladen werden kann und weiterhin Informationen über den Zustand des Systems senden kann, ohne dass er entfernt werden muss.

SCHLUSSFOLGERUNGEN

Zukünftige Herausforderungen der Wasserbewirtschaftung im Zusammenhang mit dem Klimawandel, einschließlich der Wasserwiederverwendung für eine robuste Süßwasserversorgung, und der Verschmutzung von Süßwasserquellen werden immer komplexer und voneinander abhängig, was es nahezu unmöglich macht, ohne den Einsatz digitaler Werkzeuge fundierte Entscheidungen zu treffen. Die isolierte Nutzung dieser Instrumente, d. h. ohne: i) eine angemessene Konzeptualisierung des Wassersystems als Ganzes und ii) die Nutzung verschiedener Datenströme und Expertenwissen, wird jedoch nicht zu bahnbrechenden Innovationen im Wassermanagement führen. Es müssen auch fundierte Entscheidungen getroffen werden, was den Schutz der Umwelt vor Verschmutzung und die Gewährleistung der Erzeugung von sicherem und gesundem Trinkwasser in einer sich wandelnden Welt angeht, die uns mit komplexen gesellschaftlichen und rechtlichen Herausforderungen konfrontiert, wie etwa Wasserknappheit, Kreislaufwirtschaft und Energiewende. Die Hydroinformatik als Managementphilosophie ist die Schlüsselvoraussetzung für die Integration von Daten über Datensilos hinweg und für die Bereitstellung von Datenanalysen, die das Wissen verbessern und letztendlich zu fundierten Entscheidungen führen.

QUELLENANGABEN

Abbot MB, 1991. Hydroinformatics. Information Technology and the Aquatic Environment, Avebury Technical, pp. 1-85628.

Been F, Kruve A, Vughs D, Meekel N, Reus A, Zwartsen A, Wessel A, Fischer A, Ter Laak T, Brunner AM. Risk-based prioritization of suspects detected in riverine water using complementary chromatographic techniques. Water Res. 1. Okt. 2021;204:117612. DOI: 10.1016/j.watres.2021.117612.

Bil W, Zeilmaker M, Fragki S, Lijzen J, Verbruggen E, Bokkers B. Risk Assessment of Per- and Polyfluoroalkyl Substance Mixtures: A Relative Potency Factor Approach. Environ Toxicol Chem. März 2021;40(3):859-870. DOI: 10.1002/etc.4835.

Blatchford ML, Mannaerts CM, Zeng Y, Nouri H und Karimi P, 2019. Status of accuracy in remotely sensed and in-situ agricultural water productivity estimates: A review. Remote sensing of environment, 234, S. 111413.

Brakkee E, van Huijgevoort MHJ, Bartholomeus RP, 2022. Improved understanding of regional groundwater drought development through time series modelling: The 2018-2019 drought in the Netherlands. Hydrol. Earth Syst. Sci., 26(3): 551-569. DOI: 10.5194/hess-26-551-2022

Conejos Fuertes P, Martínez Alzamora F, Hervás Carot M. und Alonso Campos JC, 2020. Building and exploiting a Digital Twin for the management of drinking water distribution networks. Urban Water Journal, 17(8), pp. 704-713.

Cousins IT , DeWitt JC , Glüge J , Goldenman G , Herzke D , Lohmann R , Miller M , Ng CA , Scheringer M , Vierke L , Wang Z . Strategies for grouping per- and polyfluoroalkyl substances (PFAS) to protect human and environmental health. Environ. Sci. Process Impacts. 1. Juli 2020;22(7):1444-1460. DOI: 10.1039/d0em00147c.

de Graaf IEM, Gleeson T, van Beek LPH, Sutanudjaja EH, Bierkens MFP, 2019. Environmental flow limits to global groundwater pumping. Nature, 574(7776): 90-94. DOI: 10.1038/s41586-019-1594-4

de Wit JA, Ritsema CJ, van Dam JC, van den Eertwegh GAPH, Bartholomeus RP, 2022. Development of subsurface drainage systems: Discharge – retention – recharge. Agric. Water Manag., 269: 107677. DOI: https://doi.org/10.1016/j.agwat.2022.107677

Delta Aanpak Waterkwaliteit 2016. Intentieverklaring Delta-aanpak Waterkwaliteit en Zoetwater tussen overheden, maatschappelijke organisaties en kennisinstituten (Absichtserklärung Delta-Ansatz zur Wasserqualität und zum Süßwasser zwischen Regierungen, Organisationen der Zivilgesellschaft und Forschungs- und Entwicklungsinstituten).

Dingemans MM, Baken KA, van der Oost R, Schriks M, van Wezel AP. Risk-based approach in the revised European Union drinking water legislation: Opportunities for bioanalytical tools. Integr. Environ. Assess. & Manag. Jan. 2019;15(1):126-134. DOI: 10.1002/ieam.4096.

Dingemans MML, Smeets PWMH, Medema G, Frijns J, Raat KJ, van Wezel AP, Bartholomeus RP. Responsible Water Reuse Needs an Interdisciplinary Approach to Balance Risks and Benefits. Water. 2020; 12(5):1264. https://doi.org/10.3390/w12051264.

Dulio V, Koschorreck J, van Bavel B et al. The NORMAN Association and the European Partnership for Chemicals Risk Assessment (PARC): Let's cooperate!. Environm. Sci. Eur. 32, 100 (2020). https://doi.org/10.1186/s12302-020-00375-w.

EC (Europäische Kommission). 2020a. Richtlinie (EU) 2020/2184 des Europäischen Parlaments und des Rates vom 16. Dezember 2020 über die Qualität von Wasser für den menschlichen Gebrauch. https://eur-lex.europa.eu/eli/dir/2020/2184/oj.

EC (Europäische Kommission). 2020b. Chemikalienstrategie – Die Chemikalienstrategie der EU für Nachhaltigkeit auf dem Weg zu einer giftfreien Umwelt. https://environment.ec.europa.eu/strategy/chemicals-strategy_de.

Hale SE, Neumann M, Schliebner I et al. Getting in control of persistent, mobile and toxic (PMT) and very persistent and very mobile (vPvM) substances to protect water resources: strategies from diverse perspectives. Environm. Sci. Eur. 34, 22 (2022). https://doi.org/10.1186/s12302-022-00604-4.

Hartmann J, Chacon-Hurtado JC, Verbruggen E, Schijven J, Rorije E, Wuijts S, de Roda Husman AM, van der Hoek JP, Scholten L. Model development for evidence-based prioritisation of policy action on emerging chemical and microbial drinking water risks. J. Environm. Manage. 1. Okt. 2021;295:112902. DOI: 10.1016/j.jenvman.2021.112902.

Maier HR, Kapelan Z, Kasprzyk J, Kollat J, Matott LS, Cunha MC, Dandy GC, Gibbs MS, Keedwell E, Marchi A, Ostfeld A, Savic D, Solomatine DP, Vrugt JA, Zecchin AC, Minsker BS, Barbour EJ, Kuczera G, Pasha F, Castelletti A, Giuliani M, Reed PM, 2014. Evolutionary algorithms and other metaheuristics in water resources: Current status, research challenges and future directions. Environmental Modelling & Software, 62, pp. 271-299.

Klijn F, van Velzen E, ter Maat J, Hunink J, Baarse G, Beumer V, Boderie P, Buma J, Delsman J, Hoogewoud J, 2012. Zoetwatervoorziening in Nederland: aangescherpte landelijke knelpuntenanalyse 21e eeuw, Deltares.

Morseletto P, Mooren CE, Munaretto S, 2022. Circular Economy of Water: Definition, Strategies and Challenges. Circular Economy and Sustainability: 1-15.

Nijhawan A, Howard G., 2022. Associations between climate variables and water quality in low- and middle-income countries: A scoping review. Water Research 210:117996.

Philip SY, Kew SF, van der Wiel K, Wanders N, van Oldenborgh GJ, 2020. Regional differentiation in climate change induced drought trends in the Netherlands. Environmental Research Letters, 15(9): 094081.

Pronk G, Stofberg S, van Dooren T, Dingemans M, Frijns J, Koeman-Stein N, Smeets P, Bartholomeus R, 2021. Increasing Water System Robustness in the Netherlands: Potential of Cross-Sectoral Water Reuse. Water Resources Management: 1-15.

Rakovec O, Samaniego L, Hari V, Markonis Y, Moravec V, Thober S, Hanel M, Kumar R, 2022. The 2018-2020 Multi-Year Drought Sets a New Benchmark in Europe. Earth's Future, 10(3): e2021EF002394.

Romano M, Kapelan Z und Savić DA, 2010. Real-time leak detection in water distribution systems. In: Water Distribution Systems Analysis, 2010 (pp. 1074-1082).

RIWA-Meuse. 2022. Drinking water relevant substances in the Meuse 2021. RIWA-Maas (RI-WA-Meuse).

Vereniging van Rivierwaterbedrijven (Verband der Flusswasserwerke) (2016).

Robitaille J, Denslow ND, Escher BI, Kurita-Oyamada HG, Marlatt V, Martyniuk CJ, Navarro-Martín L, Prosser R, Sanderson T, Yargeau V, Langlois VS. Towards regulation of Endocrine-Disrupting Chemicals (EDCs) in water resources using bioassays – A guide to developing a testing strategy. Environm. Res. 1. Apr. 2022;205:112483. DOI: 10.1016/j.envres.2021.112483.

Ryberg KR, Chanat JG. Climate extremes as drivers of surface-water-quality trends in the United States. Sci. Total Environ. 25. Feb. 2022;809:152165. DOI: 10.1016/j.scitotenv.2021.152165.

Savic D, Vamvakeridou-Lyroudia L und Kapelan Z, 2014. Smart meters, smart water, smart societies: The iWIDGET project. Procedia Engineering, 89, pp. 1105-1112.

Savic DA, Morley MS und Khoury M, 2016. Serious gaming for water systems planning and management. Water, 8(10), S. 456.

Savic D, 2022. Hydroinformatics: Solutions for global water challenges. Hydrolink 2, pp. 48-49.

Sims JL, Stroski KM, Kim S, Killeen G, Ehalt R, Simcik MF, Brooks BW. Global occurrence and probabilistic environmental health hazard assessment of per- and polyfluoroalkyl substances (PFASs) in groundwater and surface waters. Sci. Total Environ. 10. Apr. 2022;816:151535. DOI: 10.1016/j.scitotenv.2021.151535.

Sjerps RMA, Kooij PJF, van Loon A, van Wezel AP. Occurrence of pesticides in Dutch drinking water sources. Chemosphere. Nov. 2019;235:510-518. DOI: 10.1016/j.chemosphere.2019.06.207.

Sjerps RMA, Ter Laak TL, Zwolsman GJJG. Projected impact of climate change and chemical emissions on the water quality of the European rivers Rhine and Meuse: A drinking water perspective. Sci. Total Environ. 1. Dez. 2017;601-602:1682-1694. DOI: 10.1016/j.scitotenv.2017.05.250.

Van Thienen P, Bergmans B und Diemel R, Juli 2018. Advances in development and testing of a system of autonomous inspection robots for drinking water distribution systems. In WDSA/CCWI Joint Conference Proceedings (Band 1).

Bil W, Zeilmaker M, Fragki S, Lijzen J, Verbruggen E, Bokkers B. Risk Assessment of Per- and Polyfluoroalkyl Substance Mixtures: A Relative Potency Factor Approach. Environ Toxicol Chem. März 2021;40(3):859-870. DOI: 10.1002/etc.4835.

van den Eertwegh G, de Louw P, Witte J-P, van Huijgevoort M, Bartholomeus R, van Deijl D, van Dam J, Hunnink J, America I, Pouwels J, 2021. Droogte in zandgebieden van Zuid-, Midden-en Oost-Nederland: het verhaal-analyse van droogte 2018 en 2019 en bevindingen: eindrapport, KnowH2O.

Vermeulen R, Schymanski EL, Barabási AL, Miller GW. The exposome and health: Where chemistry meets biology. Science. 24. Jan. 2020;367(6476):392-396. DOI:10.1126/science. aay3164.

Vughs D, Baken KA, Dingemans MML, de Voogt P. The determination of two emerging perfluoroalkyl substances and related halogenated sulfonic acids and their significance for the drinking water supply chain. Environ. Sci. Process Impacts. 1. Nov. 2019;21(11):1899-1907. DOI: 10.1039/c9em00393b.

Wada Y, Bierkens MFP, 2014. Sustainability of global water use: past reconstruction and future projections. Environmental Research Letters, 9(10): 104003. DOI:10.1088/1748-9326/9/10/104003.

Wolff E, van Vliet MTH. Impact of the 2018 drought on pharmaceutical concentrations and general water quality of the Rhine and Meuse rivers. Sci. Total Environ. 15. Juli 2021;778:146182. DOI: 10.1016/j.scitotenv.2021.146182.

TECHNIK, INGENIEURWESEN UND BILDUNG

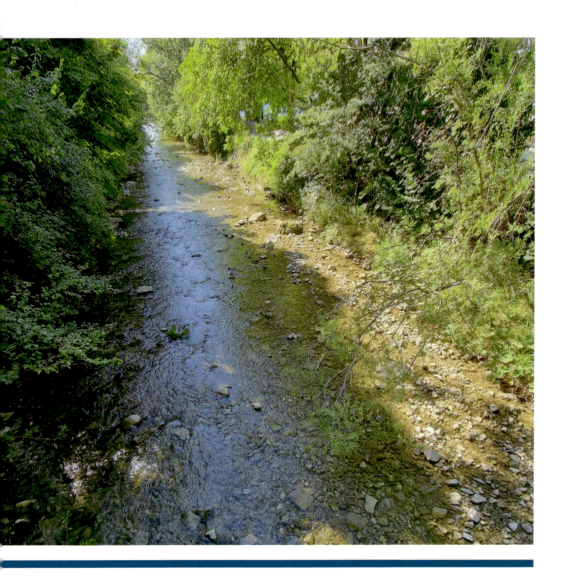

WATER-ORIENTED LIVING LABS

Andrea Rubini (Director of Operations bei Water Europe)

WAS IST EIN WATER-ORIENTED LIVING LAB?

Ein Living Lab ist nicht nur ein Netzwerk aus Infrastrukturen und Dienstleistungen, sondern auch ein kollaboratives Ökosystem, das geschaffen wurde, um gemeinschaftsgetriebene Innovationen in einem Multi-Stakeholder-Kontext zu unterstützen. Es bietet eine effektive Forschungsmethodik für die Erfassung, Prototypisierung, Validierung und Verfeinerung innovativer Lösungen in vielfältigen und sich entwickelnden realen Kontexten. Das Konzept des Living Labs ist daher von großer Bedeutung für den Innovationsprozess hin zu einer **wasserbewussten Gesellschaft.** Ein (Water-Oriented) Living Lab bringt Forschung und Entwicklung aus Laboren heraus und überträgt sie in reale Kontexte. Dies ermöglicht ein besseres Verständnis dessen, was Innovationen auslöst, und hilft bei der Identifizierung von Innovationen, die sich in verschiedenen ökologischen, sozialen und kulturellen – kollaborativen und inklusiven – Wasserkontexten als erfolgreich erweisen, um die im SDG6 und SDG17 dargelegten Ziele zu erreichen.

Die europäische Geschichte der Living Labs geht auf die skandinavische kooperative und partizipative Designbewegung der 60er bis 70er Jahre, die europäischen sozialen Experimente mit IT in den 80er Jahren und die Digital-City-Projekte der 90er Jahre zurück. In den 90er Jahren setzte sich das Konzept der digitalen Stadt in Europa und anderswo durch und bezog sich dabei auf mehrere digitale Initiativen von Städten, insbesondere im Zusammenhang mit digitalen Darstellungen der Stadt, digitaler Wirtschaftsentwicklung und Stadterneuerungsinitiativen sowie der Bereitstellung des Internetzugangs für Bürger. In den frühen 2000er Jahren führte eine konsistente Politik der Europäischen Union dazu, dass die finnische Ratspräsidentschaft am 20. November 2006 das „European Network of Living Labs" (ENoLL) ins Leben rief.

Seither haben Living-Lab-Initiativen und -Gemeinschaften einen bedeutenden Einfluss auf die europäische Forschungs- und Innovationspolitik ausgeübt, indem sie von eher linearen Forschungs- und Innovationsansätzen zu offenen und kollaborativen Innovationskonzepten übergegangen sind. Diese Entwicklungen beeinflussten nicht nur die Forschungsagenden und -programme der Europäischen Union (z. B. die EU-Rahmenprogramme für Forschung und Entwicklung, Horizon 2020 und derzeit Horizon Europe), sondern sie inspirierten auch Forschung, Entwicklung und Innovation auf regionaler Ebene im Rahmen der Kohäsionspolitik und der Programme für territoriale Zusammenarbeit, insbesondere durch die Strategien für intelligente Spezialisierung, die für alle EU-Regionen und -Mitgliedstaaten festgelegt wurden.

Living-Lab-Initiativen in Europa gehen oft von den Bedürfnissen und Bestrebungen lokaler und regionaler Interessenträger aus. Sie liefern einen wertvollen Beitrag zur europäischen Politik und Programmen wie Horizon 2020 und Horizon Europe, intelligente Spezialisierung, die Städteagenda, Kohäsionspolitik und so weiter.

Spezifische Aufforderungen zur Einreichung von Vorschlägen in verschiedenen Abschnitten der europäischen Forschungs- und Innovationsprogramme empfehlen Living Labs direkt als Innovations- und Experimentierinstrumente in Bereichen, die mit intelligenten Städten, städtischer Innovation, Mobilität und internationaler Zusammenarbeit zusammenhängen. Living Labs werden gefördert, um vertikale Forschungsbereiche (Gesundheit, intelligente Städte, Klima, Wasser, Bildung usw.) mit horizontalen und territorialen Aspekten (Digitalisierung, Multi-Stakeholder-Governance usw.) zu verbinden und so das entstehende europäische Ökosystem der offenen Innovation zu stärken. Living Labs sollen die wirksamere Lösung gesellschaftlicher Herausforderungen, die Beschleunigung von Innovationen, die Internationalisierung von Industriezweigen (z. B. KMU) und die Schaffung einer gesamteuropäischen Experimentierumgebung ermöglichen und so die Verwirklichung des europäischen (digitalen) Binnenmarkts unterstützen.

WATER EUROPES PROGRAMM FÜR WATER-ORIENTED LIVING LABS

2018 startete Water Europe die Initiative zur **Kartierung und Förderung eines Netzwerks von Water-Oriented Living Labs** (WOLLs) als Mittel für Austausch und Zusammenarbeit, um europaweit gemeinsame Methoden und Instrumente zu fördern, die kokreative Innovationsprozesse unterstützen, anregen und beschleunigen und sich dabei auf die Einbeziehung der Nutzer stützen, um dringende gesellschaftliche Herausforderungen, die sich unter anderem aus dem Klimawandel ergeben, anzugehen und durch eine wasserbewusste Gesellschaft zur künftigen EU-Politik wie dem Grünen Deal beizutragen. Im Jahr 2019 wurde der **Atlas der EU Water-Oriented Living Labs** veröffentlicht. Der Atlas erfasste mehr als 100 WOLLs mit unterschiedlichen Graden operativer Kapazität und Reife.

Mit dieser Initiative soll ein Mittel für den Austausch und die Förderung gemeinsamer Methoden und Instrumente in ganz Europa geschaffen werden, die kokreative Innovationsprozesse unterstützen, anregen und beschleunigen und sich dabei auf die Einbeziehung der Nutzer stützen, um dringende gesellschaftliche Herausforderungen, die sich unter anderem aus dem Klimawandel ergeben, anzugehen und durch eine wasserbewusste Gesellschaft zur EU-Politik und Transformation wie dem Grünen Deal und der digitalen Transformation beizutragen.

Bei näherer Betrachtung der oben beschriebenen Merkmale von WOLLs ergeben sich sechs Aspekte (oder grundlegende Elemente) für die wesentliche Charakterisierung eines Living Labs: Benutzereinbindung, Serviceerstellung, Infrastruktur, Governance, Innovationsergebnisse, Methoden und Werkzeuge.

Ein Water-Oriented Living Lab kann im Detail daher wie folgt charakterisiert werden:

- **BENUTZEREINBEZIEHUNG**
  Ziel: Einbeziehung der Wassernutzer (z. B. Städte/Bürger, Industrie und/oder Landwirtschaft) sowie der Nutzer von Innovationen, die eine „wasserbewusste Gesellschaft" ermöglichen (z. B. wie oben + Versorgungsunternehmen und verbundene Dienstleister wie Unternehmen der Abwasserwirtschaft usw.), um ihnen die Möglichkeit zu geben, auf die Lösung Einfluss zu nehmen, die ihr Leben später beeinflussen wird.

- **SERVICEERSTELLUNG**
  Ziel: Ermöglichung und Unterstützung der Entwicklung neuer Ideen, Dienstleistungen und Lösungen, die zu einer nachhaltigen und intelligenten wasserbewussten Gesellschaft beitragen und Bereitstellung repräsentativer (semi-)realistischer Umgebungen für Wasserproduktion, -verteilung und -(wieder)verwendung zur gemeinsamen Gestaltung und Validierung.

- **INFRASTRUKTUR**
  Ziel: Bereitstellung der physischen oder virtuellen Umgebung, um die Leistung von Wasserinnovationen zu integrieren, auszuprobieren, zu validieren und zu messen. Dies kann einen Versuchsaufbau (z. B. in Laboren oder Demoanlagen) oder (vorzugsweise) eine reale Testumgebung einschließlich (externer) Infrastruktur für die Wasserproduktion, -verteilung und -(wieder)verwendung (z. B. in Versorgungsbetrieben, städtischen Gebieten, (Agrar-)Industriestandorten) umfassen.

- **GOVERNANCE**
  Ziel: Einbindung der Vierfachhelix aus dem Wassersektor in einen (inter-)regionalen Kontext, z. B. unter Einbeziehung von öffentlichen (Wasserverwaltungs-)Behörden (einschließlich Versorgungsunternehmen), Wassernutzern (z. B. Städte/Bürger, Industrie und/oder Landwirtschaft), Wasserforschungsorganisationen und Technologieentwicklern, die sich gemeinsam auf die Verwaltung und Pflege des WOLL einigen.

- **INNOVATIONSERGEBNIS**
  Ziel: Überwiegende Förderung von Innovationen, die zu einer nachhaltigen und wasserbewussten Gesellschaft beitragen („Schwerpunkt der Mission"). Dabei kann es sich um Wissen, neue Produkte und Dienstleistungen und/oder Rechte des geistigen Eigentums handeln. Die Ergebnisse können in Form fertiger Endbenutzeranwendungen, aber auch in Form von Prototypen oder bloßem Wissen über Nutzungsmuster vorliegen.

- **METHODEN UND WERKZEUGE**
  Ziel: Bereitstellung und kontinuierliche Aktualisierung spezifischer (interoperabler) Methoden und Werkzeuge zur Erhebung relevanter Nutzerdaten in großem Maßstab im Zusammenhang mit den angestrebten Innovationsergebnissen im Wassersektor.

WATER EUROPES DEFINITION VON „WATER-ORIENTED LIVING LABS"

Es ist wichtig, das Konzept eines Water-Oriented Living Labs zu definieren. Unter Berücksichtigung der spezifischen Merkmale und Charakteristika des Wassersektors und dem Ziel, die längerfristige Vision einer wasserbewussten Gesellschaft zu fördern, wurden Water-Oriented Living Labs von Water Europe wie folgt definiert:

Wasserorientierte, praxisnahe Demonstrations- und Umsetzungsinstrumente, die öffentliche und private Institutionen, Regierung, Zivilgesellschaft und Wissenschaft zusammenbringen, um gemeinsam strukturierte Grundlagen für die Entwicklung, Validierung

und Ausweitung von Innovationen zu schaffen, die neue Technologien, Governance, Geschäftsmodelle und die Förderung innovativer Strategien umfassen, um eine „wasserbewusste Gesellschaft" zu erreichen.

WOLLs lassen sich daher durch die Art der Zusammenarbeit und die Art der beteiligten Akteure charakterisieren, z. B. öffentlich-private Partnerschaften mit Vierfach-/Fünffachhelix, als Modell offener Innovation und als Ökosysteme, die die sektorübergreifende Zusammenarbeit fördern.

WIE GEHT ES MIT WOLLS WEITER?

Water Europe hat Ressourcen geplant und organisiert, um das Instrument Water-Oriented Living Lab in enger Zusammenarbeit mit der von der EU kofinanzierten Partnerschaft Water4All weiterzuentwickeln und einzusetzen, um eine „wasserbewusste Gesellschaft" anzusteuern.

Die von der Europäischen Union im Rahmen des **Programms „Horizon Europe"** kofinanzierte **Partnerschaft „Water4All"** zielt darauf ab, die Wassersicherheit für alle langfristig zu ermöglichen, indem systemi-

sche Transformationen und Veränderungen in der gesamten Wasserforschungs- und Innovationspipeline vorangetrieben werden und die Abstimmung zwischen Problemeignern und Lösungsanbietern gefördert wird.

Water4All vereint eine breite und geschlossene Gruppe von **78 Partnern** aus **31 Ländern** in der Europäischen Union und darüber hinaus. In diesem Konsortium sind verschiedene Partner aus der gesamten Forschungs-, Entwicklungs- und Innovationskette (FuEuI) im Wassersektor vertreten.

Water Europe steht an der Spitze der Säule D von Water4All, die Wasserinnovationen durch die Unterstützung der bestehenden Water-Oriented Living Labs demonstrieren und ausbauen will, neue potenzielle WOLLs in potenziellen Gebieten errichten und sie in einem kollaborativen Netzwerk von WOLLs verbinden will, um die langfristige Nachhaltigkeit und Effektivität zu verbessern.

Um die WOLLs-Strategie in Water4All und als umfassende Aktion der breiteren Initiative voranzutreiben, aktualisierte Water Europe die Bewertungsmethode für WOLLs, die für den 2019 veröffentlichen ATLAS verwendet wurde und verabschiedete den auf den Wassersektor zugeschnittenen **Harmonisierungswürfel** mit dem zukünftigen Ziel eines Netzwerks von kollaborativen Water-Oriented Living Labs. Zu diesem Zweck veröffentlichte Water Europe im Jahr 2022 zwei Publikationen, die die Praktiken und Beurteilungsmethoden von Water-Oriented Living Labs definieren und ein Handbuch mit einer klaren Vision zur Bewertung und Entwicklung von WOLLs bereitstellen sollen:

- Water-Oriented Living Labs: Notebook Series #1. Definitionen, Praktiken und Bewertungsmethoden.
- Water-Oriented Living Labs: Notebook Series #2. Bewertung und Weiterentwicklung von Water-Oriented Living Labs. Ein Handbuch mit Vision

Beide Publikationen befassen sich mit der unmittelbaren Herausforderung, das Wachstum und die Entwicklung von WOLLs zu stimulieren und zu leiten und konkrete Schritte zu unternehmen, um alle Herausforderungen der Vision einer wasserbewussten Gesellschaft zu bewältigen und ein gut funktionierendes WOLL mit dem höchsten Reifegrad, ein Water Europe Living Lab (WELL), zu erreichen.
Diese Bemühungen beginnen mit den Maßnahmen, die in der Säule D der Partnerschaft mit Water4All geplant sind.

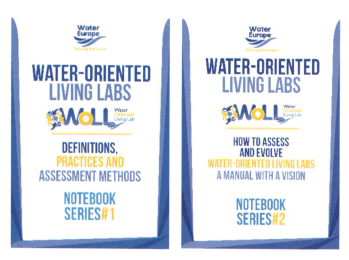

Das übergeordnete Ziel von Water Europe ist die Entwicklung eines kollaborativen Netzes von WELLs – auch „WELLNet" –, das einen unverzichtbaren Beitrag zur Verwirklichung der Vision von Water Europe von einer wasserbewussten Gesellschaft leisten und zur Verwirklichung des SDG6 und des SDG17 beitragen wird.

PROZESSSIMULATION – DIGITALE ZWILLINGE VON WASSERAUFBEREITUNGSANLAGEN

Paul Schausberger (Geschäftsführer UNIHA Wasser Technologie GmbH),
Peter Latzelsperger (Geschäftsführer UNIHA Wasser Technologie GmbH)

EINFÜHRUNG

Reines Wasser kommt auf unserem Planeten in der Natur nicht vor, da alle Wasserressourcen Mischungen aus Wasser und anderen Substanzen sind. Die Mischungen reichen von fast reinem Wasser in Regen oder Eiskappen bis hin zu Wasser mit hohen Mengen an Salzen, biogenen und industriellen Materialien. Sauberes und reines Wasser ist jedoch nicht nur als primäre Lebensgrundlage unersetzlich, sondern wirkt sich auf nahezu jedes Nachhaltigkeits- und Entwicklungsziel einer Gesellschaft aus.

Traditionell werden unterschiedliche Ansätze und Parameter zur Charakterisierung der Zusammensetzung von Wassermischungen im Trinkwasser-, Abwasser- oder Industriesektor verwendet. Aufgrund der Verschmutzung der natürlichen Quellen und der steigenden Nachfrage nach Wasserwiederverwendung muss jedoch eine gemeinsame Sprache und Bezeichnung gefunden werden. Diese gemeinsame Sprache unterstützt die Charakterisierung und den Vergleich verschiedener Wassertypen und deren industrieübergreifende Verwendung/ Wiederverwendung.

„Prozesssimulation ist eine modellbasierte Darstellung chemischer, physikalischer, biologischer und anderer technischer Prozesse und Abläufe in der Software. Grundvoraussetzungen für das Modell sind chemische und physikalische Eigenschaften von reinen Komponenten und Gemischen, von Reaktionen und von mathematischen Modellen, die in Kombination die Berechnung von Prozesseigenschaften durch die Software ermöglichen" (Wikipedia-Autoren, 2021).

In der Anlagenkonstruktion wird die Prozesssimulation zur Modellierung des Behandlungsprozesses und zur Berechnung der relevanten Masse-Endenergiebilanzen verwendet. Auf der Grundlage dieser Bilanzen kann der Prozess hinsichtlich des Energie- und Chemikalienverbrauchs sowie der Nebenprodukt- und Abfallströme bewertet werden. Diese Bilanzen bilden auch die Grundlage für die Gesamtbetriebskosten (Total Cost of Ownership, TCO) und den ökologischen Fußabdruck der Anlage.

In letzter Zeit wird eine solche modellbasierte Darstellung auch als digitaler Zwilling bezeichnet (Wikipedia-Autoren, 2022), der zum gesamten Lebenszyklus einer Aufbereitungsanlage beitragen kann.

Angesichts der Tatsache, dass allein 1–3 % des weltweiten Gesamtenergieverbrauchs auf Abwasseraufbereitungsanlagen entfallen, ist die Berücksichtigung der Lebenszyklusauswirkungen von Anlagen von entscheidender Bedeutung (Circular Economy: Tapping the Power of Wastewater, o. J.).

Im Allgemeinen haben diese Konzepte angesichts der jüngsten Erhöhungen der Energiepreise sowie der Notwendigkeit, den Energieverbrauch im Hinblick auf extern gelieferte Energie zu senken (im Vergleich zur Energierückgewinnung und nachhaltigen Energiekomponenten vor Ort), an Bedeutung gewonnen.

Während jedoch kommerzielle Softwaretools für die Prozesssimulation in ausgewählten Branchen zur Verfügung stehen, z. B. in der Petrochemie, der Energiewirtschaft oder der kommunalen Abwasseraufbereitung, besteht weiterhin Bedarf an solchen Werkzeugen für die Wassertechnik im Allgemeinen. Ein wesentliches Nadelöhr ist hier, wie oben erwähnt, das fehlende Universalmodell für die Zusammensetzung von Wassergemischen.

ENTWICKLUNG EINES NEUEN PROZESSSIMULATIONSTOOLS

UNIHA bietet Wasseraufbereitungslösungen für alle Branchen und Industrien. Unsere Mission ist es, unseren Kunden Lösungen zu bieten, die für ihren individuellen Fall optimiert sind. Die Prozesssimulation ermöglicht es uns, diese Lösungen zu erstellen. Gemeinsam mit den Simulationsspezialisten von SIMTECH (https://www.simtechnology.com/cms/) haben wir ein entsprechendes Softwaretool entwickelt.

Im ersten Schritt wurde ein Modell für die Zusammensetzung von Wassergemischen definiert. Wassergemische bestehen aus reinem Wasser (H2O) und Nicht-Wassermaterial. Dieses Material kann fast alle chemischen Elemente sowie anorganische und organische Moleküle und Aggregate umfassen:

- Anorganische Ionen, z. B. Na, Cl, HCO3, CO3, Ca, Mg...
- Anorganische Gase, z. B. O2, CO2, NH3, H2S...
- Anorganische Feststoffe, z. B. CaCO3, SiO2, Metallhydroxide...
- Organische Moleküle, z. B. Methan, Phenol, Zyanid, Pestizide, Hormone...
- Organische Makromoleküle, z. B. Kohlenhydrate, Nukleinsäuren, Proteine, Lipide, Mineralöl...
- Mikroorganismen, z. B. Viren, Bakterien, Phytoplankton...
- Aggregate/Makropartikel: Algen, Kunststoff, Haare...

Da es nicht praktikabel ist, alle unterschiedlichen Elemente für einen Behandlungsprozess auszugleichen, werden Summenparameter verwendet. Wir schlagen vor, die Zusammensetzung anhand der Chemie (anorganisch/organisch) und der physikalischen Erscheinung (gelöst/suspendiert) zu definieren. Daraus ergibt sich folgende Zusammensetzungsmatrix für das Nicht-Wassermaterial (alle Variablen in mg/kg Wasser):

	anorganisch	organisch	gesamt
aufgelöst	IM_d	OM_d	W_d
suspendiert	IM_s	OM_s	W_s

Im zweiten Schritt wurde ein Modell für die Gemischmassendichte (ρ, kg/m³) und die Wärmekapazität (c_p, J/kg/K) als Funktion des oben genannten Zusammensetzungsmodells entwickelt. Beide Eigenschaften sind erforderlich, um die Masse- und Energiebilanzen zu beschreiben.

Darüber hinaus haben wir untersucht, wie das Zusammensetzungsmodell mit den üblichen Parametern wie den gesamten gelösten Fettstoffen (Total Dissolved Solids, TDS), dem gelösten anorganischen Kohlenstoff (Dissolved Inorganic Carbon, DIC), dem gelösten/gesamten organischen Kohlenstoff (Dissolved/Total Organic Carbon, DOC/TOC), dem chemischen Sauerstoffbedarf (CSB) und der elementaren Zusammensetzung von Kohlenstoff-Stickstoff-Sauerstoff korreliert werden kann. Diese Korrelationen ermöglichen die Eingabe von Felddaten aus der Wasseranalyse in die Prozesssimulation.

Der dritte Schritt war die Modellierung des Anlagenbetriebs, d. h. der einzelnen Behandlungsschritte für die Wasseraufbereitung. Für die erste Softwareversion haben wir die Massen- und Energiebilanzen für folgende Behandlungsschritte implementiert:
- Sedimentation
- Flotation
- Chemische und biologische Reaktoren
- Membran- und Bettfiltration
- Adsorption und Ionenaustausch
- Umkehrosmose
- Schlammeindickung und -entwässerung
- Heizen/Kühlen
- Tanks, Pumpen, Mischer/Splitter

Das resultierende Werkzeug ermöglicht die Vorhersage der Masse- und Energiebilanzen für jede Art von Wasseraufbereitungsprozess und stellt somit den digitalen Zwilling des Prozesses dar:
Zunächst wird der Prozess grafisch aufgebaut, indem man Symbole anordnet, die den Behandlungsschritten ähneln, und sie durch Linien verbindet, die den Materialströmen ähneln. Als Nächstes muss der Benutzer die grundlegenden Einstellungen wie Zusammensetzung, Druck und Temperatur der ankommenden Ströme oder Leistungsparameter für Behandlungsschritte eingeben. Im letzten Schritt wird das zugrunde liegende Gleichungssystem gelöst und die Simulationsergebnisse angezeigt.

Im Folgenden stellen wir ausgewählte UNIHA-Fälle vor, in denen das Tool verwendet wurde, um das optimale Behandlungsschema zu identifizieren und die erforderlichen Daten zur Gestaltung der Anlagenausrüstung bereitzustellen:

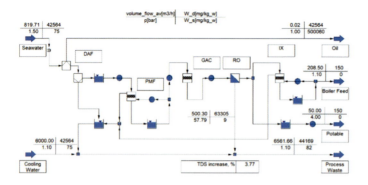

Abbildung 1: Umwandlung von Meerwasser in Kesselspeise- und Trinkwasser; Behandlungsschritte: Entspannungsflotation (dissolved air flotation, DAF), Druckmedienfilter (pressure media filter, PMF) mit Rückspülung, granulierter Aktivkohlefilter (granular activated carbon filter, GAC), Umkehrosmose (reverse osmosis, RO), Ionenaustausch (ion exchange, IX), Puffertanks, Pumpen

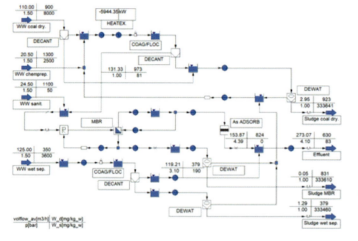

Abbildung 2: Umwandlungs von Abwasser aus der Kohleverarbeitung zur Wiederverwendung oder Ableitung in Flüsse; Behandlungsschritte: Kühlung (HEATEX), Koagulation/Flockung (COAG/FLOC), Sedimentation (DECANT), Membranbioreaktor (MBR) mit Rückspülung, Arsenadsorber (As ADSORB), Schlammentwässerung (dewatering, DEWAT), Puffertanks, Pumpen

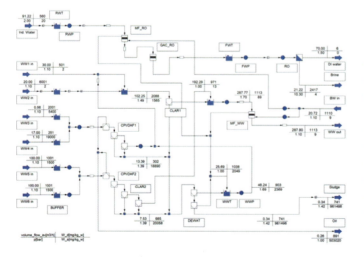

Abbildung 3: Umwandlung von Abwasser aus Stahlwerken für die Ableitung in Flüsse und Umwandlung von Flusswasser für das Kühlsystem; Behandlungsschritte: Ölabscheidung (CPI), Entspannungsflotation (DAF), Druckmedienfilter (MF) mit Rückspülung, granulierter Aktivkohlefilter (GAC), Umkehrosmose (RO), Sedimentation (CLAR), Entwässerung (DEWAT), Puffertanks, Pumpen

FAZIT UND AUSBLICK

Das von uns entwickelte Prozesssimulationstool ermöglicht es uns, bessere Lösungen für unsere Kunden zu entwickeln und schneller zu handeln. Dies verschafft uns einen klaren Wettbewerbsvorteil und dient als Alleinstellungsmerkmal. Auf der Meta-Ebene ermöglicht unser Simulationstool auch ein besseres Verständnis der Masse-Energie-Bilanzen und liefert so schnell eine Informationsbasis, die zur Entwicklung von Energieeffizienzstrategien, Ansatzpunkten für Kreislaufwirtschaftsansätze und ganzheitlichen Konzepten für das Wasserressourcenmanagement dienen kann.

Angesichts der wachsenden Nachfrage nach sauberem Wasser sowie möglicher Zusatznutzungen von Nebenprodukten aus der Wasseraufbereitung gewinnen solche ganzheitlichen Konzepte auch im Wirtschafts- und Geschäftsbereich immer mehr an Bedeutung. Diese zusätzlichen Nutzungs- und Wiederverwendungsszenarien, z. B. der Soleabbau für Lithium, könnten Geschäftsmodelle ergeben, die nicht nur die Wasseraufbereitung als solche, sondern auch alternative Optionen für die Nutzung von Nebenprodukten und damit eine bessere Gesamtbetriebskostenbilanz der gesamten Wasseraufbereitungsanlage berücksichtigen.

Zukünftig könnte auch eine kommerziell erhältliche Version des Simulationstools sowie die weitere Integration der Prozessdigitalzwillinge in die Steuerung und den Betrieb von UNIHA-Anlagen, z. B. die Validierung von Felddaten mit Prozesssimulationsergebnissen, erfolgen.

QUELLEN

Circular Economy: Tapping the Power of Wastewater. (o. J.). International Water Association. Abgerufen am 28. Oktober 2022 unter: https://iwa-network.org/learn/circular-economy-tapping-the-power-of-wastewater/

Wikipedia-Autoren. (2021, 24. April). *Process simulation*. Wikipedia. https://en.wikipedia.org/wiki/Process_simulation

Wikipedia-Autoren. (2022, 17. Oktober). *Digitaler Zwilling*. Wikipedia. https://en.wikipedia.org/w/index.php?title=Digital_twin

INNOVATIVE UMWELTTECHNOLOGIE
MADE IN EUROPE

Augustin Perner (CEO PROBIG GmbH)

**„Sicheres Trinkwasser ist billig und in Österreich selbstverständlich.
Wir arbeiten hart daran, die Trinkwassergewinnung und eine optimierte Wasseraufbereitung auf der ganzen Welt zu ermöglichen."**

PROBIG® entwickelt, plant und produziert seit Jahrzehnten hochwertige Kettenräumer, DAF-
und API-Separatoren aus High-Tech-Kunststoffen. Als Pionier dieser Technologie ist das weltweit agierende Unternehmen ein internationaler Marktführer und einer der innovativsten Anbieter von Kunststoffkettenräumern für die Wasser- und Abwassertechnik.

Die modernen Klär- und Räumsysteme verbinden höchste Ansprüche an Umweltschutz und
zertifizierte Qualität mit bester Betriebssicherheit sowie optimaler Kosten- und Energieeffizienz. Mit den nachhaltigen Lösungen von PROBIG® leisten führende Industrieunternehmen
und Kommunen in über 80 Ländern einen wichtigen Beitrag zur Reduzierung des Wasserverbrauchs und zur Sicherstellung einer optimalen Wasserversorgung.

NACHHALTIGES HANDELN AUF ALLEN EBENEN

Das Thema Umwelt ist für PROBIG® sehr wichtig. Das Unternehmen bekennt sich klar zu den
Nachhaltigkeitszielen der Vereinten Nationen. Als „Mitglied von SDG6" setzt sich PROBIG®
dafür ein, den Zugang zu sauberem Wasser und Sanitäreinrichtungen für alle sicherzustellen.
Das Unternehmen setzt Aktivitäten entlang der gesamten Wertschöpfungskette, die dazu beitragen, die Umwelt und Ressourcen zu schützen und Produkte und Dienstleistungen ganz-
heitlich nachhaltiger zu gestalten, wie z. B.:

- Fokus auf modernste Kunststofftechno-
  logie
- Energieeffiziente Komponentenfertigung
- Auswahl von Reedereien nach reduzierten
  CO_2-Emissionen
- Kurze Transportwege durch regionale (Un-
  ter-) Lieferanten
- Modernisierung des Fuhrparks mit Elektro-
  fahrzeugen
- Energieerzeugung am Standort Vöckla-
  markt mit Fotovoltaik und vieles mehr

Abbildung oben: Bandräumer aus High-Tech-Kunststoff:
Innovative Technologie für die Zukunft
Abbildung links: Abwasseraufbereitungsanlage mit Kette

DIE ROLLE DER ERWEITERTEN OXIDATION FÜR DIE HERSTELLUNG VON WIEDERVERWENDBAREM WASSER

Konrad Falko Wutscher
(Geschäftsführer bei SFC Umwelttechnik GmbH)

HINTERGRUND

Während ein großer Teil der Menschheit immer noch nicht durch Abwassersammlung und -behandlung bedient wird, stehen Abwasserbehandlungsanlagen (wastewater treatment plants, WWTP) in Industrieländern vor dem Problem, dass kein ausreichend gereinigtes Abwasser für die Wiederverwendung als Trinkwasser, für technische und landwirtschaftliche Zwecke und für die Grundwasseranreicherung zur Verfügung steht. Selbst die hoch bewertete so genannte Tertiärbehandlung mit Nährstoffentzug wird als nicht ausreichend für höherwertige Verwendungszwecke angesehen, ganz zu schweigen von dem langfristigen Kontaminationspotenzial solcher behandelten Abwässer bei der Anwendung auf Böden und Wasserkörper.

Diese Probleme sind hinlänglich bekannt, doch konzentrieren sich die Strategien bisher kaum auf die Umsetzung der so genannten „quaternären Behandlung" (außer in einzelnen Krisenherden oder in ausgewählten Ländern wie der Schweiz). Bei den zu beseitigenden Schadstoffen handelt es sich hauptsächlich um Arzneimittel und Körperpflegeprodukte (pharmaceuticals and personal care products, PPCPs).

Allerdings sind solche Begriffe unpräzise und ein wenig euphemistisch. In der wissenschaftlichen Literatur wird von „Mikroverunreinigungen" gesprochen, was angesichts der großen Vielfalt an Verbindungen ein umfassenderer Begriff zu sein scheint als PPCP.

So werden in der EU etwa 4.000 verschiedene pharmazeutische Inhaltsstoffe verwendet, ganz zu schweigen von Hunderten verschiedener Biozide, Herbizide, Pestizide usw., die in zunehmendem Maße in das Abwassersystem gelangen. Tatsächlich gelangen viele dieser Verbindungen (einige davon vorab im menschlichen Körper abgebaut und umgewandelt) in Kläranlagen, die nicht geeignet sind, diese typischerweise schwer abbaubaren Verbindungen zu beseitigen, so dass diese die Anlagen mehr oder weniger unverändert und/oder nicht auf ein ausreichend niedriges Niveau reduziert verlassen.

Die Mikroverunreinigungen landen daher in Wasser und Bodenkörpern und reichern sich an, wobei sie verschiedene (Langzeit-)Wirkungen zeigen, die nur teilweise bekannt und verstanden sind.

Es besteht kein Zweifel daran, dass angesichts der zunehmenden Verknappung von unverschmutztem Wasser die Frage der Mikroverunreinigungen und ihre Beseitigung eine wachsende und entscheidende Bedeutung haben. Die Herausforderungen werden vielfach beschrieben durch die enormen finanziellen Anforderungen an die Beseitigung, den Nachweis der technischen Durchführbarkeit und schließlich die Bewertung der langfristigen Auswirkungen der quaternären Behandlung von Abwässern auf die Umwelt.

AUF DEM NEUESTEN STAND DER TECHNIK

Die quaternäre Behandlung gereinigter Abwässer zur Entfernung von Mikroverunreinigungen (die typischerweise eher löslich als teilchenförmig sind – abgesehen von sehr feinen suspendierten Feststoffen oder Mikroplastik) konzentriert sich hauptsächlich auf die Kombination von erweiterter Oxidation mit chemischen Oxidationsmitteln gefolgt von einer Adsorptionsstufe (typischerweise mit Aktivkohle in vielen verschiedenen Stilen, Typen und Selektivitäten).

Die Adsorptionsstufe hat sich als eine Art Kontrollstufe als unentbehrlich erwiesen, da die Art und tatsächliche Zusammensetzung der aus der Oxidation resultierenden Transformationsprodukte (Verbindungen) weder quantitativ noch qualitativ vorhersagbar sind.

Eine solche Adsorptionsstufe wird somit die eventuellen (langfristigen) negativen Auswirkungen eben jener Transformationsprodukte mindern, die schließlich in den behandelten Abwässern entstehen, welche die Anlagen den Empfängern oder Wiederverwendern überlassen. Die wichtigste Prozesskomponente ist jedoch die Stufe der erweiterten Oxidation (advanced oxidation, AO).

Abgesehen von der generischen AO mit klassischen chemischen Oxidationsmitteln wie H_2O_2, $KMnO_4$ oder Ähnlichem (die sich als viel zu teuer und/oder sekundäre Schadstoffe erwiesen haben), ist die standardmäßig verwendete AO-Technologie die Ozonisierung.

Die Ozonisierung ist wirksam, birgt jedoch eine Reihe von Nachteilen wie die notwendige Trocknung der atmosphärischen Luft vor der Ozonerzeugung, die Kapselung der Ozonisierungsanlage und die Zerstörung von Restozon, einen hohen Stromverbrauch und strenge Sicherheitsvorschriften – ganz zu schweigen von den hohen TOTEX einer solchen Anlage.

Eine vor kurzem entwickelte Alternative zur Ozonisierung ist die Erzeugung ionisierter Luft als nicht thermisches Plasma aus unbehandelter atmosphärischer Luft.

INNOVATIVE TECHNOLOGIE ZUR OXIDATION MIT IONISIERTER LUFT

Ähnlich wie bei der Ozonproduktion wird in einem Reaktor mit einer Hochspannungs-Koronaentladung (dielectric barrier discharge = DBD, dielektrische Barriereentladung) unter Verwendung eines Katalysators ionisierte Luft erzeugt. Neben den verschiedenen Isomeren des Sauerstoffs, die in Gegenwart von OH entstehen, sind Radikale der Schlüsselfaktor für die Erklärung des extra hohen Oxidationspotentials gegenüber dem von Ozon.

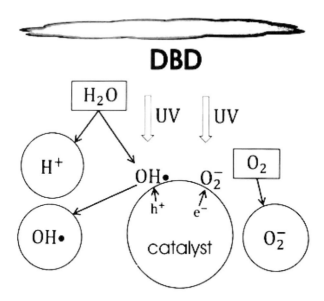

Die Hauptunterschiede bei der Ozonisierung beziehen sich auf unterschiedliche Spannungsniveaus, Frequenz, Retentionszeit, Feuchtigkeit, aber insbesondere auf die Anwesenheit eines Katalysators.

Das nicht thermische Plasma ionisierter Luft muss angesichts der sehr kurzen Lebensdauer der OH-Radikale so schnell wie möglich auf die Mikroverunreinigungen einwirken. Dies kann durch eine Hochgeschwindigkeitsturbine realisiert werden, die das Plasma ausreichend schnell in das flüssige Medium einspeist.

Das System der Oxidation ionisierter Luft ist sowohl hinsichtlich der Investitionen als auch insbesondere der Betriebskosten (hier: der Stromkosten, die nur etwa 60 % der Ozonisierungskosten betragen) wesentlich günstiger als eine Ozonisierungsanlage.

Es wurden mehrere halbtechnische und großmaßstäbliche Anwendungen gestartet und untersucht. Dazu gehören die Entfernung von Mikroschadstoffen (von ausgewählten Arzneimitteln wie Carbamazepin, Sulfomethaxol und anderen), die Abtötung von Mikroorganismen (die gleichzeitig die Desinfektion bewirkt) und die Oxidation schwer oxidierbarer Elemente wie Arsen, Mangan und anderen).

Mit wachsenden Investitionen aufgrund des Bedarfs an hochwertigem wiederverwendbarem Wasser aus aufbereitetem Abwasser ist eine breitere Nutzung von nicht thermischem Plasma ionisierter Luft zu erwarten.

KALTES PLASMA ZUR BEKÄMPFUNG
PERSISTENTER WASSERSCHADSTOFFE

Jürgen F. Kolb (Professor am INP Greifswald),
Klaus-Dieter Weltmann (Vorstandsvorsitzender und
wissenschaftlicher Direktor des INP Greifswald)

KURZFASSUNG

Die Wasserversorgung und Abwasserbehandlung sind in Europa auf einem sehr hohen Niveau und von sehr hoher Qualität. Es gibt einige neue technologische Entwicklungen auf der Grundlage der Kaltplasmabehandlung, die für den Markt bereit sind und zu einer noch höheren Qualität der Wasserversorgung und Abwasserbehandlung führen könnten.
Ziel dieses Artikels ist es, die Aufmerksamkeit auf solche neuen Entwicklungen der Wasser- und Abwasserbehandlung mit verschiedenen Kaltplasmaanwendungen zu lenken und die Diskussion über die Festlegung neuer oder verbesserter Standards in Bezug auf die Mindestanforderungen an Wasser- und Abwasserbehandlungsanlagen und noch größere Produktionsanlagen anzuregen.

Diese Entwicklung wird auch durch die erhöhte Verfügbarkeit erneuerbarer Energiequellen wie Wind und Sonnenlicht unterstützt. Neben der Notwendigkeit effektiver und zuverlässiger Geräte eröffnen neue Methoden und Synergien zwischen bekannten und neuen Technologien Behandlungsmöglichkeiten mit deutlich höheren Reinigungsergebnissen als bisher.

ANHALTENDE UND NEU AUFTRETENDE BEDROHUNGEN FÜR WASSERRESERVOIRS

Trotz des guten Stands und der hohen Qualität der Wasserversorgung und Abwasserbehandlung in Europa werden Wasserressourcen und -versorgung ständig durch anhaltende und neu auftretende Bedrohungen gefährdet. Einerseits sind sie eine Folge der modernen Gesellschaft selbst, und andererseits sind sie aus jüngsten globalen Entwicklungen wie extremen Wetterereignissen entstanden. Seit den ersten alarmierenden Berichten, dass auch geringe Konzentrationen von Psychopharmaka oder Östrogenen erhebliche Umweltauswirkungen haben können, z. B. auf das Verhalten und die Geschlechterverteilung von Fischpopulationen (Brodin et al., 2013; Purdom et al., 1994), haben insbesondere pharmazeutische Rückstände zunehmend wissenschaftliche und öffentliche Aufmerksamkeit erlangt. Viele dieser Verbindungen sind relativ stabil und widerstehen der herkömmlichen Wasseraufbereitung (Stackelberg et al., 2004; Ternes et al., 2002). Als Reaktion auf das potenzielle Risiko hat die Europäische Kommission Medikamente, die bereits in relativ großer Zahl in europäischen Oberflächengewässern gefunden wurden – insbesondere aber Diclofenac, 17α-Ethinylestradiol und 17β-Estradiol –, auf eine Beobachtungsliste neu entstehender Schadstoffe gesetzt (Europäisches Parlament und Rat der Europäischen Union, 2013). Nach ihrem Inkrafttreten mussten Abwasseraufbereitungsanlagen Maßnahmen ergreifen, um die Freisetzung dieser Stoffe zu verringern. Eine weitere Kategorie anthropogener Schadstoffe, die zunehmend Besorgnis erregend werden, sind Agrochemikalien, insbesondere Pestizide, die für eine erfolgreiche Landwirtschaft in den Industrie- und Binnenländern der Europäischen Union nach wie vor unerlässlich sind. Ihre Belastung für die Umwelt und die Gefahren für die Verbraucher sind jedoch jedoch deutlich geworden (Devi et al., 2022; Kim et al., 2017). Daher sieht der europäische Grüne Deal eine erhebliche Verringerung des künftigen Einsatzes von Agrochemikalien und insbesondere Pestiziden vor (Europäische Kommission, 2022). Selbst nach erfolgreicher Umsetzung werden noch Jahre lang verschiedene Agrochemikalien übrigbleiben, insbesondere in Böden, aus denen sie in das Grundwasser sickern oder ins Oberflächenwasser abfließen. Die Sanierung dieser Stoffe steht vor denselben Problemen, mit denen man bei Arzneimitteln konfrontiert ist. Ein beliebtes Beispiel ist das Herbizid Glyphosat (Jönsson et al., 2013). Neben diesen vom Menschen verursachten Problemen werden neuerdings auch natürliche Giftstoffe zu potenziellen Bedrohungen für die aquatische Umwelt und die Trinkwassergewinnung gezählt (Hansen et al., 2021). Bei dieser riesigen Gruppe von Schadstoffen haben Cyanobakterientoxine begonnen, das Oberflächenwasser noch häufiger als zuvor zu kontaminieren. Dies ist auf höhere saisonale Temperaturen und die zunehmende Eutrophierung von Wasserkörpern zurückzuführen, die die Vermehrung von Cyanobakterien begünstigt. Obwohl die Mikroorganismen selbst durch konventionelle Wasserbehandlung effektiv entfernt werden, können ihre Toxine verbleiben. Dementsprechend müssen weitergehende Behandlungsmöglichkeiten eingesetzt werden (Schneider & Bláha, 2020). Die Liste der Beispiele für die Verschmutzung von Wasserressourcen lässt sich leicht um weitere problematische Stoffe erweitern, die in den letzten Jahren von der Öffentlichkeit ein- und ausgeblendet wurden. Teilweise ist dies auf Fortschritte bei den Analysemethoden zurückzuführen, die das Auftreten von immer mehr bedenklichen Verbindungen in immer kleineren Konzentrationen aufdecken. Gleichzeitig wurde die Überwachung von Wasserressourcen, Trinkwasser und Abwässern von Kläranlagen kontinuierlich ausgebaut und mehrere Studien haben umfassende Übersichten für spezifische Ökosysteme, Regionen und Länder geliefert (de Souza et al., 2020; Monteiro & Boxall, 2010). Die meisten dieser Schadstoffe sind jedoch ein Ergebnis der Wirtschaft florierender industrialisierter Gemeinschaften. Dies ist beispielsweise bei der Herstellung, Verwendung und Entsorgung von Kunststoffen der Fall, z. B. bei der Freisetzung von Weichmachern (Bisphenolen) oder perfluorierten Kohlenstoffen (perfluorinated carbon, PFC). Zumindest bei der Herstellung und Entsorgung erfolgt der Eintritt in die Umwelt eher lokal, z. B. durch Deponiesickerwasser. Dies gilt auch für viele andere problematische Schadstoffe. Cyanobakterienblüten treten an bekannten Wasserreservoirs auf, der Hauptweg von Agrochemikalien ist ihr Eintritt über Dränagesysteme (Schönenberger et al., 2022), und der Großteil der persistenten Pharmazeutika, z. B. Kontrastmittel, wird mit Krankenhausabwässern freigesetzt. Dies legt nahe, dass die dezentrale Behandlung an den jeweiligen Hotspots ein vielversprechenderer Ansatz ist als die Behandlung großer und verdünnter Mengen in kommunalen Abwasser- oder Trinkwasseranlagen. Es wird daher eine geeignete Technologie benötigt, die idealerweise autonom, mit wenig bis gar keinem Wartungsaufwand und ohne Verbrauchsmaterialien und komplexe Infrastruktur oder Unterstützung betrieben werden kann.

MODERNE MÖGLICHKEITEN DER WASSERAUFBEREITUNG

Unabhängig davon haben insbesondere Betreiber von Wasseraufbereitungsanlagen auf die neuen Anforderungen reagiert, die durch die beschriebenen Herausforderungen und die damit verbundenen Vorschriften auferlegt werden. Ihre erste Wahl bestand darin, sich auf bereits etablierte Technologien zu verlassen, die aus anderen Bereichen übernommen werden könnten und für die Behandlung großer Mengen verfügbar sind. Dies hat in erster Linie zu einem breiteren Einsatz von Biofiltern geführt, die bis vor kurzem in den meisten Anlagen als am weitesten fortgeschritten galten. In diesem Fall verstoffwechseln Mikroorganismen biologisch abbaubare organische Verbindungen. Der Nachteil ist, dass viele bedenkliche Stoffe, z. B. viele Arzneimittel oder perfluorierte Kohlenstoffe, nicht biologisch abbaubar sind. Darüber hinaus erfordert die Bedienung fachkundige Erfahrung und eine ausreichende Steuerung oder zumindest Einstellung der Betriebsparameter wie Umgebungstemperaturen. Ein weiterer vielversprechender Ansatz ist die Einführung von Ozonierung in Abwasseraufbereitungsanlagen auf der Grundlage der Erfahrungen mit dieser Technologie aus der Trinkwasserversorgung. Die Oxidationsmittel greifen insbesondere Mikroorganismen und andere Schadstoffe leicht an und können die Konzentration einiger problematischer Schadstoffe erfolgreich reduzieren. Leider reicht das Oxidationspotenzial von Ozon nicht aus, um viele der interessanteren, d. h. stabileren, Verbindungen zu zersetzen. Daher scheint die Methode besonders vielversprechend, um die Belastung mit antibiotikaresistenten Mikroorganismen zu reduzieren. (Dies ist auch der Hauptvorteil der Ozonierung bei der Trinkwasseraufbereitung.) Diese hatten jedoch bereits vor Erreichen der Anlage reichlich Gelegenheit, sich in die Umwelt auszubreiten. Ultrafiltration und Aktivkohlefilter sind weitere Mittel, die aus der Trinkwasseraufbereitung oder Abgasbehandlung übernommen wurden. Schadstoffe werden von den Filtern zurückgehalten oder adsorbiert und mit Aktivkohle in einigen Fällen sogar reduziert. Während sie in den ursprünglichen Anwendungsbereichen erfolgreich waren, neigen die im Abwasser stets in größeren Mengen vorhandenen Mikroorganismen zur Bildung von Biofilmen auf dem Filtermaterial, was zu einem schnellen Funktionsverlust führt. Außerdem ist das Verfahren für kleinere und/oder polare Moleküle weniger wirksam. Aber selbst wenn Schadstoffe aus dem Wasser entfernt werden, bleiben sie nur physikalisch auf den Filtern zurück. Dies erfordert neben dem Biofouling häufige Rückspülung und die anschließende Behandlung bzw. Entsorgung des hochkonzentrierten Retentats und bei Aktivkohlefiltern schließlich die Entsorgung bzw. Regenerierung des Filtermaterials aufgrund der Ansammlung von Schadstoffen. Wegen der Biofilmbildung und der Schadstoffkonzentration sind die Wartungs- und Austauschintervalle eher kurz und mit erheblichen Zusatzkosten verbunden. Eine weitere Methode, die aus der Abwasserbehandlung übernommen wurde, ist die Bestrahlung mit ultraviolettem Licht. An sich werden nur Mikroorganismen durch die Behandlung geschädigt – die Umwandlung von Chemikalien ist die seltene Ausnahme. (Auch Schadstoffe, die auf diese Weise behandelt werden könnten, sind eher instabil und unproblematisch, da sie bereits durch Sonneneinstrahlung zersetzt worden wären.) Die Sanierung von Mikroorganismen nutzt die zugefügte Schädigung des genetischen Materials der Zellen aus. Darüber hinaus erfordert der Ansatz eine geringe Trübung des Wassers, damit das Licht tief in das Volumen eindringt, d. h. die ausreichende Klärung von Abwasser. Zusammenfassend lässt sich sagen, dass die bisher beschriebenen Technologien keine umfassende Lösung für die Entfernung der meisten persistenten anthropogenen Schadstoffe bieten dürften. Ozonierung allein hat einen adäquaten

Abbau zumindest einiger Arzneimittel, z. B. weniger stabiler Antibiotika, und von Cyanotoxinen gezeigt (Iakovides et al., 2019; Rodríguez et al., 2007). Letzteres stellt in erster Linie eine potenzielle Bedrohung für das Trinkwasser dar, für das die Methode bereits erfolgreich etabliert wurde. Der Hauptvorteil aller Ansätze ist jedoch, dass die jeweiligen Systeme und Verfahren zur Aufbereitung großer Wassermengen bereits von der Industrie geliefert werden können und die Kosten für Installation und Betrieb bekannt sind, was eine detaillierte Finanzplanung ermöglicht. Daher waren sie vermutlich die Methode der Wahl für viele Wasseraufbereitungsanlagen, um die Anforderungen zu erfüllen, die durch europäische und nationale Vorschriften auferlegt wurden. Dementsprechend untersuchten oder untersuchen derzeit verschiedene Pilotprojekte ihr Potenzial mit erheblichen Investitionen in die Modernisierung von Anlagen (Jekel, Altmann, et al., 2016; Jekel, Baur, et al., 2016; Kårelid et al., 2017; Meinel et al., 2014; Östman et al., 2019; Ullberg et al., 2021). Umgekehrt dürfte diese Strategie die weitere Entwicklung von vielversprechenderen Alternativen behindert haben, die sich noch nicht auf dem gleichen technologischen Reifegrad befinden.

FORTGESCHRITTENE OXIDATIONSPROZESSE FÜR DIE WASSERAUFBEREITUNG

Entsprechende Alternativen für die Wasseraufbereitung werden oft als fortgeschrittene Oxidationsprozesse (advanced oxidation processes, AOPs) beschrieben. Das Funktionsprinzip der meisten Konzepte beruht auf der Bildung von Hydroxylradikalen. Mit ihrem hohen Oxidationspotenzial sind diese in der Lage, fast jede molekulare Struktur zu oxidieren und zu zersetzen. Das Radikal ist jedoch kurzlebig und steht weniger als eine Mikrosekunde als Reaktionspartner zur Verfügung. Andernfalls reagiert es mit sich selbst oder Wasser zu Wasserstoffperoxid, Ozon (beide allein noch starke Oxidationsmittel) oder schließlich Wasser und molekularem Sauerstoff. Dies erfordert die kontinuierliche und *in-situ*-Erzeugung von Hydroxylradikalen im Behandlungsvolumen. Unter den verschiedenen Möglichkeiten setzt eine der intensiver untersuchten Methoden in erster Linie auf die Spaltung von Wasser unter Einwirkung von intensivem ultraviolettem Licht. Die Radikalproduktion kann durch Zugabe von Wasserstoffperoxid zum Wasser gesteigert werden. Eine weitere Effizienzsteigerung wird bei Kontakt mit einem photoaktiven Halbleiter, z. B. Titandioxid, erreicht. Wasser und Wasserstoffperoxid können zu Hydroxylradikalen oxidiert werden, wenn dieser Katalysator durch ultraviolettes Licht angeregt wird. Das recht effiziente Verfahren leidet erneut unter der eingeschränkten Lichtdurchdringung in trübem Abwasser. Die Fotokatalyse mit dispergierten Mikro- oder Nanopartikeln war bisher der am besten untersuchte Ansatz. Die katalytischen Partikel sind jedoch eine zusätzliche Belastung für die Umwelt, d. h. sie sind Schadstoffe. Ihre Entfernung wird oft als umständlicher und kostspieliger angesehen als die ursprünglich vorgesehene Wasseraufbereitung. Andere AOPs beruhen auf der Fenton-Reaktion, indem sie beispielsweise Eisensalze mit Wasserstoffperoxid kombinieren, eine elektrochemische Wasserspaltung begünstigen, wenn auch mit relativ hohen Strömen, oder sogar eine sonochemische Bildung von Hydroxylradikalen ausnutzen. Bei den meisten dieser Ansätze werden entweder Wasserstoffperoxid, Ozon oder beide in Wasser eingebracht, um die Hydroxylradikalausbeute zusätzlich zu erhöhen (Oturan & Aaron, 2014). Ein zweiter Blick auf die verschiedenen Methoden zeigt somit, dass entweder zusätzliche Mittel erforderlich sind, dass das Wasser „vorkonditioniert" werden muss – z. B. hinsichtlich Leitfähigkeit, Trübung oder Säure – oder dass die Behandlung andere unerwünschte Rückstände zurücklässt, wie z. B. heterogene Katalysatoren oder Schlämme, die behandelt werden müssen. Dennoch zeigt sich das reine Potenzial in laufenden Untersuchungen, zum Teil bereits in relevanten Umgebungen und Settings (Miklos et al., 2018).

KALTPLASMA ALS LÖSUNG ZUR WASSERBEHANDLUNG

Kalte oder nicht thermische physikalische Plasmen sind ein weiteres Konzept für die *in-situ*-Erzeugung von Hydroxylradikalen im Besonderen und von reaktiven chemischen Spezies im Allgemeinen. Ihr deutlicher Vorteil besteht darin, dass verschiedene Ansätze für eine Umsetzung keine Verbrauchsmaterialien wie Ozon oder Wasserstoffperoxid erfordern. Stattdessen wird das Plasma direkt durch elektrische Entladungen in Luft oder Wasser realisiert und benötigt daher nur eine geeignete Energieversorgung. Diese inhärenten Vorteile der Technologie werden nicht berücksichtigt, wenn der Vergleich mit anderen AOPs nur auf der elektrischen Energieeffizienz, z. B. E_{EO}-Werten, basiert. Selbst unter diesen Bedingungen hat sich Kaltplasma als wettbewerbsfähige Alternative etabliert (Foster, 2017; Jiang et al., 2014).

In der Physik wird Plasma häufig als der 4. Aggregatzustand der Materie nach Feststoffen, Flüssigkeiten und Gasen bezeichnet, in Anlehnung an die Phasenübergänge von einem zum anderen. Ein anschauliches Beispiel ist das Schmelzen von Eis zu Wasser und das Verdampfen von Wasser zu Dampf. Wenn Eis erhitzt wird, werden die starken und starren Bindungen zwischen den Molekülen aufgebrochen, und die Wassermoleküle in der Flüssigkeit können sich gegeneinander bewegen, sind aber immer noch aneinander gebunden. Im gasförmigen Zustand werden die verbleibenden Wechselwirkungskräfte aufgehoben und einzelne Moleküle können sich unabhängig voneinander bewegen. Wenn dem Gas genügend Energie zugeführt wird, werden die Elektronen schließlich angeregt und von Atomen oder Molekülen abgelöst, wobei Ionen und angeregte Spezies zurückbleiben. Diese sind hochreaktiv, wie es bereits für Hydroxylradikale beschrieben wurde, und können in Folgereaktionen andere potente reaktive Spezies, z. B. Ozon, bilden. Tatsächlich gehört die Erzeugung von Ozon und die Ozonierung zu den ersten Plasmaprozessen, die eingehend untersucht und als Desinfektionsmethode angewendet wurden. Ozongeneratoren sind jedoch nur ein besonderes Beispiel für die erfolgreiche Umsetzung von Plasmamethoden. Generell kann eine große Vielzahl an Spezies erzeugt werden, die interessante Alternativen für die Wasseraufbereitung bieten könnten. Aber mit mehr als 150 Jahren Entwicklung ist die Ozonierung auf das gegenwärtige Niveau gereift, als offensichtliche Wahl für viele Probleme. Umgekehrt dürften dieser Erfolg und die Geschichte die Weiterentwicklung und Nutzung anderer Plasmaverfahren für unterschiedliche Anwendungen behindert haben, die vor einem Jahrhundert angesichts der vorhandenen technischen Möglichkeiten wohl auch weniger machbar erschienen. Mit Fortschritten in der Leistungselektronik können nun hohe Spannungen, die Voraussetzung für die Erzeugung eines Plasmas sind, auf vielfältige Weise bereitgestellt werden. Dies ist der wichtigste Faktor, um für bestimmte Entladungskonfigurationen unterschiedliche Bedingungen und Eigenschaften von Plasma zu schaffen. Insbesondere bei kurzen Hochspannungsimpulsen mit einer Dauer von nur Mikrosekunden, besser noch Nanosekunden, wird die zugehörige Energie primär auf Elektronen übertragen, die die Essenz des Plasmas darstellen. Mehr und energiereichere

Elektronen führen zu höheren Konzentrationen reaktiver Spezies, die für den Schadstoffabbau relevant sind. Im Vergleich dazu werden die viel schwereren Ionen ihre kinetischen Energien nicht wesentlich steigern können. (Ein Elektron ist etwa 2.000-mal leichter als selbst das kleinste Ion, d. h. positiv geladener Wasserstoff. In einem elektrischen Feld, das durch Anlegen einer Spannung aufgebaut wird, kann ein Elektron entsprechend der Massendifferenz effektiver beschleunigt werden.) Diese bestimmt die Ist-Temperatur des reaktiven Gasgemisches aus Elektronen und schwereren Spezies. Demnach wird das Plasma als kalt oder nicht thermisch beschrieben.

Die Hochspannung muss zwischen mindestens zwei Elektroden angelegt werden, um Plasma zu erzeugen. Dieser einfache Ansatz wird auch bei Ozongeneratoren verwendet, bei denen eine ausgedehnte Elektrode, z. B. ein Stab oder Draht, von einem Rohr, d. h. der anderen Elektrode, umgeben ist. Andere technische Parameter für diese koaxiale Anordnung, z. B. Länge und Abstand der Elektroden, werden in erster Linie durch die zu behandelnden Mengen und die Energiequelle bestimmt, die benötigt wird, um dieses Volumen mit Plasma zu füllen. Bei einem Ozongenerator ist das Betriebsmedium ein Gas, d. h. Luft oder Sauerstoff. Das Plasma selbst wird also nicht direkt zur Desinfektion eingesetzt, sondern hängt von den Abgasen, d. h. Ozon, aus dem Plasma ab. Wahrscheinlich werden potentere, aber kurzlebigere Spezies durch diese indirekte Behandlung nicht genutzt. Daher konzentrierten sich Forschung und Entwicklung auf die Möglichkeiten, Plasma direkt auf kontaminierte Medien, einschließlich Wasser, aufzubringen. Es wurden verschiedene Konfigurationen vorgeschlagen und untersucht, die im günstigsten Fall bereits die Anforderungen an eine effektive Wasseraufbereitung in Bezug auf Volumen und Durchflussmenge berücksichtigen. Einige davon sind in Abbildung 1 dargestellt.

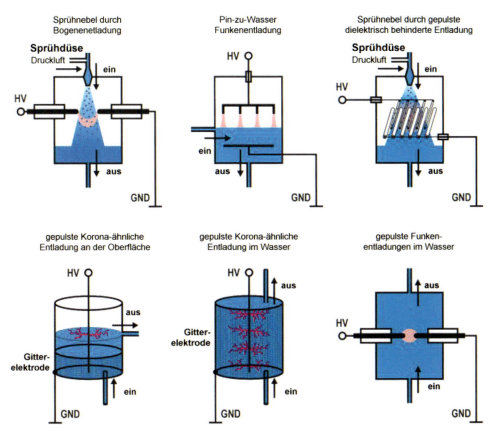

Abbildung 1. Konzepte zur Erzeugung von Kaltplasma für die Wasseraufbereitung. Reaktive Spezies, die durch das Plasma erzeugt werden, müssen effektiv zu Schadstoffen transportiert werden, indem die Wechselwirkung zwischen Plasma und Wasser gefördert wird.

Entscheidend für den Schadstoffabbau ist eine Optimierung der Wechselwirkung des Plasmas mit Wasser. Das Plasma wird daher entweder in der Nähe der Flüssigkeit betrieben, beispielsweise durch Wasserstrahlen durch das Plasma, die in diesem Fall noch in Gasen, vorzugsweise Umgebungsluft betrieben werden können. Dementsprechend können etablierte Methoden und Konzepte übernommen werden. Dazu gehören Lichtbogen- und Funkenentladungen oder dielektrische Barriereentladungen (dielectric barrier discharges, DBDs). DBDs können mit Technologien und Geräten, die bereits für Oberflächenbehandlungen bekannt sind, auf größere Flächen skaliert werden. Eine Möglichkeit, den Behandlungsbereich für Funkenentladungen zu vergrößern, besteht in der Segmentierung der Hochspannungselektrode oder in Konfigurationen mit mehreren Elektroden. Ein weiterer Vorteil dieser Konzepte ist die gezielte Nutzung plasmachemischer Prozesse auch mit den Bestandteilen Luft, also Sauerstoff und Stickstoff, neben Wasser. Die jeweiligen reaktiven Sauerstoffspezies (reactive oxygen species, ROS) und reaktiven Stickstoffspezies (reactive nitrogen species, RNS) wurden als wirksam identifiziert – insbesondere als antimikrobielle Mittel – sind aber auch in der Lage, mit organischen Molekülen wie Arzneimitteln zu reagieren. Eine Variation von wassernahen Entladungen sind gepulste, koronaähnliche Entladungen. Beide sind interessant – insbesondere für Schadstoffe, die sich an der Oberfläche ansammeln, wie perfluorierte Kohlenstoffe, aber auch einige Agrochemikalien, wie Glyphosat. Das Konzept der koronaähnlichen Entladungen kann auch direkt in der Flüssigkeit angewendet werden. Dies ist die wohl effizienteste Konfiguration zur Erzeugung von Hydroxylradikalen durch Plasma. Das gesamte aktive Plasmavolumen, das mit diesem Ansatz bereitgestellt werden kann, wird ebenfalls hauptsächlich durch die verfügbaren Energiequellen begrenzt. Ein weiterer Vorteil dieser Konfiguration sind die gleichzeitig vorhandenen starken elektrischen Felder, die ein effizientes Mittel zur Inaktivierung von Mikroorganismen, z. B. *Legionellen*, darstellen. Bei näherer Betrachtung wird auch deutlich, dass dieses Konzept eigentlich eine Übertragung der Technologie für Ozongeneratoren in die flüssige Phase ist. Im Vergleich dazu ist das Behandlungsvolumen für Unterwasser-Funkenentladungen eher begrenzt. Ihr wichtigster zusätzlicher Beitrag zur Wasseraufbereitung sind starke Stoßwellen, die zusätzlich zu reaktiven chemischen Spezies erzeugt werden. Diese sind für Verunreinigungen von Interesse, die mechanisch aufgespalten werden sollen und können, z. B. Algen.

Alle Systeme erfüllen die Anforderung der effizienten Produktion reaktiver Spezies und deren effektiven Transfer in die Flüssigkeit. Welche Spezies zugeführt werden, wie hoch die Produktion ist und wie hoch die Konzentration ist, hängt von den jeweiligen zugrunde liegenden Funktionsprinzipien ab. Grundsätzlich können Funken-, dielektrische Barriere- und koronaähnliche Entladungen voneinander unterschieden werden und bieten für bestimmte Schadstoffe unterschiedliche Vorteile. Wenn Hydroxylradikale benötigt werden, scheint die koronaähnliche Entladung unter Wasser der ansprechendste Ansatz zu sein. Das Radikal kann jedoch beispielsweise bei Cyanobakterien und Cyanotoxinen überflüssig sein. In diesem Fall könnte die Erzeugung von RNS die wirtschaftlich bevorzugte Strategie sein. Daher bieten nicht thermische Plasmen im Allgemeinen die Flexibilität, bestimmte Probleme mit maßgeschneiderten Lösungen anzugehen. Da kurzlebige Spezies besonders für den Schadstoffabbau verantwortlich sind, ist ein weiteres einzigartiges Merkmal von Plasmen, dass nach der Behandlung keine explizit schädlichen oder toxischen Rückstände im Wasser verbleiben. Selbst Ozon oder Wasserstoffperoxid werden unter Umgebungsbedingungen leicht in Wasser und Sauerstoff zersetzt. Allein durch erhebliche Stickstoffeinträge in den Prozess könnten die Nitrat- und Nitritkonzentrationen steigen, die behandelt werden müssen. Im Vergleich dazu sind diese für koronaähnliche Entladungen unter Wasser nicht relevant.

ABBAU RESISTENTER SCHADSTOFFE MIT KALTPLASMA

In Anbetracht der Möglichkeiten ist das wachsende Interesse an nicht thermischem Plasma und der damit verbundenen Forschung nicht überraschend. Der Abbau zahlreicher verschiedener Schadstoffe, die als Problem für die Wasseraufbereitung gelten, wurde nachgewiesen. Dazu gehört auch der Abbau von Arzneimittelrückständen. Insbesondere coronaähnliche Entladungen unter Wasser waren bei der nahezu vollständigen Zersetzung von Diclofenac und 17α-Ethinylestradiol erfolgreich (Abbildung 2), die von der Europäischen Kommission als besonders besorgniserregende Stoffe eingestuft werden (Banaschik et al., 2015; Europäisches Parlament und Rat der Europäischen Union, 2013). Darüber hinaus konnte auch die erfolgreiche Zersetzung von Agrochemikalien, einschließlich eines Neonicotinoids, das ebenfalls auf der EU-Beobachtungsliste aufgeführt ist, per Wasserstrahl durch eine gepulste dielektrische

Barriereentladung gezeigt werden sowie die Zersetzung von Glyphosat mit einer gepulsten ko-ronaähnlichen Entladung an einer Wasseroberfläche (Zocher et al., 2021). Andere Verbindun-gen, die behandelt werden konnten, waren Bisphenol-A (Yang et al., 2022) oder perfluorierte Kohlenstoffe (Singh et al., 2019), die auch im Fokus der Europäischen Kommission stehen (Europäisches Parlament und Rat der Europäischen Union, 2020). Für letztere erwies sich eine Bolzen-Wasser-Funkenentladung im Vergleich zu anderen Methoden wie elektrochemischer Behandlung, Sonolyse und aktiviertem Persulfat als effizientester Ansatz (Singh et al., 2019). Auch Mykotoxine und Cyanotoxine wurden durch unterschiedliche elektrische Entladungskon-figurationen zersetzt (Schneider et al., 2020; Wielogorska et al., 2019). Dass das Potenzial der plasmabasierten Wasseraufbereitung nicht nur auf die Sanierung chemischer Schadstoffe be-schränkt ist, sondern auch Vorteile für eine traditionellere Desinfektion bietet, zeigt sich durch die Inaktivierung von antibiotikaresistenten Mikroorganismen im Krankenhausabwasser um >99,9 % und eine vollständige Inaktivierung, entsprechend einer Reduktion um >99,999 %, auch für *Legionella pneumophila* im Laborumfeld (Banaschik et al., 2016). In diesem Fall ver-stärkt der Beitrag reaktiver Spezies, die durch eine koronaähnliche Entladung unter Wasser erzeugt wurden, die Wirkung von gepulsten elektrischen Feldern signifikant.

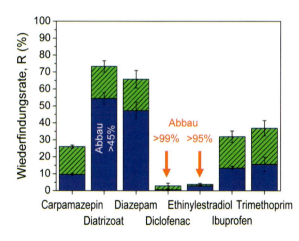

Abbildung 2: Rückgewinnungsraten für die Be-handlung verschiedener Arzneimittel, die durch koronaähnliche Unterwasser-Entladungen gelöst wurden. Insbesondere Diclofenac und Ethinylest-radiol konnten fast vollständig zersetzt werden. Auch beim Abbau des Kontrastmittels Diatrizoat war das Verfahren erfolgreicher als andere An-sätze, z. B. ultraviolettes Licht oder Ozonierung.

Teilweise wurden in Studien detaillierte Abbauwege aufgezeigt (Banaschik et al., 2018; Bana-schik et al., 2017). Darüber hinaus konnten bereits mehrere Pilotstudien die Wirtschaftlichkeit nachweisen (Ajo et al., 2018). Dennoch ist die Akzeptanz seitens der Industrie und der Be-treiber von Wasseraufbereitungsanlagen nach wie vor begrenzt. Sie würden lieber ausgereifte Systeme zur Aufbereitung großer Wassermengen installieren, die bisher nicht verfügbar sind. Der Weg zu solchen Systemen wurde für Ozongeneratoren aufgezeigt. Forschungsinstitute verfügen jedoch nicht über die Mittel für eine solche Produktentwicklung. Die Situation könnte durch eine Änderung der Finanzierungsstrategien verbessert werden, d. h., wenn die derzeit starke Betonung der Charakterisierung von Wasserkörpern und Abwässern auf Methoden zur Schadstoffbeseitigung ausgeweitet würde. Dies würde wahrscheinlich das Interesse der In-dustrie steigern, sich an Aktivitäten zu beteiligen und ihr Fachwissen einzubringen.

Statt der derzeit bevorzugten Implementierung der Technologie als 4. Stufe in kommuna-len Abwasserbehandlungsanlagen findet sich die interessantere Anwendung der Technologie wohl in dezentralen Anlagen an Hotspots. Die beschriebenen problematischen Schadstoffe werden häufig aus Punktquellen in die Umwelt freigesetzt. Beispielsweise pharmazeutische Rückstände in Krankenhausabwässern, perfluorierte Kohlenstoffe im Sickerwasser von Flughäfen (infolge ihrer vorherigen Verwendung in Löschschaum) oder Trinkwasserreservoirs, die zu Cyanobakterienblüten neigen. Die Liste der möglichen Anwendungen könnte leicht um Aquakulturen (zur Verringerung ihres Bedarfs an Süßwasseraufnahme), Wäschereien und andere Unternehmen mit Abwässern mit spezifischen Wasserschadstoffen aus der Produktion oder Verarbeitung (z. B. Lebensmittelindustrie) erweitert werden. Vor allem kleinere Unternehmen können sich Abwasseraufbereitungsanlagen in der Regel nicht leisten und müssen stattdessen für ihre Abwasserentsorgung Mehrkosten zahlen. Bei der Ankunft in kommunalen Abwasseranlagen stellt jedoch die Verdünnung und Vermischung mit anderen Verunreinigungen ein viel größeres Problem für die Behandlung dar. Allerdings müsste eine Einführung der Abwasserbehandlung für (kleine) Unternehmen wahrscheinlich durch Vorschriften und Gesetze unterstützt oder zumindest gefördert werden.

Lokale Probleme und eine Wasseraufbereitung durch dezentrale Einheiten würden direkt die spezifischen Stärken der Technologie, nämlich den ausschließlichen Bedarf an Energie, ausspielen. Erneuerbare Energiequellen wie Wind und Sonnenlicht scheinen eine naheliegende Wahl zu sein und stimmen mit den Zielen Nachhaltigkeit und Umweltschutz überein.

QUELLENANGABEN

Ajo, P., Preis, S., Vornamo, T., Mänttäri, M., Kallioinen, M., & Louhi-Kultanen, M. (2018). „Hospital wastewater treatment with pilot-scale pulsed corona discharge for removal of pharmaceutical residues". In: *Journal of Environmental Chemical Engineering*, 6 (2), 1569-1577. https://doi.org/https://doi.org/10.1016/j.jece.2018.02.007

Banaschik, R., Burchhardt, G., Zocher, K., Hammerschmidt, S., Kolb, J. F., & Weltmann, K. D. (2016). „Comparison of pulsed corona plasma and pulsed electric fields for the decontamination of water containing Legionella pneumophila as model organism [Comparative Study]". In: *Bioelectrochemistry*, *112*, 83-90. https://doi.org/10.1016/j.bioelechem.2016.05.006

Banaschik, R., Jablonowski, H., Bednarski, P. J., & Kolb, J. F. (2018). „Degradation and intermediates of diclofenac as instructive example for decomposition of recalcitrant pharmaceuticals by hydroxyl radicals generated with pulsed corona plasma in water". In: *Journal of Hazgerous Materials*, *342*, 651-660. https://doi.org/10.1016/J.JHAZMAT.2017.08.058

Banaschik, R., Lukes, P., Jablonowski, H., Hammer, M. U., Weltmann, K. D., & Kolb, J. F. (2015). „Potential of pulsed corona discharges generated in water for the degradation of persistent pharmaceutical residues [Research Support, Non-U.S. Gov't]". In: *Water Research*, *84*, 127-135. https://doi.org/10.1016/j.watres.2015.07.018 Banaschik, R., Lukes, P., Miron, C., Banaschik, R., Pipa, A. V., Fricke, K., Bednarski, P. J., & Kolb, J. F. (2017). „Fenton chemistry promoted by sub-microsecond pulsed corona plasmas for organic micropollutant degradation in water". In: *Electrochimica Acta*, *245*, 539-548. https://doi.org/10.1016/j.electacta.2017.05.121

Brodin, T., Fick, J., Jonsson, M., & Klaminder, J. (2013) „Dilute Concentrations of a Psychiatric Drug Alter Behavior of Fish from Natural Populations". In: *Science*, S. *339* (6121), S. 814-815. https://doi.org/doi:10.1126/science.1226850

de Souza, R. M., Seibert, D., Quesada, H. B., de Jesus Bassetti, F., Fagundes-Klen, M. R., & Bergamasco, R. (2020) „Occurrence, impacts and general aspects of pesticides in surface water: A review". In: *Process Safety and Environmental Protection*, *135*, 22-37. https://doi.org/https://doi.org/10.1016/j.psep.2019.12.035

Devi, P. I., Manjula, M., & Bhavani, R. V. (2022). „Agrochemicals, Environment, and Human Health". In: *Annual Review of Environment and Resources*, *47* (1). https://doi.org/10.1146/annurev-environ-120920-111015

Europäische Kommission. (2022). *Vorschlag für eine Verordnung des Europäischen Parlaments und des Rates über die nachhaltige Verwendung von Pflanzenschutzmitteln und zur Änderung der Verordnung (EU) 2021/2115.* https://eur-lex.europa.eu/legal-content/EN/TXT/?uri=COM%3A2022%3A305%3AFIN&qid=1656362428549

Europäisches Parlament und Rat der Europäischen Union. (2013). *Richtlinie 2013/39/EU des Europäischen Parlaments und des Rates vom 12. August 2013 zur Änderung der Richtlinien 2000/60/EG und 2008/105/EG hinsichtlich prioritärer Stoffe im Bereich der Wasserpolitik.* http://data.europa.eu/eli/dir/2013/39/oj

Europäisches Parlament und Rat der Europäischen Union. (2020). *Richtlinie (EU) 2020/2184 des Europäischen Parlaments und des Rates vom 16. Dezember 2020 über die Qualität von Wasser für den menschlichen Gebrauch (Neufassung).* http://data.europa.eu/eli/dir/2020/2184/oj

Foster, J. E. (2017). „Plasma-based water purification: Challenges and prospects for the future". In: *Physics of Plasmas, 24*(5). https://doi.org/10.1063/1.4977921

Hansen, H. C. B., Hilscherova, K., & Bucheli, T. D. (2021). „Natural toxins: environmental contaminants calling for attention". In: *Environmental Sciences Europe, 33* (112). https://doi.org/10.1186/s12302-021-00543-6

Iakovides, I. C., Michael-Kordatou, I., Moreira, N. F. F., Ribeiro, A. R., Fernandes, T., Pereira, M. F. R., Nunes, O. C., Manaia, C. M., Silva, A. M. T., & Fatta-Kassinos, D. (2019) „Continuous ozonation of urban wastewater: Removal of antibiotics, antibiotic-resistant Escherichia coli and antibiotic resistance genes and phytotoxicity". In: *Water Research, 159*, 333-347. https://doi.org/https://doi.org/10.1016/j.watres.2019.05.025

Jekel, M., Altmann, J., Ruhl, A. S., Sperlich, A., Schaller, J., Gnirß, R., Miehe, U., Stapf, M., Remy, C., & Mutz, D. (2016) *Integration der Spurenstoffentfernung in Technologieansätze der 4. Reinigungsstufe bei Klärwerken*. Universitätsverlag der TU Berlin. https://doi.org/10.14279/depositonce-4942

Jekel, M., Baur, N., Böckelmann, U., Dünnbier, U., Eckhardt, A., Gnirß, R., Grummt, T., Hummelt, D., Lucke, T., Meinel, F., Miehe, U., Mutz, D., Pflugmacher Lima, S., Reemtsma, T., Remy, C., Schlittenbauer, L., Schulz, W., Seiwert, B., Sperlich, A., . . . Ruhl, A. S. (2016). *Anthropogene Spurenstoffe und Krankheitserreger im urbanen Wasserkreislauf – Bewertung, Barrieren und Risikokommunikation (ASKURIS)*. Universitätsverlag der TU Berlin. https://doi.org/10.14279/depositonce-4979

Jiang, B., Zheng, J., Qiu, S., Wu, M., Zhang, Q., Yan, Z., & Xue, Q. (2014) „Review on Electrical Discharge Plasma Technology for Abwater Remediation". In: *Chemical Engineering Journal, 236*, 348-368. https://doi.org/https://doi.org/10.1016/j.cej.2013.09.090

Jönsson, J., Camm, R., & Hall, T. (2013) „Removal and degradation of glyphosate in water treatment: a review". In: *Journal of Water Supply: Research and Technology-Aqua, 62* (7), S. 395-408. https://doi.org/10.2166/aqua.2013.080

Kårelid, V., Larsson, G., und Björlenius, B. (2017) „Pilot-scale removal of pharmaceuticals in municipal wastewater: Comparison of granular and powdered activated carbon treatment at three wastewater treatment plants". In: *Journal of Environmental Management, 193*, S. 491-502. https://doi.org/https://doi.org/10.1016/j.jenvman.2017.02.042

Kim, K.-H., Kabir, E., & Jahan, S. A. (2017). „Exposure to pesticides and the associated human health effects". In: *Science of the Total Environment, 575*, 525-535. https://doi.org/https://doi.org/10.1016/j.scitotenv.2016.09.009

Meinel, F., Ruhl, A. S., Sperlich, A., Zietzschmann, F., & Jekel, M. (2014). „Pilot-Scale Investigation of Micropollutant Removal with Granular and Powdered Activated Carbon". In: *Water, Air, & Soil Pollution, 226*(1), 2260. https://doi.org/10.1007/s11270-014-2260-y

Miklos, D. B., Remy, C., Jekel, M., Linden, K. G., Drewes, J. E., & Hübner, U. (2018) „Evaluation of advanced oxidation processes for water and wastewater treatment – A critical review". In: *Water Research, 139*, 118-131. https://doi.org/10.1016/J.WATRES.2018.03.042

Monteiro, S. C., und Boxall, A. B. A. (2010) „Occurrence and Fate of Human Pharmaceuticals in the Environment". In: D. M. Whitacre (Hrsg.): *Reviews of Environmental Contamination and Toxicology* (S. 53-154). Springer, New York. https://doi.org/10.1007/978-1-4419-1157-5_2

Östman, M., Björlenius, B., Fick, J., & Tysklind, M. (2019). „Effect of full-scale ozonation and pilot-scale granular activated carbon on the removal of biocides, antimycotics and antibiotics in a sewage treatment plant". In:*Science of The Total Environment, 649*, 1117-1123. https://doi.org/https://doi.org/10.1016/j.scitotenv.2018.08.382

Oturan, M. A., & Aaron, J. J. (2014). „Advanced Oxidation Processes in Water/Wastewater Treatment: Principles and Applications. A Review". In: *Critical Reviews in Environmental Science and Technology, 44*(23), 2577-2641. https://doi.org/10.1080/10643389.2013.829765

Purdom, C. E., Hardiman, P. A., Bye, V. V. J., Eno, N. C., Tyler, C. R., & Sumpter, J. P. (1994). „Estrogenic Effects of Effluents from Sewage Treatment Works". In: *Chemistry and Ecology, 8*(4), 275-285. https://doi.org/10.1080/02757549408038554

Rodríguez, E., Onstad, G. D., Kull, T. P. J., Metcalf, J. S., Acero, J. L., & von Gunten, U. (2007) „Oxidative elimination of cyanotoxins: Comparison of ozone, chlorine, chlorine dioxide and permanganate". In: *Water Research, 41*, 3381-3393. https://doi.org/10.1016/J.WATRES.2007.03.033

Schneider, M., und Bláha, L. (2020) „Advanced oxidation processes for the removal of cyanobacterial toxins from drinking water". In: *Environmental Sciences Europe, 32*, 94. https://doi.org/10.1186/s12302-020-00371-0

Schneider, M., Rataj, R., Kolb, J. F., & Bláha, L. (2020) „Cylindrospermopsin is effectively degraded in water by pulsed corona-like and dielectric barrier discharges". In: *Environmental Pollution, 266*. https://doi.org/https://doi.org/10.1016/j.envpol.2020.115423

Schönenberger, U. T., Simon, J., & Stamm, C. (2022) „Are spray drift losses to agricultural roads more important for surface water contamination than direct drift to surface waters?" In: *Science of The Total Environment, 809*, 151102. https://doi.org/https://doi.org/10.1016/j.scitotenv.2021.151102

Singh, R. K., Multari, N., Nau-Hix, C., Anderson, R. H., Richardson, S. D., Holsen, T. M., & Mededovic Thagard, S. (2019) „Rapid Removal of Poly- and Perfluorinated Compounds from Investigation-Derived Waste (IDW) in a Pilot-Scale Plasma Reactor". In: *Environmental Science & Technology, 53*(19), 11375-11382. https://doi.org/10.1021/acs.est.9b02964

Stackelberg, P. E., Furlong, E. T., Meyer, M. T., Zaugg, S. D., Henderson, A. K., & Reißman, D. B. (2004). „Persistence of pharmaceutical compounds and other organic wastewater contaminants in a conventional drinking-water-treatment plant [Research Support, U.S. Gov't, P.H.S.]". In: *The Science of the total environment, 329*(1-3), 99-113. https://doi.org/10.1016/j.scitotenv.2004.03.015

Ternes, T. A., Meisenheimer, M., McDowell, D., Sacher, F., Brauch, H. J., Gulde, B. H., Preuss, G., Wilme, U., & Seibert, N. Z. (2002). „Removal of pharmaceuticals during drinking water treatment". In: *Environmental Science & Technology, 36*(17), 3855-3863. https://doi.org/10.1021/es015757k

Ullberg, M., Lavonen, E., Köhler, S. J., Golovko, O., & Wiberg, K. (2021) „Pilot-scale removal of organic micropollutants and natural organic matter from drinking water using ozonation followed by granular activated carbon [10.1039/D0EW00933D]". In: *Environmental Science: Water Research & Technology, 7*(3), 535-548. https://doi.org/10.1039/D0EW00933D

Wielogorska, E., Ahmed, Y., Meneely, J., Graham, W. G., Elliott, C. T., & Gilmore, B. F. (2019). „A holistic study to understand the detoxification of mycotoxins in maize and impact on its molecular integrity using cold atmospheric plasma treatment". In: *Food Chemistry, 301*, 125281. https://doi.org/https://doi.org/10.1016/j.foodchem.2019.125281

Yang, J., Zeng, D., Hassan, M., Ma, Z., Dong, L., Xie, Y., & He, Y. (2022) 2Efficient degradation of Bisphenol A by dielectric barrier discharge non-thermal plasma: Performance, degradation pathways and mechanistic consideration". In: *Chemosphere*, *286*, 131627.

Zocher, K., Gros, P., Werneburg, M., Brser, V., Kolb, J. F., & Leinweber, P. (2021). „Degradation of glyphosate in water by the application of surface-corona-discharges". In: *Water Science and Technology*, *84*(5), 1293-1301. https://doi.org/10.2166/wst.2021.320

INNOVATION UND VERZÖGERUNG BEI INTELLIGENTEN MESSGERÄTEN FÜR WASSERSYSTEME

Armando Di Nardo (Università della Campania Luigi Vanvitelli, Med.Hydro Company), Anna Di Mauro (Med.Hydro Company), Jordi Cros (Med.Hydro Company, ADASA Company)

Die Verbreitung von Informations- und Kommunikationstechnologien (IKT), digitalen Technologien und neuen Überwachungssystemen in den letzten zehn Jahren hat einen Schlüsselfaktor in der Gesellschaft der Wasserintelligenz bewältigt. Diese große Evolution basiert auf der Digitalisierung von Daten, die in Informationen und später in Wissen umgewandelt werden. Die Digitalisierung ermöglicht eine sehr nützliche und innovative Datenverwaltung und -steuerung, die speziell zusammengefasst wird in: Speichern von Informationen; Streamen/Senden/Teilen von Informationen ohne Rauschen oder Fehler; Hinzufügen zusätzlicher mehrdimensionaler Informationen (Zeit, Ort, ...) für die weitere Verarbeitung; Bearbeiten und Verarbeiten von Informationen für Kontrolle, Analyse und Vorhersage, usw. von Informationen; Implementierung von IoT, BigData, Machine Learning, Künstliche Intelligenz usw.

Ein intelligentes Messgerät (Smart Measuring Device, SMD) ist ein Satz notwendiger Elemente, das dank des von den Sensoren gelieferten Signals, das in Abhängigkeit vom Parameter in eine digitale Darstellung umgewandelt werden muss, die Messung im geeigneten Format bereitstellt. Dieser Prozess kann einfach sein (einfach eine analoge Spannung in einen digitalen Wert umwandeln und mit einem Faktor multiplizieren, um den Parameter zu erhalten) oder komplex, z. B. sind einige Prozesse, Reagenzien und komplexe mathematische Operationen erforderlich, um den gewünschten Parameter zu erhalten. IKT-Technologien sind mit intelligenten Messgeräten verbunden, da sie die Grundlage für die Digitalisierung und Verarbeitung von Messungen bilden.

Wie in der Arbeitsgruppe von Water Europe WATERSET (WATER Sensors and Tools), die sich aus verschiedenen und qualifizierten Interessenträgern wie Wasserversorgern, Forschungszentren und Universitäten, großen, mittleren und kleinen Unternehmen und Betreibern zusammensetzt, untersucht und wie in vielen wissenschaftlichen und technischen Beiträgen berichtet wurde, sind mehr Probleme in Bezug auf Lücken, Hindernisse, Mängel usw., für eine vollständige Anwendung von SMD auf dem Markt der Wasserverteilungsnetze vorhanden und identifizierbar.

In diesem kurzen Dokument – eine ausführlichere Version wird von Water Europe als Empfehlung für ein Weißbuch der Europäische Union veröffentlicht – werden die wichtigsten Fragen im Zusammenhang mit Lücken, Verzögerungen und einige mögliche Lösungen aufgezeigt.

Die intelligenten Messgeräte ermöglichen die Überwachung von Wassermengen- und -qualitätsparametern in Bezug auf physikalische, chemische und biologische Messkategorien und ob sie lokal oder aus der Ferne zugänglich sind. Die Eigenschaften dieser Kategorien wirken sich jedoch auf das Messgerät aus. Denn um eine analoge Darstellung (Messparameter) in eine digitale Darstellung umzuwandeln, müssen die von Sensoren gelieferten Signale elektrische Signale (Spannung/Strom), durch Vergleich mit der Referenz, und digitale Signale (Frequenz/Zeit), durch Zählen, sein.

Die verschiedenen Parameter von intelligenten Messgeräten sind:

a) Physikalische Parameter (Quantität & Qualität) (z. B. Pegel, Durchfluss, Temperatur, Leitfähigkeit): leichte und einfache Umwandlung der gemessenen Parameter in ein digitalisierbares Signal; das Messgerät befindet sich in der Nähe des Sensors; die Geräte sind zeitstabil, haben keinen übermäßigen Verschleiß und benötigen wenig Kalibrierung.

b) Chemische Parameter (Qualität) (pH, RedOx, freies Chlor, Nährstoffe, Ionen, ...): Umwandlung in einen physikalischen Parameter notwendig; das Messgerät kann komplex sein, da der Sensor nur unter bestimmten Bedingungen arbeiten kann, sodass es oft Reagenzien benötigt; zeitlich nicht stabil und erfordern in der Regel Kalibrierung (die Umwandlung von chemischen in physikalische Parameter führt in der Regel zu „Verschleiß").

c) Biologische Parameter (Qualität) (BDO5, Toxizität, mikrobiologische Indikatoren, ...): Umwandlung in physikalische Parameter notwendig; das Messgerät ist in der Regel sehr komplex und erfordert oft Reagenzien; wenn die Umwandlung des biologischen Parameters über einen Zwischenschritt eines chemischen Parameters erfolgt, da der Prozess der Umwandlung von chemischen in physikalische Parameter in der Regel „Verschleiß" erzeugt, sind sie nicht zeitstabil und müssen möglicherweise kalibriert werden.

Intelligente Messgeräte für Wasser sollen Innovationen in der gesamten Wasserwertschöpfungskette fördern. Im Wassersektor können innovative Messgeräte, die in der Lage sind, Quantitäts- und Qualitätsparameter mit niedrigen Kapital- und Betriebskosten, niedrigem Energieverbrauch und Cloud-Anbindung zu messen, neuartige Lösungen für sozioökonomische Herausforderungen der Wassernutzung, -qualität und -verwaltung entsprechend den betrieblichen Bedürfnissen der verschiedenen Interessenvertreter ermöglichen. Die Integration von Analysegeräten, intelligenten Messgeräten und Biosensoren in Cloud Computing und innovative Big-Data-Analysen und Ansätze maschinellen Lernens ermöglicht ein verbessertes Netzmanagement und eine Angleichung des Wassersektors an andere öffentliche Versorgungssektoren wie Energie und Telekommunikation.

Die idealen Eigenschaften, die von intelligenten Messgeräten erwartet werden, sind:

• Geringe Größe, um als „Staubsensoren" verbreitet zu werden
• Niedrige CAPEX (capital expenditure = Investitionsausgaben) und niedrige OPEX (operational expenditure = Betriebsausgaben)
• Einfache Installation
• Einfache Erfassung und Übertragung von Informationen oder Daten (Anbindung an eine Cloud)
• Niedriger Energieverbrauch

Dann würden diese SMD eine größere Verbreitung in das Wassernetz, die Möglichkeit der Nutzung als Big Data, künstliche Intelligenz und maschinellen Lernens sowie die Interpretation von Veränderungen der Qualität und Quantität von Maßnahmen ermöglichen, um die Vorhersage des Systemverhaltens auch im Hinblick auf eine Frühwarnung zu ermöglichen und im Allgemeinen die Kontrolle der Wassersysteme zu verbessern.

Es ist jedoch klar, dass noch einige Lücken, Hindernisse und Verzögerungen in der Industrialisierung und Verbreitung von SMD vorhanden sind, um das Paradigma der intelligenten Städte in Bezug auf verschiedene Aspekte wie Technologie, Wirtschaft, Gesetzgebung und Integration zu erfüllen. Im Einzelnen können die Probleme in Technologie, Wirtschaft, Gesetzgebung und Integration kategorisiert werden.

Im Allgemeinen kann festgestellt werden, dass die Entwicklung der Sensoren**technologie** in den letzten zwanzig Jahren aufgrund physikalischer Grenzen gering war, während für die IKT der Sensoren eine große Entwicklung beobachtet wurde. Viele Messgeräte sind nur automatisierte Laborgeräte und können aufgrund der hohen Anschaffungs- und Wartungskosten noch nicht flächendeckend eingesetzt werden. Daher befinden sich intelligente Messgeräte noch in einem embryonalen und experimentellen Stadium und sind noch nicht kommerziell verfügbar.

Offensichtlich ist der entscheidende **wirtschaftliche** Punkt, dass intelligente Sensoren derzeit billig sein können, intelligente Analysatoren jedoch nicht. Daher ist eine weite Verbreitung intelligenter Geräte in den Wasserverteilungsnetzen oder in anderen von Wasserversorgern betriebenen Bereichen nicht vorstellbar. Die Kosten für die Realisierung, Installation, Inbetriebnahme, Wartung und Kommunikation sind dementsprechend hoch.

Tatsächlich sind in Europa laut **Gesetzgebung** nur Labormessungen (keine Online- oder intelligenten Messgeräte) erlaubt, und die Häufigkeit der erforderlichen Messungen ist zu gering, um leistungsfähigere Geräte und die Anwendung von Big Data und der Analyse des maschinellen Lernens zu rechtfertigen. Daher kann man ohne weiteres festzustellen, dass die Gesetzgebung die Verwendung intelligenter Messgeräte für die Wasserqualität nicht fördert und das Haupthindernis für die vollständige Entwicklung und Verbreitung von SMD im Wassersektor darstellen. Das Fehlen spezifischer Leitlinien und Richtlinien für die Standardisierung der Umsetzung und Verwendung von Geräten und erfassten Daten ist offensichtlich.

Ein weiteres Problem ist die **Integration** von SMD in die Konzeptions-, Verwaltungs- und Kontrollpolitik von Wasserversorgern und -betreibern, da die Möglichkeit, eine große Anzahl intelligenter Messgeräte zu haben, neue betriebliche und technische Herausforderungen mit sich bringt, wie z. B.: Wo sollten SMD installiert werden, um eine optimale Leistung zu erzielen? Welche direkten und indirekten Parameter sind am nützlichsten? Ist es möglich, die Anzahl der zu messenden direkten Parameter mit Hilfe weit verbreiteter SMD zu reduzieren? Welche Zeitintervalle sind optimal, um genügend Informationen für Big-Data-Analysen und maschinelle Lernprozesse zu erhalten? Welche Tools und Software sind zuverlässig und standardisiert? Daher besteht die Notwendigkeit, zusammen mit der Verbesserung neuer Technologien für intelligente Messsysteme neue Kriterien, Verfahren, Werkzeuge und Software zu entwickeln, um einen integrierten Rahmen für die Anwendung dieser neuen Technologien in einem realen Kontext zu definieren.

Daher wurden einige mögliche Lösungen und Empfehlungen für die Behandlung der Probleme erarbeitet, die sich aus der von der Arbeitsgruppe WATERSET durchgeführten Umfrage ergaben, die nachfolgend dargestellt werden:

- **Technologie**: Es ist zwingend erforderlich, Forschungs- und Innovationsprojekte zur Entwicklung intelligenter Messverfahren zu fördern. Angesichts der riesigen Menge an aufgezeichneten Daten wird es entscheidend, den Einsatz von künstlicher Intelligenz, Big-Data-Analysen und maschinellen Lernwerkzeugen für das Datenmanagement im Wassersektor zu fördern, um das Systemverhalten besser zu verstehen und Vorhersagen und Frühwarnungen zu ermöglichen.
- **Wirtschaft**: Es ist notwendig, bereits validierte Technologien auf den Markt zu bringen, um die Schaffung eines Volumenmarktes anzuregen und die Migration von der Forschung auf den Markt sicherzustellen.
- **Gesetzgebung**: Es ist notwendig, die Rechtsvorschriften für die Wasserüberwachung in Bezug auf die rechtlichen Anforderungen für die Online-Überwachung sowie den Datenschutz und die Datensicherheit zu ändern, damit die bereits validierten Technologien auf den Markt gebracht werden können.
- **Integration**: Es ist es auch wichtig, Richtlinien für den Einsatz von Messsystemen zu definieren, um eine einheitliche Standardisierung zu erreichen.

Diese Verbesserungen sind nur möglich, wenn die Interessengruppen, Forschungsgruppen sowie Führungskräfte auf nationaler wie kommunaler Ebene zusammenarbeiten.

WASSERDATENRAUM

HERAUSFORDERUNGEN UND CHANCEN

*Eloisa Vargiu (CETaqua, Zentrum für Wassertechnologie, Barcelona),
Roberto Di Bernardo (Engineering Ingegneria Informatica SpA, Rom),
Rafael Gimenez-Esteban (CETaqua, Zentrum für Wassertechnologie,
Barcelona), Davide Storelli (Engineering Ingegneria Informatica SpA, Rom)*

KURZFASSUNG

Die Arbeitsgruppe Digitale Wassersysteme und Interoperabilität von Water Europe hat sich zum Ziel gesetzt, zur Schaffung eines Wasserdatenraums im Kontext der europäischen Datenräume beizutragen, indem sie relevante Initiativen in Bezug auf Datenaustausch und Standardisierung von Wasserdaten unterstützt, mit den wichtigsten Einrichtungen in diesem Bereich zusammenarbeitet, die Erstellung von Projektvorschlägen in dieser Richtung fördert sowie Referenzimplementierungen und APIs verbreitet. In diesem Kapitel werden die wichtigsten Herausforderungen und Chancen zur Erreichung dieses Ziels kurz beschrieben.

EINFÜHRUNG

Die Menge der weltweit erzeugten Daten wächst rasant: von 33 Zettabyte im Jahr 2018 auf 175 Zettabyte im Jahr 2025.[1] Heutzutage finden 80 % der Verarbeitung und Analyse von Daten in Datenzentren und zentralen Rechenzentren statt, während nur 20 % in intelligenten, vernetzten Objekten – wie Autos, Haushaltsgeräten oder Fertigungsrobotern – und in Rechenzentren in der Nähe des Benutzers stattfinden. Bis 2025 werden sich diese Verhältnisse wahrscheinlich umkehren,[2] die EU-Datenstrategie wird vollständig umgesetzt sein, mehrere Datenräume werden in ganz Europa weithin angenommen sein, und europäische Bürger und Organisationen werden die Möglichkeit der Kontrolle über ihre Daten und ihren rechtmäßigen und ausgewogenen Platz in der digitalen Welt wiedererlangt haben. Bis 2030 wird es das Mainstream-Szenario sein, und die breite Öffentlichkeit wird es nicht anders akzeptieren.[3]

Wenn man über die Schaffung von Datenräumen in Europa nachdenkt, ist es wichtig, die Ausrichtung von Schlüsselinitiativen wie BDVA[4], FIWARE[5], GAIA-X[6] und IDSA[7] hervorzuheben. FIWARE bringt heute ausgereifte Technologien ein, die mit dem von IDSA und GAIA-X angestrebten globalen Standard kompatibel sind, sowie Spezifikationen und Schnittstellen für Datensouveränität und Datenaustausch in Einklang mit der europäischen Forschung zur Implementierung des Datenraums (relevant ist hier die strategische Forschungs- und Innovationsagenda des BDVA). Die vier Initiativen arbeiten jetzt formell im Rahmen der DSBA[8] zusammen, der Allianz, deren Ziel es ist, die besten Fähigkeiten, Ressourcen und Erfahrungen in Europa in einer einzigen Anlaufstelle für Datenräume zusammenzuführen – von der Entwicklung bis zur Einführung –, um die Transformation von Unternehmen in der Datenwirtschaft zu beschleunigen.

---

1   https://www.idc.co.za/financial-results/2018-annual-report/

2   https://www.gartner.com/smarterwithgartner/2017-the-year-that-data-and-analytics-go-mainstream

3   Gestaltungsprinzipien für Datenräume: https://design-principles-for-data-spaces.org/

4   Big Data Value Association: https://www.bdva.eu/

5   https://www.fiware.org/

6   https://gaia-x.eu/

7   Internationale Datenräume: https://internationaldataspaces.org

8   Data Space Business Alliance: https://data-spaces-business-alliance.eu/

In diesem Kapitel geht es um die Herausforderungen und Chancen, Datenräume im Wassersektor zu implementieren und zu übernehmen. Nach der Einführung des Datenraumkonzepts und der wesentlichen Gestaltungsprinzipien wird der spezifische Fall des Wassersektors diskutiert.

DATENRÄUME

Ein Datenraum ist definiert als eine dezentrale Infrastruktur für die vertrauenswürdige gemeinsame Nutzung und den Austausch von Daten im Datenökosystem auf der Grundlage gemeinsam vereinbarter Prinzipien. Aus den gesammelten Anliegen der Interessenträger wurden die wichtigsten Gestaltungsprinzipien für Datenräume abgeleitet: i) Datensouveränität, d. h. die Fähigkeit einer natürlichen Person oder einer Körperschaft zur ausschließlichen Selbstbestimmung in Bezug auf ihre Wirtschaftsdatengüter; ii) gleiche Wettbewerbsbedingungen für Daten, d. h., dass neue Marktteilnehmer keine unüberwindbaren Hindernisse überwinden müssen, wenn sie Zugang zu einem Datenraum beantragen; iii) dezentrale weiche Infrastruktur, die aus der Gesamtheit interoperabler Implementierungen von Datenräumen besteht, die einer Reihe von Vereinbarungen in Bezug auf funktionale, technische, operative und rechtliche Aspekte entsprechen; und iv) öffentlich-private Governance, indem die breite Einführung europäischer Datenräume gefördert und eine Entwicklungsgemeinschaft aufgebaut und aufrechterhalten wird.

WASSERDATENRAUM

Motivation

Die EU kann zu einem Vorbild für eine Gesellschaft werden, die durch Daten bessere Entscheidungen treffen kann – in der Wirtschaft und im öffentlichen Sektor. Städte und Gemeinden sind ein fruchtbares Umfeld für wirksame Innovation. Um die lokalen Ökosysteme zu stärken und den Übergang zu einer Datengesellschaft zu ermöglichen, sind Datenräume eine wichtige Voraussetzung für die Ziele[9] des Grünen Deals und der nachhaltigen Entwicklung[10]. Um die oben genannten Ziele zu erreichen, muss jedoch ein systematischer Ansatz verfolgt werden, indem sogenannte grundlegende Gemeinschaftssysteme wie die Wasserbewirtschaftung berücksichtigt werden.

Speziell für den Wassersektor stellt die Digitalisierung einen wichtigen Transformationsfaktor dar, der genutzt werden kann, um strategische politische Verpflichtungen und Richtlinien auf nationaler, europäischer und internationaler Ebene umzusetzen. Sie unterstützt einen Transformationsprozess hin zu widerstandsfähigeren und nachhaltigeren Wasserdienstleistungen und datengestützten Entscheidungen, die Vorteile für Gesellschaft, Wirtschaft und Umwelt bringen, indem sie die Optimierung des Ressourcenverbrauchs, die Verbesserung von Gesundheit und Sicherheit sowie die Minimierung negativer sozioökonomischer Auswirkungen

---

9   https://ec.europa.eu/info/strategy/priorities-2019-2024/european-green-deal_en
10 https://sdgs.un.org/goals

des Klimawandels erleichtert. Daher ist es von grundlegender Bedeutung, die Entscheidungs-findung und die Maßnahmenplanung zu verbessern, indem die verfügbaren Daten genutzt werden, unabhängig davon, ob es sich um verstreute, nicht standardisierte und im Allgemeinen minderwertige Daten handelt.

Herausforderungen

In Anlehnung an die für Datenräume festgelegten Gestaltungsprinzipien werden hier einige spezifische Aspekte in Bezug auf den Wassersektor betrachtet.

Datensouveränität. Strategien für den Austausch von Wasserdaten zwischen Unternehmen und Ländern werden derzeit nur unzureichend umgesetzt und erfordern bezahlbare und ver-trauenswürdige Mechanismen für die Datensouveränität und -herkunft. FIWARE bietet meh-rere Komponenten für die Schaffung von Datenräumen mit besonderem Schwerpunkt auf Vertrauen und Datensouveränität nach IDSA-Spezifikationen. Sie zielen darauf ab, die Ein-trittsbarrieren und damit die Kosten für die gemeinsame Nutzung und den Austausch von Daten zu verringern. Dies wurde auch durch die Schaffung eines semantischen Standards für Datensouveränität erreicht, d. h. für die Regeln und Richtlinien, die bestimmen, wer was in welchem Kontext mit den vom Datenbesitzer geteilten Daten tun darf.

Gleiche Wettbewerbsbedingungen für Daten. Für die wirksame Anwendung eines effektiven Datenmanagements und Datenaustauschs im Wassersektor und für den letztendlichen Erfolg von Wasserdatenräumen ist eine gesellschaftliche Integration erforderlich. Ihr Erfolg hängt von der gesellschaftlichen Akzeptanz und Zustimmung zu den Vorteilen der Datenräume ab, unabhängig von den technologischen Errungenschaften und deren (aktuellem) Umsetzungs-grad. Auf EU-Ebene fördert das Cluster ICT4WATER[11] den Austausch, die Interoperabilität und die Standardisierung von Daten im Hinblick auf die Annahme einer Referenzarchitektur für Einspeisung, Zugänglichkeit, gemeinsame Nutzung und den Verbrauch von Daten. Diese Strategie fällt in den Bereich der Transformation des Wassersektors hin zur Schaffung von Datenräumen, die es ermöglichen, alle Wasserwertschöpfungsketten und auch bereichsüber-greifende Sektoren zu verknüpfen.

Dezentrale weiche Infrastruktur. OpenDEI[3] präsentiert und schlägt eine weiche Infrastruktur für Datenräume vor, um skalierbare, interoperable und vertrauenswürdige Lösungen zu ent-wickeln, die eine breite und sektorunabhängige Einführung ermöglichen und sicherstellen, dass Vereinbarungen und Standards mit den Bausteinen abgestimmt sind. Letztere werden als Interoperabilität, Vertrauen, Datenwert und Governance kategorisiert. Diese weiche Infra-struktur lässt sich auch einfach auf Wasserdaten anwenden und übernehmen.

Öffentlich-private Governance. Transnationale öffentlich-private Partnerschaften sind neue Formen der Governance, die in den letzten Jahren das Interesse der Forscher geweckt haben. Beisheim und Campe [1] verglichen und analysierten die Leistung von drei transnationalen Wasserpartnerschaften und zeigten, dass ein hoher Grad an Institutionalisierung tendenzi-ell für solche Wasserpartnerschaften wichtig ist, die kostspielige Projekte umsetzen. Weniger wichtig ist sie für diejenigen, die sich auf die vergleichsweise anspruchslose Aufgabe konzen-trieren, Wissen und bewährte Verfahren in den Bereichen Wasserwirtschaft und Governance auszutauschen und zu verbreiten. Andererseits ist die Verbesserung der Wasserdaten-Gover-

---

11 https://ict4water.eu/

nance der Schlüssel zur Bekämpfung der Wasserunsicherheit in den Entwicklungsländern. Araral und Wang [2] prüften die Literatur zur Wasser-Governance und stellten fest: Erstens, scheint es wenig Konsens über den Umfang und die Definition der Wasserwirtschaft zu geben. Zweitens: Obwohl die Wassernutzung von Natur aus multidisziplinär und interdisziplinär ist, findet sich in der Literatur kaum ein Hinweis darauf. Drittens ist die Literatur allgemein deskriptiv und argumentativ und bietet wenig theoretische Kohärenz. Als wichtigste Schlussfolgerung sprachen sie sich für eine multidisziplinäre Forschungsagenda der zweiten Generation zur Wasser-Governance aus, die Wirtschaft, Politik und Verwaltung einbezieht, Anreizthemen berücksichtigt und klare politische Auswirkungen hat.

Chancen

Die Bürger sollten in die Lage versetzt werden, bessere Entscheidungen auf der Grundlage von aus Daten gewonnen Erkenntnissen zu treffen. Die Daten sollten für alle verfügbar sein – ob öffentlich oder privat, groß oder klein, Start-up oder Gigant. Dies wird dazu beitragen, dass die Gesellschaft Innovation und Wettbewerb optimal nutzen kann und dass alle von einer digitalen Dividende profitieren. Auf der anderen Seite werden die Bürger datengesteuerten Innovationen nur dann vertrauen und zustimmen, wenn sie zuversichtlich sind, dass jeder Austausch personenbezogener Daten in der EU von der vollständigen Einhaltung der strengen Datenschutzvorschriften der EU abhängig gemacht wird. Gleichzeitig wird das zunehmende Volumen nicht personenbezogener industrieller und öffentlicher Daten in Europa – in Verbindung mit dem technologischen Wandel bei der Speicherung, Weitergabe und Verarbeitung dieser Daten – eine potenzielle Quelle für Wachstum und Innovation darstellen, die genutzt werden sollte.

Es müssen neue Kompetenzen für die Nutzung datengesteuerter Geschäftsmodelle in den Wasser-Ökosystemen geschaffen/gestärkt werden. Ein tatsächliches Hindernis gegen die Datenwirtschaft im Wassersektor ist die fehlende Wahrnehmung eines konkreten Wertes daraus. Die Bemühungen (und die damit verbundenen Kosten), eigene Daten anderen Akteuren zugänglich zu machen, werden noch immer als viel zu hoch angesehen im Hinblick auf die möglichen Einnahmen, die transversal durch neue mögliche (datengestützte) Geschäftsmöglichkeiten generiert werden.

Das digitale Europa sollte das Beste Europas widerspiegeln: offen, fair, vielfältig, demokratisch und zuversichtlich. Der Wassersektor durchläuft eine allmähliche digitale Transformation, die den gesamten Wasserlebenszyklus beeinflusst, wobei der Reifegrad von Fall zu Fall variiert: von der einfachen Integration von Sensoren in Betriebsabläufe zur Erfassung relevanter Daten, Visualisierung von Trends und Auslösung von Warnungen über anomale Ereignisse bis hin zu ausgefeilten KI-basierten Ansätzen zur Datenanalyse, um Vorhersagen/Simulationen zu erstellen und automatisierte und optimierte Abläufe vor Ort zu unterstützen. Aus der Perspektive von Datenräumen ergibt sich mit zunehmendem Reifegrad eine große Chance, Daten aus verschiedenen Quellen zusammenzuführen und zu integrieren und dabei Datenressourcen aus anderen korrelierten Sektoren – einschließlich städtischer Infrastruktur, Klima und Energie – heranzuziehen, um Interdependenzen zu verstehen und wertschöpfende Erkenntnisse über ihren Zusammenhang und ihre kombinierten Auswirkungen auf die Gesellschaft und die Umwelt zu generieren, und somit tatsächlich den systemischen Ansatz umzusetzen, der zum Erreichen der Ziele der UN-Agenda vorgesehen ist.

FAZIT

Die Zusammenführung europäischer Ansätze zu einer zentralen Anlaufstelle für Datenräume ermöglicht neue Geschäftslösungen in ausgewählten Bereichen, wie sie in der europäischen Datenstrategie beschrieben sind (Energie, Grüner Deal, Industrie, öffentliche Hand, Finanzen, Landwirtschaft, Kompetenzen, Mobilität) oder sogar bereichsübergreifend, während das Experimentieren mit Datenräumen zunimmt. Während die Standardisierung voranschreitet und mehr Erfahrungen gesammelt werden, wird die Verbreitung von Datenräumen durch die Übernahme skalierbarer Datenräume-Bausteine steigen. Für den Wassersektor stellt die Digitalisierung einen wichtigen Transformationsfaktor dar, der bei der Umsetzung strategischer politischer Verpflichtungen und Richtlinien auf nationaler, europäischer und internationaler Ebene den Unterschied ausmachen kann.

In diesem Kapitel haben wir uns kurz mit den wichtigsten Herausforderungen und Chancen für einen Wasserdatenraum befasst. Die Herausforderungen bestehen im Wesentlichen aus (i) Datensouveränität, (ii) gleichen Wettbewerbsbedingungen für Daten, (iii) dezentralen weichen Infrastrukturen und (iv) öffentlich-privater Governance. Chancen werden nur genutzt, wenn ein ganzheitlicher Ansatz verfolgt wird, der zu einer effektiven digitalen Transformation über mehrere Dimensionen führen kann: (i) menschlich: Verhaltensänderungen auf individueller Ebene erfordern eine effektive digitale Ausbildung der Arbeitskräfte, möglicherweise mit Programmen für lebenslanges Lernen, um digitale Fachkräfte im Wassersektor auszubilden; (ii) organisatorisch: Förderung von Datenkultur und multidisziplinärer Zusammenarbeit; (iii) technologisch: Ausweitung des Einsatzes datengesteuerter Entscheidungsunterstützungssysteme, die modernste künstliche Intelligenz nutzen und einen integrierten Blick auf das cyberphysische System bieten, um hohe Cybersicherheitsstandards sicherzustellen; (iv) Daten, Datenverfügbarkeit und -qualität: auf der Grundlage gemeinsamer Standards für Daten und Interoperabilität sind sie grundlegende Voraussetzungen für die Erschließung von Chancen in der neuen europäischen Ära der „Datenwirtschaft"; und (v) Governance: Top-down- (Druck durch Richtlinien und politische Maßnahmen) und Bottom-up-Ansätze (gemeinsame Vision unter den Interessenträgern, überzeugende Demonstrationsfälle) sollten kombiniert werden, um innovative Governance-Systeme zu entwickeln, die auf den Wert des Wassers (und auf die digitale Transformation als Grundvoraussetzung) ausgerichtet sind.

QUELLENANGABEN

[1] Beisheim, M. und Campe, S., 2012. „Transnational public–private partnerships' performance in water governance: institutional design matters". In: *Environment and Planning C: Government and Policy*, 30(4), S. 627-642.
[2] Araral, E. and Wang, Y., 2013. „Water governance 2.0: a review and second generation research agenda". In: *Water Resources Management*, 27(11), S. 3945-3957.

DIE BEDEUTUNG DES HUMANKAPITALS ALS TREIBENDE KRAFT AUF DEM WEG ZU EINER INTEGRATIVEN, WASSERBEWUSSTEN GEMEINSCHAFT

Naomi Timmer (Direktorin H2O People B.V.), Rasha Hassan (Doktorandin an der Universität Barcelona, Projektleiterin bei H2O-People B.V.)

EINFÜHRUNG

Da wir uns mit großen Umwälzungen und rasanten Veränderungen in einer komplexen Welt beschäftigen, müssen wir in der Lage sein, uns anzupassen und die Rahmen zu verändern, die wir verwenden, um umsetzbare Lösungen zu finden (Véricourt, Cukier und Mayer-Schönberger 2021). Der Wassersektor ist von Störungen durch Automatisierung und Schocks wie COVID-19 bedroht, durch die 29 % der Wasserversorgung und Abwasserentsorgung, 33 % der öffentlichen Verwaltung und 38 % des Bildungssektors betroffen sein werden (Smit et al., 2020). Darüber hinaus besteht in den oben genannten Themen eine Lücke zwischen Politik und Handeln mit Einschränkungen entlang der Wertschöpfungskette, die die Transformationen und das Zukunftsdenken im Wassersektor behindern (Timmer und Hassan 2022a).

Daher braucht der Wassersektor – insbesondere die Entscheidungsträger – einen Fahrplan, um wirksame Strategien und Programme zu finden, um zukünftige Karrierewege abzustecken, diese Übergänge zu glätten und das Problem des Missverhältnisses zu lösen. Junge Wasserfachleute spielen eine Schlüsselrolle bei der Festlegung der Agenda für zukünftige Übergänge.

Dieser Idee folgend, ist dies ein entscheidender Moment, in dem wir Vergangenheit, Gegenwart und Zukunft integrieren können, um eine dynamische gemeinsame Vision des zukünftigen Arbeitsplatzes zu etablieren. Dieses Kapitel berichtet über einen generationenübergreifenden Dialog zwischen verschiedenen Akteuren und Vertretern des Wassersektors, der im Rahmen des New Waves Festivals „Die Zukunft des Arbeitsplatzes im europäischen Sektor" stattfand.

METHODIK

Wir haben uns für einen interaktiven Rahmen entschieden, um einen effizienten Dialog zwischen den Generationen zu etablieren und ein sicheres Umfeld für die Erforschung von Ideen und Maßnahmen zu schaffen, die für diesen Wandel erforderlich sind. Die Teilnehmer kamen aus verschiedenen Bereichen und verfügten über unterschiedliche Fachkenntnisse im Wassersektor. Etwa 50 % von Ihnen waren Teil des European Junior Water Programms. Die Mitgestalter wurden aufgrund ihrer Expertise über Themen, Rollen und Antriebskräfte von Übergängen in ihrem Bereich ausgewählt.

DAS FESTIVAL ALS MITGESTALTUNGSMODELL

Ziel des Festivals war es, einen gemeinsamen kreativen Raum zu schaffen, in dem Zusammenarbeit und Kreativität genutzt wurden, um echte Ergebnisse zu erzielen – nicht nur für den Inhalt, sondern auch für das Netzwerk und die Entwicklung. Die Transformation im Wasserbereich wurde in verschiedenen Themenbereichen diskutiert und jedem Thema ein Mitgestalter zugewiesen.

DEEP DEMOCRACY: DAS INSTRUMENT ZUR ENTWICKLUNG KOLLABORATIVER FÄHIGKEITEN

Deep Democracy ist eine Reihe einfacher, aber leistungsstarker Werkzeuge und Fähigkeiten, die in Südafrika von den klinischen Psychologen Myrna und Greg Lewis (Lewis und Woodhull 2018; Myrna Lewis und Lewis 2018) entwickelt und von der Anthropologin Jitske Kramer in den Niederlanden für Organisationen adaptierbar gemacht wurden (Jitske Kramer, 2020). Es handelt sich um eine zukunftsweisende Methodik zur Moderation und Transformation von Konflikten, die pragmatisch ist, leicht erworben werden kann und von Menschen ohne psychologische Ausbildung verwendet werden kann. Im Rahmen der strategischen Partnerschaft SMARTEN von Erasmus+ implementieren und unterstützen wir die digitale Beschleunigung, indem wir ein solches Tool zur Unterstützung der erweiterten Zusammenarbeit und inklusiven Diskussion im Wassersektor einsetzen (Timmer und Hassan 2022b).

ERGEBNISSE UND DISKUSSION

Betrachten wir diese Themen und wie sie sich auf die Hauptthemen beziehen, die in einer offenen Diskussionsrunde beim New Waves Festival 2022 „Der Arbeitsplatz der Zukunft des europäischen Wassers" (Timmer und Hassan 2022a) identifiziert wurden, und was mit den notwendigen Transformationen und Aktionen geschehen wird, die während der Veranstaltung identifiziert wurden.

DIGITALISIERUNG UND AUTOMATISIERUNG

Wir haben eine Beschleunigung der Automatisierung und Digitalisierung durch die Pandemie erlebt, die insbesondere diejenigen trifft, die – wenn wir die Substitution betrachten – bereits von der Automatisierung betroffen waren (Smith et al., 2020). Die Übernahme digitaler Technologie aus der bestehenden FuEuI der EU war schwach und langsam, was sich durch die fragmentierten Innovationen im Wassersektor zeigt. Außerdem fehlt eine solide Vorbereitung künftiger Spezialisten, die bereit sind, diese Innovationen umzusetzen und zu nutzen. Dieser Schritt sollte mit der Ausrichtung der Lehrpläne der Universitäten auf neue Prioritäten beginnen: ganzheitliches Wasserökosystem für die Digitalisierung des städtischen Wassersektors, Ausbau der Internetdienste im Wassersektor, Schutz der Wasserinfrastruktur vor Cyberbedrohungen usw. Um die Übernahme digitaler Innovationen im operativen Umfeld zu erleichtern, ist eine gemeinsame Anstrengung von Unternehmen, Wissenschaft und Regierung (Dreifachhelix) erforderlich (Arbeitsgruppe Human Capital 2021). Interessenträger sind bei der Suche nach innovativen digitalen Lösungen heute nicht angemessen eingebunden/kooperativ. Daher ist die Verbesserung der Bildungsanforderungen zur Vorbereitung künftiger Mitarbeiter auf die digitalisierende Welt ebenso entscheidend wie eine engere Interaktion der Dreifachhelix.

GLÜCKLICHE UND GESUNDE WASSERMENSCHEN

Es besteht die Notwendigkeit, Ausbildung und Coaching für soziale und emotionale Fähigkeiten anzubieten, um die zunehmende Konzentration auf die Vernetzung innerhalb des Wassersektors zu erleichtern (Smith et al., 2020). Dies ist aufgrund der Veränderungen, die die Automatisierung mit sich bringt, dringend erforderlich und schafft auch aus technologischer Sicht mehr Aufmerksamkeit für das, was Menschen am Arbeitsplatz besonders macht und was sie benötigen (Véricourt et al., 2021; Yang 2020). Gerade wenn wir uns mit dem Thema Innovation beschäftigen, sehen wir auch den Beitrag des IKT-Sektors und den Einfluss von Psychologie und Anthropologie auf dieses Thema (Edmondson 2019; Kramer 2021). Ihre kombinierte Perspektive auf den Mehrwert des Menschen am Arbeitsplatz besteht darin, die Macht des Denkens, des Geschichtenerzählens und der Aufbau einer Gemeinschaft zu betonen, die der Arbeit Sinn verleiht. Yang (2020) sucht hingegen nach Lösungen im Freiheitsdenken, in einem auf den Menschen ausgerichteten Kapitalismus und im Lernen von Mensch zu Mensch, um zu trainieren, wie man ein gutes, positives und sozial produktives Leben führen kann. Bleibt die Frage: Wie lässt sich das im digitalen Format gut machen? Das ist etwas, was wir herausfinden müssen.

Was es braucht – und das sagen wir jungen Berufstätigen oft –, ist das Gefühl, dass ihre Arbeit Bedeutung hat. Eine Arbeit, die dem Warum und für wen sie ihre Arbeit machen Sinn gibt. Man nennt sie dann Idealisten – aber müssen wir nicht alle spüren, dass das, was wir im Leben tun, wichtig ist? Welchen Rahmen oder welches Ideal wir diesem menschlichen Drang beimessen, spielt keine Rolle, aber es gibt jedem Einzelnen das Gefühl, wichtig zu sein, gesehen und anerkannt zu werden, und es macht Menschen glücklich und gesund. Das ist also auch etwas, das bei der Schaffung einer gesunden und glücklichen Belegschaft im Wassersektor berücksichtigt werden sollte.

AUS UNSERER „WASSER"-BLASE

Um uns auf den zukünftigen Arbeitsplatz vorzubereiten, müssen wir uns mit der Unannehmlichkeit auseinandersetzen, was und wer der Wassersektor ist. Einen Tag vor dem New Waves Festival fand eine der wichtigsten Veranstaltungen von Water Europe, „Water Innovation Europe" (14.-15. Juni 2022 in Brüssel) statt. Während der Veranstaltung hörten wir recht oft von sehr sachkundigen Leuten, dass sie keine „Wasserexperten" seien. Sie wussten zum Beispiel viel über internationales Recht und Menschenrechte oder über Politik und Governance. Ist das nicht auch Teil des Wassers? Brauchen wir diese Leute nicht im Wassersektor? So wie wir es brauchen, dass IKT-Leute auch Wasser-Leute werden? Sehen wir nicht den „Wassersektor" als zu klein an und vergessen, dass er Teil eines ganzheitlichen Systems ist? Wir brauchen eine umfassendere Definition eines Wasserprofis, um dies anzugehen, aber auch um den Rahmen zu ändern, in dem wir arbeiten. Die Einbeziehung neuer Hintergründe ist nicht nur gut, um vielfältiger zu sein, sondern schafft auch mehr Wissen, mehr potenzielle Mitarbeiter innerhalb des Sektors und mehr Innovation (Kramer 2021; Meyer 2019).

Um aus unserer Wasserblase herauszukommen, müssen wir sehen, was noch nicht da ist, und was sein könnte und sollte. Wir könnten dies tun, indem wir neue Rahmen erstellen und ausprobieren (Véricourt et al., 2021). Das bringt uns dazu, die Welt zu verstehen und sie zu verändern, und ist das nicht das, was wir versuchen, wenn wir Lösungen für den Wassersektor in einem ganzheitlichen Ansatz erarbeiten? Dazu müssen wir Konflikte und Alternativen zelebrieren (Kramer 2021; Véricourt et al., 2021) und die Vielfalt des Denkens, Handelns und Verhaltens der verschiedenen Kulturen in Europa nutzen. Diese grenzüberschreitende Zusammenarbeit schafft Herausforderungen für das gegenseitige Verstehen, kann aber auch eine Quelle für kontinuierliches Lernen und Erfahrungen sein (Meyer 2019).

FÜHRUNG UND EMPOWERMENT

Neil Dhot (AquaFed) und Durk Krol (Water Europe) begannen ihre Suche während des New Waves Festivals mit der Frage, was Arbeitgeber von jungen Fachleuten wissen müssen bzw. was sie ändern müssen, um in Verbindung zu bleiben und sich zu transformieren (Timmer und Hassan 2022a). Smith et al. (2020) haben die Herausforderungen und Prioritäten für Arbeitgeber nach Archetypen der Arbeitskräfte ermittelt. In Kombination mit den Ergebnissen des Festivals sehen wir im Wassersektor vor allem einen Schwerpunkt aus der Perspektive von High-Tech-Produzenten und hoch qualifizierten Arbeitnehmern mit einer Priorität der Gewinnung (und Bindung) von (MINT-)Talenten, Förderung des kulturellen lebenslangen Lernens, kontinuierliche Verbesserung, Agilität und Innovation und die Möglichkeit der Umschulung und Umschichtung von vorhandenen Arbeitskräften hin zu produktiveren Aufgaben. Ausbildung und Coaching für soziale und emotionale Fähigkeiten, um eine wachsende Konzentration auf Kundenerfahrung und Kundenbeziehungen zu erleichtern (Smith et al., 2020).

Ein Fokus auf diese Gruppen scheint verständlich, da dies in Zukunft die Gruppe mit der größten Wachstumserwartung und auch dem größten Personalmangel sein wird (Smith et al., 2020). Das hohe Durchschnittsalter in dem Sektor könnte ebenfalls von Vorteil sein, da viele Arbeitnehmer, die durch Automatisierung ersetzt werden könnten, den Sektor automatisch verlassen werden. Eines der nicht berücksichtigten Themen beim New Waves Festival ist der Wissenstransfer dieser Arbeiter in den Automatisierungsprozess sowie die Fähigkeit, sich an die sich verändernden Umstände anzupassen.

Von Seiten der politischen Entscheidungsträger in Europa wird die Anpassung an grüne Kompetenzen ebenso nachdrücklich gefördert wie Programme zur Gewährleistung von Vielfalt und Nachhaltigkeit in verschiedenen Sektoren. Ein Beispiel hierfür ist das Projekt SPIRE SAIS, eine von der EU unterstützte strategische Partnerschaft im Rahmen von Erasmus+, mit der ein Konzept für ein neues Lern- und Qualifikationssystem für energieintensive Industriezweige geschaffen werden soll, das aus Sicht der Industrie und der Kompetenzanbieter auf Energieeffizienz und Industriesymbiose ausgerichtet ist.
Die Initiative „Valuing of Water" der niederländischen Regierung und ihr Schwerpunkt im Rahmen ihres Jugendprogramms auf Karriereentwicklungen wurde auf dem New Waves Festival vorgestellt. Europa muss mehr Ausbildungs- und Karrierewege schaffen und Partnerschaften zwischen Bildungseinrichtungen und Arbeitgebern bei der Gestaltung der karriererelevanten Lehrpläne unterstützen, die für eine wirksame Ausbildung, eine bessere Abstimmung auf den Arbeitsmarkt und eine Unterstützung beim Übergang erforderlich sind (Smith et al., 2020). Da sich die erworbenen Qualifikationen rasch verändern, scheinen Arbeitgeber die natürli-

chen Anbieter von Ausbildungsmöglichkeiten zu sein, und die politischen Entscheidungsträger sollten über Anreize nachdenken, dies mit Blick auf den einzelnen Arbeitenden so gut wie möglich umzusetzen. Der Zugang zu Schulungen außerhalb des Arbeitsplatzes ist daher ebenfalls unerlässlich (Smith et al., 2020). Eine weitere wichtige Aufgabe der Politik besteht darin, innerhalb der Kombination aus virtuellem und lokalem Arbeitsplatz für gesunde Arbeitsplätze zu sorgen.

Die Automatisierung bringt uns zu einem Punkt, an dem wir uns mit der Frage „Meister oder Sklave" auseinandersetzen müssen. Wir müssen uns also in die Lage versetzen, eine bessere Welt zu schaffen (Yang 2020). Wir können das nicht erreichen, indem wir Sklaven unserer Zeit werden, sondern indem wir gemeinsam die Führung übernehmen und dafür kämpfen.

Um einen neuen Rahmen für den Arbeitsplatz im Wassersektor zu schaffen, brauchen wir alle eine neue Denkweise (Véricourt et al., 2021). Es war daher ermutigend, dass in den Aktionslisten des New Waves Festivals diejenigen, die in Aktion treten mussten, vor allem auf uns selbst zeigten (Timmer und Hassan 2022a).

FAZIT

Zusätzlich zu den technischen Entwicklungen und Veränderungen im Wassersektor müssen wir Ressourcen in den Faktor Mensch investieren. Eine Reihe von Transformationen beeinflussen dies – wie aus den Erfahrungen von Praktikern in der gesamten Wertschöpfungskette beim New Waves Festival und unterstützt durch die Literatur hervorgeht. Wir müssen mit allen Arten von Organisationen und Partnern des Sektors und auch von außerhalb zusammenarbeiten, um eine bessere Zukunft aufzubauen. Wir müssen neu definieren, wen wir als Teil des Wassersektors ansehen, und unsere Gemeinschaft vielfältiger und ganzheitlicher gestalten, um unser gemeinsames Ziel zu erreichen: genügend sauberes Wasser im System für unser Leben als Menschen und für die Erde, jetzt und in Zukunft.

QUELLENANGABEN

Edmondson, Amy. 2019. *The Fearless Organization: Creating Psychological Safety in the Workplace for Learning, Innovation, and Growth*. Gildan Media, LLC.

Kramer, Jitske. 2021. *Jam Cultures: Inclusion: Having a Seat at the Table, a Voice and a Vote: About Inclusion; Joining in the Action, Conversation and Decisions*. Management Impact.

Kramer, Jitske. 2020, *Deep Democracy: De wijsheid van de minderheid*, Management Impact.

Myrna und Jennifer Woodhull. 2018. *Inside The NO: Five Steps to Decisions That Last*.

Meyer, Erin. 2014. *The Culture Map: Breaking Through the Invisible Boundaries of Global Business*.

Myrna Lewis und Greg Lewis. n.d. „Lewis Deep Democracy". Abgerufen am 3. Mai 2022 (https://www.lewisdeepdemocracy.com/).

Smit, Sven, Tilman Tacke, Susan Lund, James Manyika und Lea Thiel. 2020. *The Future of Work in Europe: Automation, Workforce Transitions, and the Shifting Geography of Employment*.

Naomi und Rasha Hassan. 2022a. *New Waves Festival 2022: The Future Workplace of European Water.*

Naomi und Rasha Hassan. 2022b. "The Augmented Collaboration Toolkit."

Francis de Véricourt, Kenneth Cukier und Viktor Mayer-Schönberger. 2021. *Framers: Human Advantages in an Age of Technoloy and Turmoil.* Amsterdam: Maven Publishing.

Working Group Human Capital, Water Europe. 2021. *The Future Needs of Human Capital Development in Support of a Water-Smart Society The Future of Human Capital in Support of a Water-Smart Society Working Group Human Capital, Water Europe.*

Yang, Andrew. 2020. *The War on Normal People.* Bot uitgevers.

BLUE DEAL ECONOMY – ANALYSE DER AUSWIRKUNGEN DER EUROPÄISCHEN SOZIALPOLITIK AUF DIE WASSERWIRTSCHAFT

Björn Holste (Gründer und geschäftsführender Gesellschafter am Technology Institute), Stephan Horvath (Gründer von Ideations, Vorstandsberater)

Der europäische „Grüne Deal" war das wehende Banner zur Bekämpfung des Klimawandels in der Europäischen Union und auch eine Blaupause für die Definition „guter" Investitionen und die „Besteuerung" von Luftkomponenten, trotz einiger kontroverser Diskussionen unter EU-Politikern über die Klassifizierung von Gas und Atomenergie.

Der CO_2-Fußabdruck spielt neben anderen Faktoren eine wichtige Rolle bei der Bewertung ESG-konformer Investitionen – ein bedeutender Schritt in die richtige Richtung.

INTEGRIERTES WASSERRISIKOMANAGEMENT

Luft und Wasser sind die wohl wichtigsten Ressourcen für das Leben auf der Erde. Seit der Entstehung der Erde und bis vor kurzem wurden beide als selbstverständlich angesehen und konnten von allen genutzt werden. Inzwischen hat die Menschheit verstanden, dass unser Einfluss auf den Klimawandel unsere Existenz auf diesem Planeten gefährdet und hat begonnen, Maßnahmen zu ergreifen, um die Luft sauber genug zu halten und den Treibhauseffekt zu begrenzen. Daraus ergeben sich hochkomplexe Wirkungszusammenhänge wie der Anstieg des Meeresspiegels und der Verlust der Artenvielfalt. Dies könnte uns Lösungen vorenthalten, wie ein Heilmittel gegen Krebs zu finden, das von Pflanzen oder Tieren stammt, die vielleicht bald aussterben, bevor wir von ihnen lernen, und ihr Potenzial verstehen können.

Es bleibt zwar noch viel zu lernen, aber die Wechselwirkungen zwischen Klimawandel und Wasserressourcen in der wissenschaftlichen Gemeinschaft sind gut erforscht. Im jüngsten UN-Wasserbericht erwähnt Gilbert Houngbo diesen Zusammenhang gleich im ersten Satz.

WARUM SIND WASSER UND WASSERRESILIENZ UNVERZICHTBAR?

In der wissenschaftlichen Literatur wurde die Tragik der Allmende zunächst von Lloyd im frühen 19. Jahrhundert aufgegriffen und 1968 von Hardin wieder eingeführt. Das Konzept der Allmende als Platzhalter für frei verfügbare Ressourcen war die Grundlage für die Bemühungen, die Kosten aus THG-Emissionen zu internalisieren, um beispielsweise die Emission von THG zu kontrollieren, indem ihnen Kosten zugewiesen wurden.

Es erscheint logisch, dass sich nach Berücksichtigung der Bedeutung der Luft in Form einer teilweisen Internalisierung der Kosten der Luftverschmutzung zur Zähmung der THG-Emissionen der Fokus der allgemeinen politischen Diskussionen nun auf andere tödliche Risiken für die Menschheit – wie Wasser – erweitert.

Die Verfügbarkeit und die Qualität von Wasser sind seit Jahrzehnten ein wichtiges Thema. Theoretische Konzepte, die entwickelt wurden, um die THG-Emissionen unter Kontrolle zu bringen – wie die Kontrolle der Gesamtmenge, die durch Zertifikate vergeben wird, während gleichzeitig Maßnahmen zum Ausgleich der THG-Emissionen gefördert werden –, könnten auch zum Schutz einer wichtigen Ressource auf diesem Planeten – Wasser – angewendet werden.

Der Wasserverbrauch hat sich in den letzten 100 Jahren versechsfacht und wächst jährlich um etwa 1 %. Weltweit haben immer noch rund 771 Millionen Menschen keinen Zugang zu sauberem Wasser, und schätzungsweise 282 Millionen von ihnen – gewöhnlich Frauen – legen große Entfernungen zurück, um Wasser aus einem Brunnen zu holen.

Die Verfügbarkeit von Infrastrukturen zur Wassergewinnung, -aufbereitung und -reinigung spielt bei der Abwägung der Auswirkungen auf den Klimawandel und die Lebensqualität eine wichtige Rolle. 1,7 Milliarden Menschen – fast ein Viertel der Weltbevölkerung – haben keine Toiletten, was dazu führt, dass 494 Millionen Menschen ihre Notdurft im Freien verrichten. Da menschliche Exkremente Methan freisetzen, ist der Wärmeeffekt mindestens 28-mal größer als bei CO_2, wodurch der globale Erwärmungszyklus beschleunigt wird. Beim Auftauen des Permafrosts werden auch große Mengen Methan freigesetzt.

Dies unterstreicht jedoch die zirkulären Wirkungszusammenhänge der Menschheit auf dem Planeten, auch wenn die täglichen Probleme der Menschen in Entwicklungsländern und Industrienationen enorm unterschiedlich sind. Wir sind alle miteinander verbunden und können es uns nicht leisten, als eigenständige Nationen zu denken.

WASSER IST DIE NÄCHSTE ÖKONOMISCHE GRENZE

Wasser ist die „nächste ökonomische Grenze", da es Potenzial für Wohlstand, Wirtschaftswachstum, Beschäftigung und Innovation birgt. *(Siehe Grafik 1: Begrenzte Wassermenge auf der Erde)*

Die Verwirklichung eines universellen und gleichberechtigten Zugangs zu sicherem und erschwinglichem Trinkwasser für alle ist ein wesentlicher Meilenstein im Hinblick auf die UN-Entwicklungsziele bis 2030. Erreicht werden soll dies durch eine erhebliche Steigerung der Wasserverbrauchseffizienz in allen Sektoren und durch die Gewährleistung der nachhaltigen Entnahme und Bereitstellung mit Süßwasser, um der Wasserknappheit entgegenzuwirken und die Zahl der Menschen, die unter Wasserknappheit leiden, erheblich zu verringern.

Auf der Ozeankonferenz der Vereinten Nationen 2022 wurde ein „Blue Deal" vorgeschlagen, um die nachhaltige Nutzung der Meeresressourcen für das Wirtschaftswachstum zu ermöglichen.
Die Einführung des Begriffs „Blue Deal" in diesem Jahr als Äquivalent zum Green Deal und die Verbindung mit globalem Handel, Investitionen und Innovation zur Schaffung einer nachhaltigen und widerstandsfähigen Wasserwirtschaft ist ein Schritt hin zu einer nachhaltigeren Wasserwirtschaft.

Wir haben eine Menge vom Green Deal gelernt und haben die Möglichkeit, einige der Fehler zu vermeiden, die während des Green-Deal-Prozesses gemacht wurden, wenn wir eine „Blue Deal Economy" in Betracht ziehen, eine globale Handels-, Investitions- und Innovationsbewegung mit einem Wasserfußabdruck, da das Pendant des CO_2-Fußabdrucks politische Unterstützung und Zugkraft in Europa gewinnen wird.

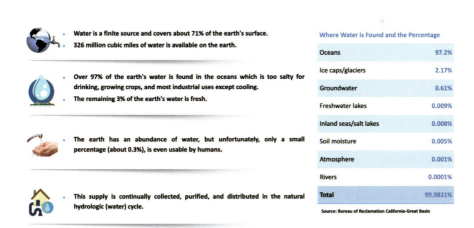

Grafik 1: Begrenzte Wassermenge auf der Erde

Die folgenden Überlegungen spiegeln nur die weltweite Trinkwassersituation mit besonderem Augenmerk auf Europa wider.

DAS GLOBALE TRINKWASSERSZENARIO

Die zunehmende Verschmutzung und die abnehmende Grundwasserauffüllrate haben die Verfügbarkeit von Trinkwasser in den letzten Jahren verringert. Es wird erwartet, dass ein derartiges Szenario, das mit einem Bevölkerungswachstum einhergeht, zu einem massiven Ungleichgewicht zwischen Angebot und Nachfrage bei Trink- oder Brauchwasser führen wird. Außerdem ist Wasserstress in China, Indien, dem Nahen Osten und Nordafrika sowie Australien weit verbreitet.

Gegenwärtig haben 844 Millionen Menschen, etwa jeder neunte Mensch auf der Erde, keinen Zugang zu sauberem, bezahlbarem Wasser in einem Umkreis von 30 Minuten um ihren Wohnort.
Sauberes und sicheres Trinkwasser gilt als eine einfache Möglichkeit, um hydriert und gesund zu bleiben. Darüber hinaus gibt die weltweit steigende Zahl von Gesundheitsproblemen und Erkrankungen Anlass zu großer Sorge.

Der Zugang zu Süßwasserressourcen ist für die Zukunft ganzer Länder, der Menschen, der Nahrungsmittelversorgung und der Produktionsprozesse entscheidend. Im Jahr 2020 wurde der weltweite Trinkwassermarkt mit rund 181 Milliarden Euro bewertet. Schätzungen zufolge wächst der Weltmarkt von 200 Milliarden Euro im Jahr 2021 auf 421 Milliarden Euro im Jahr 2028, wobei die kumulierte jährliche Wachstumsrate innerhalb des Prognosezeitraums (2021–28) bei 11,2 % liegt.

Weltweit liegt der jährliche Gesamtverbrauch von abgefülltem Wasser bei etwa 200 Milliarden Liter. Unterstützt von der großen Bevölkerungszahl, der wachsenden Nachfrage, dem unerschlossenen Markt und der raschen Urbanisierung dominiert der asiatisch-pazifische Raum, einschließlich Indien und China, den Markt.

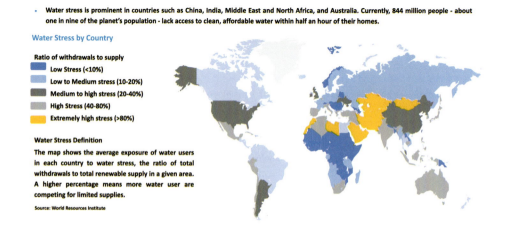

Grafik 2: Wasserquellen sind weltweit begrenzt (Wasserqualität in verschiedenen Regionen der Welt, einschließlich Europa und innerhalb Europas)

WASSERMARKTSZENARIO NACH WICHTIGEN REGIONEN

Westeuropa hat den größten Anteil am europäischen Markt für abgefülltes Wasser. *(siehe Grafik 3)*
Mit einem jährlichen Gesamtverbrauch von mehr als 50 Milliarden Litern genießt der Kontinent weltweit den höchsten Pro-Kopf-Verbrauch von abgefülltem Wasser. Auf Europa allein entfällt mehr als ein Viertel des Weltmarkts. Westeuropa gilt als die weltweit am weitesten entwickelte Region für abgefülltes Wasser, die von bedeutenden Märkten wie Deutschland, Italien, Frankreich und Spanien angeführt wird.

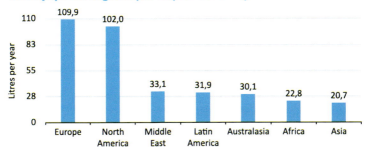

EU Enjoys the Highest per Capita Consumption in the World

Source: European Federation of Bottled Waters

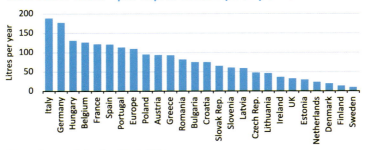

EU Bottled Water - per Capita Consumption per Year

Source: European Federation of Bottled Waters

Grafik 3: Westeuropa hat den größten Anteil am europäischen Markt für abgefülltes Wasser

ASIENS TRINKWASSERBEDARF

China ist der größte asiatische Markt für abgefülltes Wasser mit etwa 50 Milliarden Litern Gesamtverbrauch im Jahr 2020. Das geringe Vertrauen der Bevölkerung in die Trinkwasserqualität, die rasche Urbanisierung, das wachsende verfügbare Einkommen und die Einführung eines gesunden Lebensstils lenken die chinesischen Präferenzen in Richtung des Verbrauchs von hochwertigem Wasser und ausländischen Marken. *(siehe Grafik 4)*

China and Thailand is the Asian countries with largest consumption of bottled water.

Top Bottled Water Consuming Countries

Country	Consumption in million gallons 2015	Consumption in million gallons 2020	CAGR 2015/20
China	20,506.40	27,780.40	6.30%
USA	11,523.60	14,957.80	5.40%
Mexico	8,081.20	9,959.00	4.30%
Indonesia	6,815.60	8,514.10	4.60%
Brazil	5,357.40	6,456.00	3.80%
India	4,596.30	6,416.10	6.90%
Thailand	3,624.00	3,959.30	1.80%
Italy	3,302.20	3,475.00	1.00%
Germany	2,970.20	2,747.40	-1.50%
France	2,079.80	2,238.10	1.50%
Top 10 Subtotal	68,856.60	86,503.10	4.70%
All others	19,419.90	21,789.80	2.30%
World	88,276.50	108,292.90	4.20%

Several Asian Countries like China and India are leading consumer of bottled water, which makes a good business and trade proposition for Thailand.

Per Capita Consumption by Leading Countries

2020 Rank	Countries	Gallons Per Capita 2015	Gallons Per Capita 2020
1	Mexico	64.2	74.4
2	Italy	55.5	58.8
3	Thailand	52.8	57
4	USA	35.9	45.2
5	UAE	31	35.4
1	Mexico	64.2	74.4

Thailand consumes an average of 57 gallons of water per capita per year, which makes Thailand the third largest per-person consumer of bottled water in the world.

Grafik 4: China und Thailand sind die asiatischen Länder mit dem höchsten Verbrauch von abgefülltem Wasser.

In Zukunft wird der asiatisch-pazifische Markt wahrscheinlich seine Vorherrschaft auf dem globalen Markt in Bezug auf Marktanteile beibehalten, unterstützt durch die steigende Nachfrage nach abgefülltem Wasser aus Indien, China, Thailand und Indonesien. Der Markt wird von steigendem Konsum, steigendem Verbraucherbewusstsein, zunehmender Beliebtheit von Premiumprodukten und steigendem verfügbarem Einkommen bestimmt.

TRINKWASSERBEDARF IM GOLF-KOOPERATIONSRAT (GCC)

Schwüles, trockenes Klima und die begrenzte Verfügbarkeit von Wasserressourcen im GCC haben die Nachfrage nach abgefülltem Wasser in der Region angeheizt.

Der Markt für abgefülltes Wasser wird auch durch den wachsenden Bedarf an Trinkwasser angetrieben, der durch die rapide Zunahme an Touristen, Pilgern und ausländischen Gemeinschaften in der Region, insbesondere in den VAE und Saudi-Arabien, entsteht. *(Siehe Grafik 5: Begrenzte Verfügbarkeit von Wasserressourcen im GCC.)*

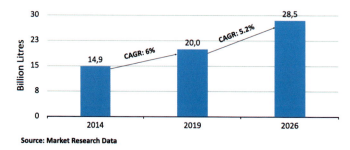

GCC Bottled Water Market (by Volume)

Source: Market Research Data

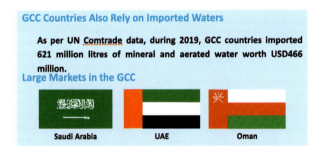

Grafik 5: Begrenzte Verfügbarkeit von Wasserressourcen im GCC. Die Abhängigkeit von abgefülltem Wasser hat aufgrund der extrem heißen und trockenen Klimabedingungen zugenommen.

Die Nachfrage nach hochwertigem Flaschenwasser auf dem GCC-Markt wird durch das zunehmende Gesundheitsbewusstsein der Verbraucher begünstigt, das vor allem auf die hohen Inzidenzen von Fettleibigkeit und Diabetes in der Region zurückzuführen ist. Die Verbraucher suchen nach gesünderen und bequemeren Alternativen zu kohlensäurehaltigen Getränken mit hohem Zuckergehalt, was den Markt für abgefülltes Wasser weiter ankurbelt.

TRINKWASSERBEDARF AM INDISCHEN MARKT

In den letzten zehn Jahren hat die rasche Urbanisierung das Bewusstsein für die Bedeutung sicheren Trinkwassers geschärft, und das steigende Pro-Kopf-Einkommen hat die Nachfrage nach abgefülltem Wasser in Indien beflügelt. Darüber hinaus verlagert sich die indische Wirtschaft hin zu einer robusten Mittelschicht, wodurch vermehrt hochwertige, ethisch einwandfreie und personalisierte Produkte in den Fokus rücken. Auch die Bedenken hinsichtlich der Qualität von Leitungswasser oder kommunalem Wasser tragen erheblich zum exponentiellen Wachstum von abgefülltem Wasser im Land bei.
Die meisten Touristen und Auswanderer sorgen sich um die Wasserqualität in Indien und bevorzugen während ihres Aufenthalts qualitativ hochwertige Wassermarken.

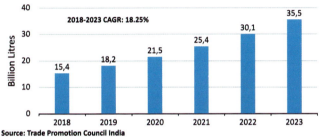

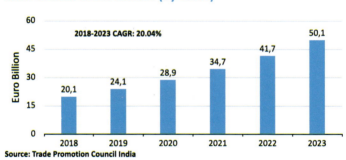

Grafik 6: Die rasche Urbanisierung und die wachsende Bedeutung von sicherem Trinkwasser haben das Wachstum des indischen Marktes für abgefülltes Wasser angekurbelt.

Die Hauptakteure auf dem globalen Markt für abgefülltes Wasser sind Nestlé, Coca-Cola, Pepsico, Danone, Mountain Valley Spring Water, Bisleri International, Nongfu Spring, Tata Global Beverages, Mineralquellen und Getränke GmbH & Co. KG, Gerolsteiner Brunnen GmbH & Co. KG und RHODIUS.

Nicht umsonst gilt Westeuropa als die weltweit am weitesten entwickelte Region für abgefülltes Wasser, die von bedeutenden Märkten wie Deutschland, Italien, Frankreich und Spanien angeführt wird. Was den Verbrauch betrifft, entfällt allein auf Europa mehr als ein Viertel des Weltmarkts. Der europäische Markt für abgefülltes Wasser ist fragmentiert und stark umkämpft, mit lokalen und internationalen Akteuren. Verschiedene Länder werden von verschiedenen Akteuren vereinnahmt, wobei lokale Akteure in den jeweiligen Ländern stark vertreten sind.
Neben den prominenten Global Playern sind weitere namhafte Akteure Hoevelmann, Gerolsteiner Brunnen, Ferrarelle, Acqua Sant'Anna, San Benedetto, Spadel und Roxane S.A., CoGeDi International.

Natürlich gibt es Risiken: Eine zunehmende Verschmutzung und sinkende Grundwasserauffüllraten haben die Verfügbarkeit von Trinkwasser in Europa in den letzten Jahren verringert. Es wird erwartet, dass ein derartiges Szenario, das mit einem Bevölkerungswachstum einhergeht, zu einem massiven Ungleichgewicht zwischen Angebot und Nachfrage bei Trink- oder Brauchwasser führen wird.

Wie also können wir die Risiken mindern – beispielsweise durch Investitionen in Trinkwasserunternehmen –, um zu verhindern, dass in Zukunft Grundwasser übernutzt wird und ganze Regionen austrocknen, weil wir Wasser verschwenden und nicht nachhaltig nutzen?

Derzeitige ökologische, nachhaltige und profitable Investitionsmöglichkeiten müssen an kritische Regierungsentscheidungen für nachhaltige Produktion, Wasserrechte und die UN-SDGs anknüpfen und eine Komponente beinhalten, die einen Anteil des Gewinns zurück in die Gesellschaft trägt.

Die „Blue Deal Economy" für Trinkwasser muss den Wasserfußabdruck für die gesamte Wertschöpfungskette berücksichtigen – vom Besitz der Wasserressourcen bis hin zur Bereitstellung für den Endverbraucher. Dies kann neue Arbeitsplätze und Einnahmen für die europäischen Länder schaffen.

WASSERRISIKEN SIND REAL – SEIEN WIR PROVOKATIV

Sollte Wasser nicht jedem als gemeinsame, kostenlose Ressource gehören und nur die Infrastrukturkosten zur Wasserpreisbildung verwendet werden; oder weniger provokativ: Wir alle sollten darüber nachdenken, wie wir Wasser nachhaltiger produzieren und verbrauchen und unsere Umwelt schützen können.

WASSER UND ESG – WIE MAN DAS RISIKO BERECHNET

Das Problem ist, dass das ökologische Wasserrisiko für Unternehmen unzureichend verstanden wird und hochkomplex ist. Es ist eine gemeinsame Betrachtung von ESG-Daten und Geschäftsmodellen sowie Analysen entlang der gesamten Wertschöpfungskette erforderlich.

Wir müssen abschätzen, wie viel Schaden die unüberwachte Wasserentnahme auf aggregierter Ebene für das Finanzsystem und für jedes an das Wasserversorgungssystem angeschlossene Unternehmen verursachen kann.

Ein vorübergehendes Wasserrisiko, das mit einem Preis – wie dem CO_2-Preis – gewichtet wird, wird helfen, lässt aber physische Klimarisiken außer Acht.

Kurz gesagt handelt es sich also um einen bedeutenden wirtschaftlichen Faktor, bei dem Banken, Unternehmen und Regulierungen analytische Hilfe benötigen, um diese Risiken zu verstehen. Das Wissen um Klimarisiken wird bald für jedes Unternehmen der Lieferkette zur Anforderung werden.

WAS BRAUCHEN WIR FÜR DEN ANFANG?

Risikobewertungen können auf verschiedene Art und Weise erfolgen. In der Regel wird der qualitative Ansatz angewandt, wenn keine spezifischen Daten verfügbar sind. Nehmen wir ein Beispiel aus der Welt der physikalischen Klimarisiken: Stellen Sie sich vor, Sie bewerten das Risikoprofil eines Atomkraftwerks, das neben einem Fluss gebaut wurde. Unsere Klimasimulationen zeigen eine hohe Wahrscheinlichkeit von Dürre in der Region in den nächsten 10 Jahren. Das sind schlechte Nachrichten für die Landwirte in der Umgebung und gute Nachrichten für die Menschen, die sich mit dem Hochwasserrisiko beschäftigen (einschließlich der Elektrotechniker in der Anlage). Das Kernkraftwerk ist jedoch auf komplexe Kühlmechanismen angewiesen, die wiederum auf das Wasser des nahegelegenen Flusses angewiesen sind.

Andererseits wäre auch zu viel Wasser in Form von Flussüberschwemmungen nicht hilfreich, da wir dann die Hochwasserschutzmaßnahmen für die Kühlwasserpumpen bewerten müssen.

In diesem Beispiel wurde die Wasserqualität noch gar nicht berücksichtigt. Diese muss uns aber ein großes Anliegen sein, wenn wir wieder an die Verfügbarkeit von sauberem Trinkwasser zurückdenken.

Wenn wir die physischen Risiken – im Hinblick auf die zur Verfügung stehenden Wassermengen – vorerst beiseitelassen und die Wasserqualität betrachten, kehrt die Diskussion schnell zur vorhandenen Infrastruktur zurück.

Ein Beispiel, das mir kürzlich ein Kollege aus dem Ingenieurwesen gegeben hat, betrifft Kläranlagen. Diese sammeln Wasser, um es zu filtern, zu reinigen und in die Trinkwasserinfrastruktur zurückzuführen. Die Technik kombiniert mechanische, biologische und physikalische Prinzipien und kann Abwasser zuverlässig reinigen. Es kommt jedoch darauf an, die richtigen Zutaten zum richtigen Zeitpunkt hinzuzufügen. Ein Prozess, der am effizientesten über eine digitale Infrastruktur abgewickelt wird, um die übelriechende technische Wunderwelt zu messen und zu kontrollieren. In diesem Beispiel erfahren wir, dass die meisten Kläranlagen des ungenannten Landes, in dem unser Beispiel spielt, jegliche Elektronik abgeschaltet haben, weil sie ständig gehackt werden (von unfreundlichen Menschen in einem anderen Land, das hier ungenannt bleibt). Der manuelle Betrieb der Anlagen ist teurer und weniger effizient, was nicht nur zu gesellschaftlichen und wirtschaftlichen Auswirkungen, sondern auch zu einer geringeren Qualität des Endprodukts – Wasser – führt.

Wer hätte also gedacht, dass Cybersicherheit ein wichtiger Faktor bei der Bewertung der Wasserqualität ist? Auch wenn technische Ausrüstung zur Datenerfassung und Prozesssteuerung zur Verfügung steht, muss sie sicher sein. Die Folgen der Freisetzung verschmutzten Wassers in die Öffentlichkeit könnten schwerwiegende gesundheitliche Folgen haben. Die wirtschaftlichen Auswirkungen auf die globalen Lieferketten konnten beispielsweise durch den Mangel an LKW-Fahrern im Vereinigten Königreich während der Corona-Pandemie beobachtet werden.

VERFÜGBARE DATEN

Nachdem wir einige der Herausforderungen bei der qualitativen Bewertung von Risiken im Zusammenhang mit der Verfügbarkeit und Qualität von Wasser betrachtet haben, gehen wir zum nächsten Schritt über, der für einige Berechnungen erforderlich ist: quantitative Daten.

Auf globaler Ebene und insbesondere in den entwickelten Ländern leisten die lokalen Statistikämter gute Arbeit bei der Sammlung aller möglichen Daten von Unternehmen, Behörden und Einzelpersonen. Sie stellen eine leistungsfähige Infrastruktur für die Datenerhebung dar und werden mit Ihren Steuergeldern finanziert. Leider ist ihr Ergebnis nicht direkt verwendbar, da die Formate in den einzelnen Ländern unterschiedlich sind. Auf europäischer Ebene und bei internationalen Standardisierungsorganisationen wurden einige Anstrengungen zur Bereinigung der Daten unternommen. Aber die heiß begehrte Aufgabe des Datenwissenschaftlers besteht zu mehr als 80 % immer noch darin, Daten zu bereinigen und für Berechnungen nutzbar zu machen.

Die Erhebung von Daten erfordert wiederum die Verfügbarkeit von Datenpunkten. Diese sollten nicht nur aus offiziellen Quellen stammen, sondern auch von den Unternehmen selbst. Für die Erfassung von Kennzahlen wäre eine unveränderliche Datenbanklösung (Blockchain) wünschenswert, damit Unternehmen die Kontrolle über ihre Daten behalten und Behörden und der breiten Öffentlichkeit unterschiedliche Zugangsniveaus gewähren können. Die Verfügbarkeit von Big Data, bereitgestellt durch öffentlich zugängliche Blockchain-Datenbanken mit kontrolliertem Zugang, würde auch die Grundlage für die Anwendung von maschinellem Lernen und KI-Techniken schaffen und es uns ermöglichen, ein globaleres und vernetzteres Bild der Wasserlandschaft zu zeichnen. Bessere und umfangreichere Daten wären auch ein guter Ausgangspunkt für zukünftige Simulationen im Rahmen bestehender Szenarien, die die verschiedenen gesundheitlichen, sozioökonomischen und klimatischen Auswirkungen von Wasserverfügbarkeit und -qualität miteinander verknüpfen.

Leider ist die Verfügbarkeit zuverlässiger Datenpunkte für die Wasserqualität – oder das Fehlen dieser Datenpunkte in Bezug auf Verschmutzung und gefährliche und ungefährliche Abfälle – nur eine der Voraussetzungen für die Internalisierung der Kosten in ähnlicher Weise wie bei den Emmissionszertifikaten für THG.

Der zweite wichtige Faktor sind die Kosten für die Wiederherstellung einer akzeptablen Wasserqualität. Dies könnte für Meer- und Süßwasser in unterschiedlichem Maße geschehen und berücksichtigt verschiedene nachgelagerte Effekte wie den Verlust an Biodiversität und gesundheitliche Auswirkungen auf die Gesellschaft.

Um zu plausiblen und quantifizierten Risikobewertungen zu kommen, müssen wir die Daten mit zukunftsgerichteten Simulationen kombinieren. Die Sammlungen von Modellen und Szenarien des NGFS ist in der Regel ein guter Ausgangspunkt dafür.

SPIELRAUM FÜR WASSER

Für die Bewertung von THG-Emissionen und die großen Rahmenwerke wie die TCFD und die EU-Taxonomie ist interessanterweise der Schwerpunkt der Aufteilung nach innen und außen in drei Bereiche den THG-Emissionen vorbehalten. Es scheint nur eine Frage der Zeit zu sein, bis dieser Ansatz auf andere Risikofaktoren ausgeweitet wird. In der Wissenschaft sind die Algorithmen zur Kombination von globalen Handelsinformationen in Form von Input-Output-Tabellen mit anderen Faktoren als CO_2- und THG-Emissionen gut bekannt. Sie könnten für eine Vielzahl von Faktoren angewendet werden, von denen einige – wie Wasserverschmutzung und Abfall – unmittelbarere Auswirkungen auf die Schaffung der Voraussetzungen für die Internalisierung von Kosten entlang der globalen Lieferketten haben könnten.

ABSCHIRMUNG MIT PURE PRIVACY #NOHACKING #NOTRACKING

Lisa Strassl

Seien Sie vorbereitet ...
... und schützen Sie Ihre Privatsphäre,
bevor es zu Ihrem persönlichen Cyber-Notfall kommt!

Das Cyber-Risiko hat in den letzten Jahren mit dem anhaltenden Trend der Digitalisierung dynamisch zugenommen. Ob im Privatleben oder im geschäftlichen Kontext – es wird immer wichtiger, sich individuell gegen alle aufkommenden Bedrohungen zu schützen.
Wussten Sie zum Beispiel, dass Sie auch dann, wenn Sie Ihr Smartphone ausschalten, geortet werden können? Oder dass der Flugmodus keinen Schutz vor böswilligen Hackern bietet, wenn Ihr Gerät bereits mit Schadsoftware infiziert ist, die im Hintergrund läuft?

DIE INNOVATIVE LÖSUNG AUS EUROPA

Abschirmtaschen (zum Beispiel von ALLPURE) sind Ihre Garantie für mehr Privatsphäre und Sicherheit und tragen zu Ihrer Gesundheit bei. Im Detail:
- Sie schützen vor Hackerangriffen, Tracking und Fernzugriff auf Ihr Gerät
- Sie blockieren verschiedene elektromagnetische & drahtlose Signale wie 5G, WLAN, UMTS, Bluetooth, GPS und RFID
- Sie reduzieren Viren und Bakterien auf der Oberfläche Ihres Geräts, sobald Sie es in die Tasche geben – dank der Zink-, Silber- und Kupferbeschichtung des Gewebes
- Sie sind für alle gängigen Gerätegrößen geeignet

Prof. Dipl.-Ing. Peter Pauli, Professor für Hochfrequenz-, Mikrowellen- und Röntgentechnik an der Universität der Bundeswehr München, bringt es auf den Punkt:
„Innovative Abschirmtaschen wie die Privacy Bags von ALLPURE sind die perfekte Lösung für mehr Privatsphäre im Alltag. Sobald Ihr Gerät darin verstaut ist, blockiert sie alle ein- und ausgehenden Signale wie ein Faradayscher Käfig.“

AUTOREN

Autor	Kurzbiographie
Lars Skov Andersen 	China Resources Management Senior Consultant mit mehr als 25 Jahren Erfahrung im Management internationaler Wasserressourcen und integrierter ländlicher Entwicklungsprojekte auf nationaler und lokaler Ebene sowie in Flusseinzugsgebieten im Auftrag der Weltbank, des DfiD, der EU und der Danida. Chief Technical Adviser der Wasser- und Umweltministerien von Vietnam, China, Sambia und Dänemark. Derzeit koordiniert er den politischen Dialog der Wasserplattform China-Europe zum Thema Grundwasser im Rahmen des durch das EU-Partnerschaftsinstrument unterstützten Projekts für ländliche Wasser- und Ernährungssicherheit.
Mona Arnold 	VTT Technical Research Centre of Finland Mona Arnold (Lic. Tech., MBA) ist Expertin für Prozesse und Technologien der Kreislaufwirtschaft und interessiert sich für die Entwicklung kreislauforientierter und nachhaltiger Geschäftsmodelle und Wertschöpfungsketten. Sie arbeitet als leitende Wissenschaftlerin am Technischen Forschungszentrum VTT in Finnland. Sie verfügt über umfangreiche Erfahrung in der Verwertung verschiedener Abfallstoffe und Altprodukte, wie z. B. kommunaler Schlamm und Altfahrzeuge. In jüngster Zeit war sie an mehreren Projekten im Zusammenhang mit der Bewirtschaftung von Kunststoffabfällen und der Abfallvermeidung beteiligt und leitet unter anderem ein Projekt über Lösungen für schwimmende Kunststoffabfälle und analysierte die Entstehung von Innovationsökosystemen für die Verwertung von Kunststoffabfällen. Sie beschäftigt sich auch mit der Wasserwirtschaft und deren Digitalisierung und ist aktives Mitglied der europäischen Technologieplattform Water Europe.
Ruud P. Bartholomeus 	Chief Science Officer des KWR, Leitender Wissenschaftler des Ökohydrologie-Teams und Senior Coordinating Researcher an der Universität Wageningen Im Mittelpunkt seiner Arbeit steht die Abstimmung von regionalem Süßwasserangebot und -bedarf. Dazu gehört die Kombination von wissenschaftlichem Wissen und technologischen Lösungen wie (sektorübergreifender) Wasserwiederverwendung, Unterbewässerung mit (industriellem) Restwasser und Online-Management der klimaadaptiven Entwässerung mit dem Prozess der Zusammenarbeit von Wassermanagern, Trinkwasserversorgern, Industrie und Landwirten, um ausreichend Süßwasser zu erhalten.
Małgorzata Anna Bogusz (Co-Autorin) 	Vorsitzende der Kulski-Stiftung für polnisch-amerikanische Beziehungen Małgorzata Bogusz ist seit 2017 Mitglied der Kulski-Stiftung, zunächst Beraterin des Stiftungsrates wurde sie im Dezember 2018 zur Vorsitzenden des Stiftungsrates ernannt. Sie hat eine Reihe von Projekten zur Förderung patriotischer Werte und Einstellungen sowohl in Polen als auch im Ausland durchgeführt.

Autor	Kurzbiographie
Inês Breda	Mitglied des IWA Emerging Water Leaders Steering Committee

Inês arbeitet als Produkt- und Prozessmanagerin bei Silhorko-EUROWATER A/S – A Grundfos Company. Sie hat einen Doktortitel und verfügt über fundierte Kenntnisse in der Filtrationstechnologie für die Trinkwassergewinnung. Sie begeistert sich für Data Science und internationale Zusammenarbeit. Vorstandsmitglied und Schatzmeisterin der IWA Young Water Professionals in Dänemark. Vorstandsmitglied der IWA SG Design Operation and Management of Drinking Water Treatment Plants.

Marianna Brichese Expertin für Wissenschaftskommunikation

Marianna Brichese hat einen Abschluss in Industriechemie der Universität Padua und einen Master in „Oberflächenbehandlungen für die Industrie".
Nach 12-jähriger Tätigkeit als Forscherin und Projektleiterin im Bereich FuE eines multinationalen Unternehmens und internationaler Arbeitserfahrung absolvierte sie einen Master in Wissenschaftskommunikation mit dem Ziel, technische Hintergründe mit Schreibfähigkeiten zu verbinden. Ihr größeres Interesse gilt den Themen Umwelt, Nachhaltigkeit und Technologie.

Véronique Briquet-Laugier ANR

Véronique Briquet-Laugier wurde sowohl in Frankreich als auch in den USA ausgebildet. Mit einem Doktortitel in Biophysik arbeitete sie 17 Jahre lang an der Aufklärung von Herz-Kreislauf-Erkrankungen und seltenen Blutgerinnungsstörungen. Sie war auch Beraterin für Technologietransfer im Bereich Biotechnologie.

Véronique war an der Gründung der französischen Förderagentur (ANR) beteiligt, wo sie ein Portfolio nationaler, europäischer und internationaler Programme für das Gesundheitsministerium entwickelte.

Als französische Diplomatin verbrachte sie vier Jahre in Indien (2010-2014) als wissenschaftlich-technische Beraterin des französischen Botschafters, wo sie das Indo-French Water Network ins Leben rief – ihre erste Erfahrung im Bereich Wassermanagement und -politik. Vor kurzem verbrachte sie auch zwei Jahre als Diplomatin in Südafrika als Beraterin für Kultur, Wissenschaft und Innovation des französischen Botschafters in Pretoria.

Als Expertin für die französische Regierung (Nanomedizin & Forensik) ist Véronique nach wie vor in den Evaluierungsgremien der Europäischen Kommission in Brüssel tätig. Sie trat der Water JPI im Oktober 2020 bei.

Autor	Kurzbiographie
Paul Campling (Co-Autor)	VITO
Cristian Carboni	Light Industries Market Manager der Industrie De Nora S.p.a. Mehr als 20 Jahre Erfahrung in Projektmanagement, Forschung und technologischer Innovation; Autor zahlreicher wissenschaftlicher Publikationen. In Industrie De Nora arbeitet er an der Entwicklung von Technologien zur Wasser- und Abwasserbehandlung, insbesondere zur Desinfektion. Mitglied des wissenschaftlichen Ausschusses von Polo Agrifood, Mitglied des Verwaltungsrats der Internationalen Ozonvereinigung und Leiter der Arbeitsgruppe von Water Europe für Wasser und Gesundheit. Seit 2017 arbeitet er mit der Exekutivagentur für kleine und mittlere Unternehmen (EASME) bei der Überwachung der Maßnahmen im Rahmen von Horizon 2020 zusammen. Derzeit ist er externer Experte des Europäischen Innovationsrates und der Exekutivagentur für KMU (EISMEA).
Gaetano Casale	IHE Delft Institut für Wasserbildung Gaetano Casale arbeitet seit Mai 2007 bei IHE Delft. Gemeinsam mit anderen Verbindungsbeamten unterstützt und berät er akademische Mitarbeiter bei der Akquisition, der Formulierung und der Umsetzung von Projekten. Er unterstützt Kunden bei der Beantragung von Dienstleistungen und pflegt Kontakte zu Partnerinstituten und Geldgebern, die an einer Zusammenarbeit mit IHE Delft interessiert sind. Gaetano ist Experte im Projektzyklusmanagement und verfügt über ein breites Wissen über Spenderprogramme. Vor kurzem hat er auch begonnen, IHE Delft in relevanten Wassersektor-Plattformen auf europäischer Ebene zu vertreten. Er ist verantwortlich für ein breites Spektrum von wichtigen Unternehmensfunktionen: Geschäftsentwicklung, Projektmanagement, Vertragsmanagement, Partnerschaftsmanagement, Qualitätsmanagement und Datenschutz. Gaetano hat einen MSc in Elektrotechnik und einen MSc in Wassermanagement. Zuvor war er als Qualitätsmanager im kommerziellen Bereich tätig. Er war auch Vorstandsmitglied einer kleinen NGO, die Wasser- und Abwasserprojekte in Entwicklungsländern durchführt.
Rafael Casielles Restoy	Chemieingenieur und Senior Projektmanager bei BIOAZUL Mehr als 14 Jahre Erfahrung in FuI-Projekten in verschiedenen Bereichen wie Wasseraufbereitung, nachhaltige Sanitärversorgung, Abfallwirtschaft und Landwirtschaft. In den letzten Jahren hat sich Rafael Casielles Restoy auf die Wiederverwendung von Wasser in der Landwirtschaft konzentriert und den Technologiebedarf für die Wasserwiederverwendung sowie die Hindernisse für die Erweiterung von Innovationen analysiert. Er koordinierte mehrere Forschungs- und Innovationsprojekte zur Kreislaufwirtschaft im Agrarsektor wie SUWANU EUROPE, RICHWATER und TREAT&USE.

Autor	Kurzbiographie
	2021 war er Mitglied des Programms Body of Knowledge des EIT zur Bekämpfung der Wasserknappheit.
	Derzeit ist er Co-Leiter eines internationalen Konsortiums namens BONEX, das praktische Werkzeuge zur Umsetzung des WEFE-Nexus-Ansatzes im Mittelmeerraum entwickelt.
Diana Chavarro Rincon (Co-Autorin)	ITC Enschede
Jordi Cros	Leiter für Innovationen bei ADASA, Vorsitzender der katalanischen Wasserpartnerschaft
	Telekommunikationsingenieur mit mehr als 35 Jahren Erfahrung in der Gestaltung und Entwicklung von HW und SW von elektronischen Geräten, Kommunikationssystemen und Steuersystemen, davon mehr als 25 Jahre im Bereich Wasser und Umwelt.
	Koordinator und Teilnehmer an Projekten der internationalen Programme FP4, FP5, FP7, H2020, LIFE oder CIP_Eco-Innovation, Projekten in den nationalen Programmen CDTI CENIT oder regionalen Projekten wie FEDER-Interconecta oder RIS3CAT.
	Autor mehrerer Patente im Zusammenhang mit automatischen Wasserqualitätsmesssystemen. Derzeit Portfolio Development Manager des Bereichs Wassersensoren und Leiter für Innovation bei ADASA Sistemas, Vorsitzender der katalanischen Wasserpartnerschaft, Co-Leiter der Arbeitsgruppe WATER Sensors and Tools von Water Europe und Moderator der GT4 ICT und Smart Technologies der spanischen Wassertechnologie-Plattform.
Dominique Darmendrail	Wissenschaftliche Programmleiterin bei BRGM für Gewässer und globale Veränderungen
	Erfahrene wissenschaftliche Beraterin mit nachgewiesener Erfahrung im Bereich Umwelt. Kompetent in Umweltfragen, Wassermengen- und Qualitätsmanagement, Risikomanagement und nachhaltiger Entwicklung. Stark forschungsorientiert mit europäischem und internationalem Fokus.
	Co-Direktorin des Forschungsprogramms OneWater (Wiederaufbauplan „France 2030").
Sacha de Rijk	Leiterin der Abteilung für Süßwasserökologie und Wasserqualität bei Deltares
	Erfahrene Beraterin und Forschungskoordinatorin mit nachgewiesener Berufserfahrung im Forschungssektor. Kompetent in den Bereichen Management natürlicher Ressourcen, aquatische Ökologie, nachhaltige Entwicklung, Management und Wasserqualität. Hervorragende Lehrerin mit einem Doktortitel in Geowissenschaften von der Vrije Universiteit Amsterdam.

Autor	Kurzbiographie
Roberto Di Bernardo 	Senior Researcher und Leiter der F&E Open Government Unit, Teil des Open Public Service Innovation Lab Er ist Elektronikingenieur mit Master-Abschlüssen in „Clinical Engineering" und in „Internet Software Engineering". Seit 2004 forscht er im Engineering R&D Laboratory und war an Management- und technischen Aktivitäten in vielen italienischen und europäischen Projekten beteiligt. Er fungiert auch als R&D-Opportunities- und Network-Developer für das gesamte Open Public Service Innovation Lab. Das Labor ist unter anderem an folgenden Projekten beteiligt: PathoCERT (H2020-SU-DRS02), WQeMS (H2020-LC-SPACE-18-EO), B-WaterSmart (H2020-CE-SC5-04), Gotham (PRIMA). Derzeit koordiniert Roberto das URBANAGE-Projekt (H2020-DTTransforations-02), leitet die Untergruppe Smart Governance and Smart Cities der Big Data Value Association und leitet gemeinsam das Smart Cities Domain Committee der FIWARE Foundation und die Arbeitsgruppe Digital Water Systems von Water Europe.
Anna Di Mauro 	Projektingenieurin bei Med.Hydro s.r.l. Anna Di Mauro ist Umweltingenieurin mit Schwerpunkt auf Hydrologie, Hydraulik, Meeresströmungen und Murgänge. Partnerin und Projektingenieurin bei Med.Hydro s.r.l. Zuständig für das Sekretariat der Arbeitsgruppe von Water Europe WATER Sensors and Tools (WATERSET). PhD Industry 4.0 PhD – National European Operative Project PON 2014-2020: Innovative Modelle, Technologien und Methoden für die Analyse und das Management von Hydraulic Big Data (HBD), die als Entscheidungsunterstützungssystem in Wasserversorgungsunternehmen integriert werden sollen. Expertin für numerische hydraulische Modellierung: Wasserressourcenmanagement, Wasserversorgungsunternehmen, Flüsse und Stauseen, Wasserressourcen- und Landnutzungsmanagement, Wasserverteilungsleitungssysteme, Wasserversorgungsnetztrennung, Küsten- und Meeresinfrastruktur. Zentrale Forschungsthemen: – Intelligente Wassernetz-Verfahren zur Aufteilung der Wasserversorgungsnetze – Analyse der hydraulischen Big Data zur Profilerstellung des Nutzerverhaltens – Druckmanagement für die Wasserdruckoptimierung zur Verringerung von Leckagen in zerstörten Zählerbereichen (Destruct Meter Areas, DMAs) – Bedarfsmanagement für Wasserversorgungsunternehmen – Innovative Techniken zur Feststellung von Leckagen in intelligenten Wassernetzen – Numerische und physikalische Modelle für die Untersuchung der Küsten – Zweidimensionales Hochwassersimulationsmodell zur Definition des hydraulischen Risikos durch Murgänge in natürlichen Einzugsgebieten und künstlichen Kanälen

Autor	Kurzbiographie
Armando Di Nardo	Professor für Wasserwirtschaft
	Armando Di Nardo, PhD und Professor für Wasserwirtschaft. Co-Autor von mehr als 200 Publikationen in nationalen und internationalen Zeitschriften mit Forschungsarbeiten zu optimalem Management und Schutz von Wasserressourcen, optimale Aufteilung des Wasserversorgungsnetzes, optimales Management des Wasserreservoirs und optimale Gestaltung der durchlässigen reaktiven Barriere. Mitglied und Mitbegründer einiger ausgegliederter Unternehmen und Leiter der Arbeitsgruppe WATER Sensors and Tools von Water Europe.
Michael Dickstein	Leiter für Nachhaltigkeit/ESG | Experte für öffentliche Angelegenheiten und Kommunikation
	In 20 Jahren, in denen er hauptsächlich im FMCG-Bereich tätig war, hat Michael Dickstein umfassende Erfahrung in den Bereichen Reputations- und Stakeholder-Strategie, ESG, Corporate Affairs und Kommunikation gesammelt. Unter anderem war er Heinekens Global Director für nachhaltige Entwicklung und Group Director für Nachhaltigkeit und Gemeinschaft für CocaCola HBC. Seine Schwerpunkte umfassen Klimaschutz, Wasserwirtschaft, Kreislaufverpackungsysteme und kommunales Engagement, aber auch Krisenmanagement und Unternehmensberatung. Michael hat das Studium der Rechtswissenschaften in Linz/Österreich abgeschlossen. Seine berufliche Laufbahn begann er im Europäischen Parlament.
Milou M.L. Dingemans	Chief Science Officer von KWR und Gastforscher am Institut für Risikobewertung der Universität Utrecht
	Dr. Dingemans ist eine in Europa registrierter Toxikologin und verfügt über mehr als 15 Jahre Erfahrung in der wissenschaftlichen Forschung über die gesundheitsschädlichen Auswirkungen von Chemikalien. Sie arbeitet im Auftrag von Wasserversorgungsunternehmen, Behörden und der Industrie an der Bewertung möglicher Gesundheits- und Wasserqualitätsprobleme durch Substanzen im Wasserkreislauf sowie an der Entwicklung, Validierung und Umsetzung innovativer Überwachungs- und Risikobewertungsmethoden.
Sara Eeman	Programmmanagerin für resiliente Wassersysteme bei Aveco de Bondt/Dareius
	Sara arbeitet seit mehr als 15 Jahren in der wasserbezogenen Forschung, Bildung und Wirtschaft. Nach dem MSc in angewandte Geowissenschaften an der TU Delft promovierte sie an der Universität Wageningen zum Thema Grundwassersalinität. Als Lehrerin und Koordinatorin war sie an der Entwicklung des Land- und Wasserwirtschaftskurses an der Van-Hall-Larenstein-Fachhochschule beteiligt. Außerdem war sie an mehreren Forschungsprogrammen zum nachhaltigen Flussmanagement beteiligt und gehörte zu den Gründern des Joint Venture Masterprogramms River Delta Development (VHL, RH und HZ Applied Universities).

Autor	Kurzbiographie
	Seit zwei Jahren ist sie die Programmmanagerin für resiliente Wassersysteme bei Aveco de Bondt/Dareius mit Fokus auf ganzheitliche Ansätze für das Wassermanagement, einschließlich der Entwicklung von Biodiversitäts-/Ökologie-strukturen innerhalb des Unternehmens. Seit diesem Jahr leitet sie die neue Arbeitsgruppe Wasser und Biodiversität.
Richard Elelman 	EURECAT Richard Elelman kam 2011 als Leiter der öffentlichen Verwaltung zu CTM. CTM ist jetzt Teil von EURECAT, dem Technologiezentrum Kataloniens. Heute ist er Leiter der Abteilung Politik und als solcher weiterhin für die Brückenbildung zwischen der Welt der Forschung und Entwicklung und politischen Institutionen wie der Europäischen Union (bei der er als externer Experte angestellt ist), den Vereinten Nationen, der OECD, der UFM und den nationalen und regionalen Regierungen tätig. Er hat sich vor kurzem auf die Politik des Klimawandels, der Energie und des Wassers und die Auswirkungen auf die Migration, das Bürgerengagement in Europa und dem Nahen Osten sowie den Nexus WASSER-ENERGIE-ERNÄHRUNG-ÖKOSYSTEME spezialisiert. Er war Generaldirektor von NETWERC H2O und Mitglied des Verwaltungsrats von WATER EUROPE sowie der Lenkungsgruppe EIP WATER, ernannt von EU-Kommissar Vella. Richard leitet derzeit das Programm für soziales Engagement der World Water Quality Alliance unter der Schirmherrschaft der Vereinten Nationen und bereitet Programme in den Bereichen Klimawandel, Migration und Geschlechtergleichstellung vor.
Jan Willem Foppen 	IHE Delft Jan Willem Foppen (1965) erhielt 1990 seinen M.Sc.-Abschluss in Hydrogeologie von der VU-Universität in Amsterdam. Nach seinem Abschluss arbeitete er zunächst bei Natuurmonumenten (einer Naturschutzorganisation) und anschließend als Berater am Institut für Angewandte Geowissenschaften der TNO. Von 1995 bis 1996 war er in Sana'a, Jemen, stationiert, wo er Teil eines Projektteams war, das Quellen für die Trinkwasserversorgung von Sana'a identifizieren sollte. Er arbeitete für Natuurmonumenten, Dienst Grondwaterverkenning TNO, das Institut für Angewandte Geowissenschaften der TNO, und seit 1998 für IHE Delft. Fasziniert von den schlechten gesundheitlichen Bedingungen im Grundwasser verschiedener Entwicklungsländer, konzentrierte sich Foppen auf den Transport des fäkalen Indikatororganismus Escherichia coli in gesättigten porösen Medien. Im Laufe der Jahre konzentrierte sich sein Interesse mehr auf den Transport von Kolloiden in Grund- und Oberflächengewässern. Neben dem Transport von Bakterien und Silica-DNA-Tracern sind seine Forschungsinteressen Wasser- und Sanitärversorgung in Slums in Subsahara-Afrika.

Autor	Kurzbiographie
Rafael Gimenez-Esteban	Head of Digital Team bei CETaqua

Rafael Gimenez ist Leiter des digitalen Teams bei CETaqua, dem Wassertechnologiezentrum, das in der Anwendung von künstlicher Intelligenz und skalierbaren Technologien auf den Wasserkreislauf und die Nachhaltigkeit arbeitet. Als Softwareingenieur und Senior Researcher ist er seit mehr als 8 Jahren als FuE-Teammanager im Bereich KI tätig.

Vor CETaqua war Rafael mehr als 8 Jahre lang als Forscher und Forschungsbereichsleiter im BDigital Technology Center tätig und leistete einen besonderen Beitrag zur Definition und Einführung des Big Data Center of Excellence.

Panagiotis Gkofas
(Co-Autor)

Mitglied des Europäischen Wirtschafts- und Sozialausschusses

Wirtschaftswissenschaftler, MBA, Mitglied des Verwaltungsrats des griechischen Verbands der Fachkräfte, Handwerker und Kaufleute (GSEVEE) für KMU; Mitglied des Verwaltungsrats des Panhellenischen Verbands der Restaurants und verwandter Unternehmen (POESE); Vertreter des GSEVEE bei der UEAPME für KMU; Vorsitzender der Avignon Academy für KMU in Brüssel; Vorsitzender des GBA EU-Türkei; Sachverständiger der Europäischen Kommission für Lebensmittelverlust und -verschwendung.

Sanja Gottstein

Universität Zagreb, Kroatien

Prof. Dr. Sc. Sanja Gottstein arbeitet derzeit im Fachbereich Biologie der Fakultät für Wissenschaft an der Universität Zagreb. Dr. Gottstein forscht in den Bereichen Ökologie, Zoologie und Systematik (Taxonomie) der Krustentiere.

Rasha Hassan

Projektleiterin bei H2O-People; Doktorandin an der Universität Barcelona

Rasha ist Projektleiterin bei H2OPeople und verfügt durch ihre Beteiligung an mehreren Erasmus+- und Horizon-Europe-Projekten über Expertise im Wasserressourcenmanagement. Zu ihren Hauptaufgaben gehören die Durchführung von Forschung, die Verwaltung der administrativen und finanziellen Aspekte von H2OPeople-Projekten und die Gewährleistung eines reibungslosen Tagesbetriebs. Rasha ist auch an Kommunikations- und Verbreitungsmaßnahmen, öffentlichen Veranstaltungen und Netzwerken beteiligt.

Rasha engagiert sich für die Überbrückung der Kluft zwischen Wissenschaft, Politik und Praxis bei Wasser- und Ernährungssicherheit und hat eine nachgewiesene Erfolgsbilanz bei der Umsetzung von Klimaanpassungsstrategien in der MENA-Region.

Rasha hat einen Bachelor-Abschluss in Bauingenieurwesen und einen Master-Abschluss in Umweltsystemtechnik von der Universität Tishreen, Syrien, sowie einen Master-Abschluss in Wasser- und Küstenmanagement von der Universität Bologna, Italien.

Autor	Kurzbiographie
	Derzeit promoviert sie in Geografie, Territorialplanung und Umweltmanagement an der Fakultät für Geografie und Geschichte der Universität Barcelona, Spanien, um ihre Forschungskompetenzen und ihr Wissen im Bereich Wasserressourcenmanagement weiter auszubauen.
Björn Holste	Gründer und geschäftsführender Gesellschafter des Technology Institute
	Björn ist Gründer des Technology Institute und Mitbegründer und geschäftsführender Gesellschafter von Liminalytics, einer Organisation, die sich auf Nachhaltigkeitsrisikobewertung spezialisiert hat. Er studierte Ingenieurwesen an der Universität Kaiserslautern sowie an der Wake Forest University und der Harvard Business School. Er promovierte in Makroökonomie an der Universität Kaiserslautern und lehrt an der Frankfurt School of Finance.
Stephan Horvath	Gründer von Ideations und Vorstandsberater
	Stephan verfügt über mehr als 20 Jahre internationale C-Level-Erfahrung in der Arbeit für Netzwerkagenturen und Beratungsfirmen.
	Er ist Gründer von Ideations, einer Investor-Relations-Marketingfirma, die Technologiekunden und Technologiefonds zu Geschäfts- und Innovationsstrategien berät. Zuvor war Stephan als CEO von IPG Digital and Media Services tätig und baute Beziehungen zu internationalen Kunden und Unternehmen auf. Er hat einen Master in Wirtschaft und Informatik von der Technischen Universität Stuttgart und ist häufiger Redner bei internationalen Konferenzen.
Achim Kaspar	Vorstandsmitglied der VERBUND AG
	Achim Kaspar ist Vorstandsmitglied der VERBUND AG – Österreichs führendem Elektrizitätsunternehmen und einer der größten Erzeuger von Strom aus Wasserkraft in Europa.
	Er übernahm im Januar 2019 die Rolle des COO und ist für die Digitalisierung sowie das VERBUND-Erzeugungsportfolio zuständig, das über 130 Wasserkraftwerke umfasst.
	Vor seinem Wechsel zu VERBUND hatte er verschiedene Führungspositionen in der Versorgungs- und Dienstleisterbranche sowie in der österreichischen Telekommunikationsbranche inne.
	Von 2008 bis 2018 war Achim Kaspar Geschäftsführer bei Cisco Österreich/Slowenien/Kroatien.

Autor	Kurzbiographie

Jürgen F. Kolb

Professor für Bioelektrik am Leibniz-Institut für Plasmaforschung und -technologie (INP Greifswald)

Prof. Dr. Jürgen Kolb promovierte 1999 in Physik an der Friedrich-Alexander-Universität Erlangen-Nürnberg. Nach seinem Vorbereitungsdienst für Lehramt an weiterführenden Schulen in den Fächern Mathematik und Physik wechselte er 2002 an die Old Dominion University in Norfolk, Virginia, USA. 2011 wechselte er von seiner Anstellung als ordentlicher Privatdozent im Fachbereich Elektro- und Computertechnik zu einer gemeinsamen Professur des Leibniz-Instituts für Plasmaforschung und -technik und des Instituts für Physik der Universität Rostock. Die Anwendung nicht thermischer Plasmen zur Desinfektion und Dekontamination von Wasser ist eines seiner Forschungsinteressen als Leiter des Forschungsprogramms Landwirtschaft-Bioökonomie-Umwelt.

Durk Krol

Geschäftsführender Direktor von Water Europe

Durk Krol ist geschäftsführender Direktor von Water Europe. Er war in den letzten 20 Jahren im Wassersektor auf europäischer Ebene tätig, zunächst als Senior Legal Policy Officer für die Wasserbehörde der Provinzregierung von Friesland (NL) und als Deputy Secretary General bei EUREAU. Während seiner Zeit bei EUREAU engagierte er sich für Water Europe, zunächst als Vorstandsmitglied und seit 2011 in seiner jetzigen Position.

Er war auch maßgeblich an der Gründung der MEP Water Group im Europäischen Parlament beteiligt. Durk ist Absolvent der Rechtswissenschaften und verfügt über einen zusätzlichen Master in Lateinamerikastudien und einen MBA.

Er absolvierte außerdem das Executive Development Program an der Volerick Business School, einen Executive Master in International Association Management an der Solvay Brussels School und das Programme on Negotiation Global Online an der Harvard Law School.

Andreas Kunsch

Berater des Chief Operation Officer der VERBUND AG

Andreas Kunsch ist derzeit Berater des Chief Operation Officer der VERBUND AG – Österreichs führendem Elektrizitätsunternehmen und einer der größten Erzeuger von Strom aus Wasserkraft in Europa. Er ist seit über 15 Jahren bei VERBUND tätig, davon mehr als 10 Jahre in verschiedenen Positionen und Bereichen bei VERBUND-Wasserkraft.

Seit Herbst 2017 ist er Assistent des für Erzeugung, Digitalisierung, IT und Nachhaltigkeit zuständigen Vorstandsmitglieds und vertritt VERBUND in verschiedenen Gremien zur Afrika-Strategie.

Autor	Kurzbiographie
Peter Latzelsperger	Geschäftsführer der UNIHA Wasser Technologie GmbH und Dozent an mehreren Fachhochschulen
	Peter studierte an der Fachhochschule Oberösterreich. Nach seinem Studium wechselte er in die internationale Wirtschaft der VAMED AG, in die Abteilung Lateinamerika und Karibik.
	Nachdem er sich innerhalb der regionalen Organisation in Lateinamerika weiterentwickelt und einige Jahre in Lateinamerika gelebt hatte, kehrte Peter 2020 nach Österreich zurück.
	2021 wechselte Peter als kaufmännischer Leiter zu UNIHA Wasser Technologie. Seit 2023 sind Paul Schausberger und Peter Geschäftsführer der UNIHA.
Piet N.L. Lens	Professor für Neue Energietechnologien an der National University Ireland, Galway
	Prof. Dr. Piet Lens ist ein etablierter Professor für Neue Energietechnologien an der National University Ireland, Galway (Irland). Er ist außerdem außerordentlicher Professor für Umweltbiotechnologie am IHE Delft (Niederlande) und an der Universität Tampere (Finnland). Neben innovativer Forschung ist er auch führend im Bereich Bildung und Kapazitätsaufbau und organisiert zahlreiche Studientage, Konferenzen, Sommerschulen und Kurzkurse. Er hat über 700 wissenschaftliche Publikationen (mit-)verfasst und elf Buchbände herausgegeben, von denen vier ins Chinesische übersetzt wurden.
Piia Leskinen	PhD, Hauptdozentin an der Turku University of Applied Sciences, Finnland
	Piia Leskinen ist Hauptdozentin an der Turku University of Applied Sciences und Teil der Forschungsgruppe Wasser- und Umwelttechnik. Die Gruppe verfügt über fundierte Fachkenntnisse in den Bereichen Wasserschutz, Meeresumwelt und Abwasserbehandlung. Sie haben zahlreiche FuE-Projekte zum Schutz und zur Überwachung der aquatischen Umwelt und der Wasserorganismen, zur Überwachung der Wasserqualität und zur Wiederherstellung von Gewässern durchgeführt.
Antonio Lo Porto (Co-Autor)	CNR IRSA

Autor	Kurzbiographie

Antonia María Lorenzo López

Gründerin und CEO von BIOAZUL

Antonia Lorenzo hat einen Bachelor-Abschluss in Agrarchemie, ist Spezialistin für Umwelttechnik und -technologie und promoviert derzeit an der Universität Córdoba, Spanien, in der ökonomischen Bewertung der Verwendung von aufbereitetem Wasser in der Landwirtschaft. Antonia ist Gründerin, CEO und R&D Director von BIOAZUL. Sie arbeitet seit mehr als 20 Jahren in der Verwaltung und Umsetzung von mehr als 60 nationalen und internationalen Projekten, hauptsächlich im Zusammenhang mit blauer Infrastruktur für nachhaltiges Wassermanagement – Aufbereitung, Wasserwiederverwendung, ökologische Sanitäreinrichtungen, naturbasierte Lösungen – sowie Kreislaufwirtschaft und Ressourcennachhaltigkeit. Sie arbeitet bei der Europäischen Kommission als externe Expertin und Gutachterin in mehreren ihrer Programme. Seit 2018 leitet Antonia die Arbeitsgruppe von Water Europe für Wasser und nachhaltige Agrar- und Lebensmittelsysteme. Antonia ist Mitglied des spanischen Verwaltungsausschusses der Circular City COST Action und auch Vorsitzende des spanischen „Nature-based Solution Cluster", der 2018 in der Stadt Málaga gegründet wurde. Darüber hinaus ist sie Mitglied des Rates der Andalusischen Wissensagentur.

Antonia ist auch Mentorin des EIT Food Accelerator Network, des Cajamar Innova Incubator, und wurde kürzlich als Mentorin im „EIC Women Leadership Program" der Europäischen Kommission ausgewählt.

Nataša Mori

Nationales Institut für Biologie, Slowenien

Nataša Mori ist eine Forscherin am Institut für Süßwasser- und terrestrische Ökosysteme am Nationalen Institut für Biologie in Ljubljana, deren Forschungsschwerpunkt auf Grund- und Oberflächengewässer, Übergangsbereiche zwischen verschiedenen Ökosystemen und den Auswirkungen von Störungen liegt. Sie arbeitet am Nationalen Institut für Biologie in Ljubljana und hat auch an der EAWAG in der Schweiz gearbeitet. Ihre Forschungsinteressen umfassen Ostrakoden (Crustacea), Artenschutz und Ökosystemdienstleistungen.

Augustin Perner

CEO der PROBIG GmbH

Augustin Perner ist Gründer der Probig GmbH, einem weltweit tätigen Unternehmen für innovative, energieeffiziente und nachhaltige Lösungen für Wasser- und Abwasserbehandlungsanlagen.

Mit mehr als 25 Jahren Erfahrung in internationalen Projekten ist er Experte für rechteckige Sedimentations- und Flotationsbecken für Raffinerien, petrochemische Industrie, Chemieanlagen, Meerwasserentsalzungsanlagen und kommunale Trink- und Abwasserbehandlungsanlagen. Er ist auch Mitbegründer und erster Vizepräsident der SGD6-Wassergruppe für KMU.

Autor	Kurzbiographie
Johannes Pfaffenhuemer	Geschäftsführer der Water of Life GmbH Promotion in Betriebswirtschaft, Geschäftsführer der Water of Life GmbH, Experte für ganzheitliche Gesundheitsförderung, Vitalpraxis im Vogelparadies am Inn, Vorstandsmitglied des European Global Water Forum, Vorstandsmitglied Quellen des Lebens e.V. Deutschland/München, Vorstandsmitglied der Österreichischen Gesellschaft für Gesundheitsförderung/Wien
Paul Rübig	MdEP; Mitglied des Verwaltungsrats des Europäischen Innovations- und Technologieinstituts; Mitglied des Europäischen Wirtschafts- und Sozialausschusses Dr. Paul Rübig, geboren in Wels (Oberösterreich), war von 1996 bis 2019 Mitglied des Europäischen Parlaments. Er ist verheiratet und hat zwei Kinder. Als Vorsitzender des HTL Alumni Club Steyr engagiert er sich seit jeher für die technische Ausbildung junger Menschen. 2019 wurde Paul Rübig in den Beirat der Rübig Holding GmbH berufen. Darüber hinaus ist er Mitglied des Verwaltungsrats des EIT (Europäisches Innovations- und Technologieinstitut) und Mitglied des Europäischen Wirtschafts- und Sozialausschusses. 2022 wurde Paul Rübig zum externen Berater des Verwaltungsrats von Water Europe ernannt.
Andrea Rubini	Director of Operations bei Water Europe Andrea Rubini ist Wasserressourceningenieur mit mehr als 35 Jahren Erfahrung im Wassersektor, im Klimawandel und den damit verbundenen Auswirkungen auf städtische, industrielle und ländliche Ökosysteme. Er war Director of Operations bei Water Europe, der von der Europäischen Kommission eingerichteten Europäischen Wassertechnologie-Plattform, die seit September 2016 wasserbezogene FTE und Innovation in Europa fördert. Andrea arbeitete früher als Politikberater der Europäischen Kommission für intelligentes und nachhaltiges Wachstum bei AfDB, ILO und UNDP.
Dragan Savić	Chief Science Officer des KWR Dragan Savić ist Chief Executive Officer bei KWR Water mit Sitz in den Niederlanden und Professor für Hydroinformatik an der Universität Exeter im Vereinigten Königreich. Professor Savić ist ein internationaler Experte für intelligente Wassersysteme mit über 35 Jahren Erfahrung in Ingenieurwesen, Wissenschaft und Forschungsberatung. Seine Arbeit führte zu patentierbaren Innovations- und Spin-out-Unternehmen. Neben Innovations- und Führungsqualitäten ist er bekannt für seinen Glauben an und die Umsetzung der „Brückenbildung zwischen Wissenschaft und Praxis" im weiteren Wassersektor und in Versorgungsunternehmen im Allgemeinen.

Autor	Kurzbiographie
Paul Schausberger	Geschäftsführer UNIHA Wasser Technologie GmbH

2004 promovierte Paul an der Technischen Universität Wien in Verfahrenstechnik. Während seines Studiums nahm die Universität einen Forschungsauftrag an, der die Entwicklung eines mathematischen Modells für thermische Meerwasserentsalzungsprozesse (Multieffekt-, Mehrstufen-Blitz, thermische/mechanische Dampfkompression) beinhaltete. Damals begann Pauls Faszination für Wasser, die auch zwanzig Jahre später noch ungebrochen ist.

Seine Postdoc-Studien führten ihn zum UNESCO Center for Membrane Science and Technology an der University of New South Wales (Australien), wo er Fouling-Phänomene bei der Ultrafiltration untersuchte.

Paul kehrte dann nach Wien zurück und zwei Jahre später wechselte er von der akademischen Welt in die EPC-Branche zum Wassertechnikunternehmen VA TECH WABAG. Dort setzte er die Entwicklung von Software zur Gestaltung von thermischen Entsalzungsprozessen fort und arbeitete als Verfahrensingenieur in verschiedenen Abteilungen.

2012 wurde Paul CTO bei UNIHA Wasser Technologie, einem EPC-Auftragnehmer mit Sitz in Linz/Österreich mit einem starken Schwerpunkt auf Umkehrosmose-Technologie. 2023 übernahm er gemeinsam mit Peter Latzelsperger die UNIHA-Geschäftsführung.

Josef Schnaitl	Gisaqua GmbH

Neben der Leitung von Großprojektorganisationen war einer seiner Schwerpunkte die Beratung und Unterstützung von Regierungsbehörden bei der Umsetzung ihrer Wasserinfrastrukturprogramme unter Berücksichtigung aller Arten modernster Technologien (Abwasser-Belebtschlamm-, SBR-, MBR-, Bewegtbett- und Biofiltration, Thermal versus RO-Entsalzung usw.).
Basierend auf seiner Ausbildung zum Elektroingenieur hat er während seiner mehr als 40-jährigen Tätigkeit in der Wasserindustrie fundierte Erfahrung in einer Vielzahl von Aspekten „im Wasser" gesammelt.

David Smith	Vorsitzender Internationale Wasserbeziehungen (Water Beyond Europe)

David Smith ist Direktor des Beratungsunternehmens Water, Environment, and Business for Development. Er hat einen Bachelor in Botanik und Zoologie (2000) und einen Ehrentitel in Limnologie (2001) von der University of Cape Town (RSA). Er hat einen Master in Wasser- und Umweltmanagement von der Loughborough University (UK) (2015) und ist derzeit Doktorand an der Autonomen Universität Barcelona in Umweltwissenschaft und -technologie.

Autor	Kurzbiographie
	David hat weltweit mehr als 25 Projekte zu Umweltstudien geleitet. Seine Expertise in der wirtschaftlichen und sozialen Entwicklung konzentriert sich auf Umweltmanagement, integriertes Wasserressourcenmanagement, grünes Wachstum, ökologische Geschäftsmodelle, Ökosystemleistungen, Beteiligungs- und Engagementstrategien, Anpassung an den Klimawandel und Eindämmung sowie Kapazitätsentwicklung.
Davide Storelli 	Forscher bei Ingegneria Informatica SPA Davide Storelli ist Senior Researcher und seit 2012 Mitglied der Open Public Service Innovation Unit der FuE-Abteilung bei Engineering Ingegneria Informatica. Er hat 2019 die Zertifizierung „Prince2 Practitioner Level" erhalten. Er graduierte 2006 an der Universität Salento in Computertechnik. Er koordiniert die technischen Aktivitäten mehrerer italienischer und europäischer Projekte im Zusammenhang mit Smart Cities und Smart Water, mit besonderem Schwerpunkt auf Dienstleistungsinnovation, offenen Plattformen und digitaler Transformation. Er ist Co-Autor mehrerer Publikationen in internationalen Zeitschriften und Konferenzen.
Lisa Strassl 	Lisa Strassl, LL.M. (38) kann eine mehr als 10-jährige Erfolgsbilanz in großen Anwaltskanzleien sowie in führenden multinationalen FMCG-Unternehmen vorweisen. Mit ihrer breiten und fundierten Managementerfahrung in der Industrie und als Beiratsmitglied beschloss sie 2022, ihr eigenes Unternehmen ALLPURE zu gründen. Mit ihrem starken Glauben an die zukünftige Notwendigkeit, dass alle besser auf zukünftige digitale Bedrohungen vorbereitet sein müssen, liegt der Fokus ihres Unternehmens darauf, die digitale Privatsphäre wiederzuerlangen und zu sichern.
Naomi Timmer 	Direktorin von H2O-People Naomi Timmer ist Direktorin von H2O-People und dessen Vorzeigeprogramm, dem European Junior Water Programme (EJWP). Naomi ist seit fast 10 Jahren im Wassermanagementsektor als Programmmanagerin für mehrere Personalentwicklungsprogramme im niederländischen Wassersektor tätig. Seit 2019 ist sie Initiatorin und Direktorin des EJWP, um das Wissen und die Begeisterung eines ganzheitlichen Führungskonzepts im europäischen Kontext zu teilen. Naomi hat einen Master in Politikwissenschaft und einen Bachelor in Religionswissenschaft. Sie spezialisierte sich auf Religion und Gewalt, Machtstrukturen und öffentliche Angelegenheiten. Sie dachte immer, sie sei versehentlich im Wassersektor gelandet, bis sie Kofi Annan bei Making Waves (7. September 2017) hörte.

Autor	Kurzbiographie
Geoff Townsend	Water-Smart Industry Cluster bei Water Europe & Industry Fellow bei NALCO Water

Geoff Townsend verfügt über mehr als 30 Jahre Erfahrung im industriellen Wasser- und Energiemanagement mit verschiedenen Rollen in der Geschäftsentwicklung, der Optimierung ressourcenintensiver Industrien und Innovation. Er engagiert sich aktiv in einer Vielzahl von Nachhaltigkeitsinitiativen, insbesondere in den Bereichen Wasserwirtschaft, Biodiversität, wissenschaftsbasierte Zielsetzung und Wasser-Energie-Nexus.

Geoff beteiligte sich am ISO Standard Committee for Water Footprinting (ISO 14046) und schloss sich dem World Wildlife Fund (WWF) und der Alliance for Water Stewardship (AWS) an, um die Taicang-Anlage von Ecolab in China als weltweit erste Produktionsstätte zu zertifizieren, die die AWS-Standard-Zertifizierungsanforderungen erfüllt.

Seit 2017 leitet er den Water Smart Industry Cluster für Water Europe. Geoff ist derzeit an der Entwicklung digitaler Lösungen beteiligt, die Unternehmen helfen, fundierte Entscheidungen zu treffen, um Produktivitäts- und Nachhaltigkeitsziele miteinander in Einklang zu bringen.

Dr. Townsend hat einen BSc in Ökologie (UEA) und einen PhD in Umweltchemie von der University of Cambridge.

Eloisa Vargiu	CETaqua Water Technology Center

Eloisa Vargiu hat einen Ph.D. in Elektronik und Informatik von der Universität Cagliari (Italien). Zurzeit arbeitet sie bei CETaqua Water Technology Center als Spezialistin für öffentliche Förderungen und arbeitet mit der Forschung im Bereich „Wasser 4.0" zusammen.

Sie ist außerdem Leiterin der Arbeitsgruppe Wasser & digitale Systeme für Wasser Europa. 2002 erhielt sie die Akkreditierung als außerordentliche Professorin von der Qualitätsagentur des Universitätssystems (AQU), Generalitat de Catalunya, und 2020 die Akkreditierung als außerordentliche Professorin vom Ministerium für Bildung und Universität in Italien.

Von 2013 bis 2020 leitete sie die Forschungslinie Integrated Care der eHealth R&D Unit, Eurecat Centre Tecnòlogic de Catalunya.

Von April 2016 bis Dezember 2019 war sie technische Koordinatorin des EU-Projekts CONNECARE (H2020), das von der Europäischen Kommission als „herausragend" bewertet wurde. Von Januar 2012 bis Juni 2015 war sie technische Koordinatorin und Hauptforscherin für das EU-Projekt.

Autor	Kurzbiographie
Uta Wehn (Co-Autorin)	IHE Delft
Klaus-Dieter Weltmann	Vorstandsvorsitzender und wissenschaftlicher Direktor INP Greifswald
	Prof. Dr. Klaus-Dieter Weltmann promovierte 1993 in Angewandter Physik an der Universität Greifswald. Mitte der 1990er Jahre wechselte er zur ABB Schweiz AG (Asea Brown Boveri) in den Bereich Hochspannungstechnik mit nationaler und internationaler Verantwortung für gasisolierte Schaltanlagen. 2003 übernahm er als Vorsitzender und wissenschaftlicher Direktor die Leitung des Leibniz-Instituts für Plasmaforschung und -technologie e.V. und wurde zum Professor an die Universität Greifswald berufen.
Konrad Falko Wutscher	Geschäftsführer SFC Umwelttechnik GmbH
	Konrad Falko Wutscher ist Senior Consultant für Verfahrenstechnik zur physikalisch-chemisch-biologischen Aufbereitung von Wasser und Abwasser jeglicher Art und Herkunft. Als Berater und Technologieanbieter war er an bedeutenden Projekten beteiligt. Seine Erfahrung umfasst nicht nur Länder in Europa, sondern viele Regionen weltweit, in denen die Wiederverwendung von Wasser und die Kontrolle der Umweltverschmutzung eine wichtige Rolle spielen.

PARTNERINSTITUTIONEN

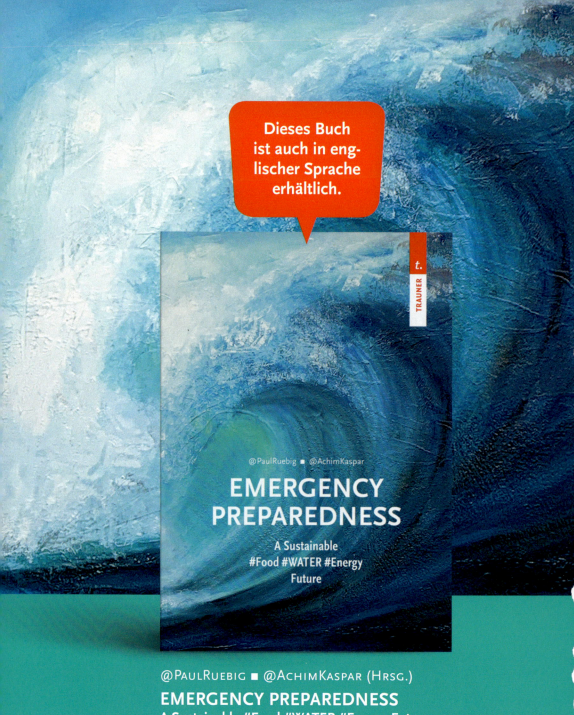